ロッホの訓戒

飯沼信義

Iinuma Nobuyoshi

——随想・論攷選集

信濃毎日新聞社

まえがき

二十世紀以降、クラシック音楽の中でいわゆる「現代音楽」といわれるものは一般に敬遠され続けてきた。耳に馴染《なじ》まない奇怪な音響や非生理的でいびつなリズム、始まりも終わりもよくわからない不定な形姿などが聴き手に困惑と戸惑いを与え、興味を示すのは一部の好事家か同業者くらいで、何とも暗鬱《あんうつ》な一角を現出しているのである。

私は、この忌み嫌われがちな現代音楽の作曲を生業《なりわい》と決め、かれこれ60年余りにわたり乏しい才覚に鞭《むち》打って苦虫を噛《か》む思いで音符を書き続けてきたが、父親が亡くなる前の年、すなわち1990（平成2）年頃から、何故《なぜ》か突然文章を書きたくなり、以来、これまで30年近くにわたって折に触れて雑文や、ちょっとした小論などを書き溜《た》めてきた。

エッセイなどが数編溜まると、自分で印刷して仮綴《と》じした冊子をごく限られた友人などに配って読んでもらったりもした。小難しくて一向に振り向いてもらえない現代音楽の作曲よりは、文字による発信のほうがはるかに気安く読んでもらえることもわかり、本書収載の『ロッホの訓戒』（125ページ）に書いたように、60歳を過ぎると作曲よりは文字や絵のほうに手を出す機会が自然に膨らんできたように思う。

もともと「文章書き」では無いのだから、中身のほどは保証の限りではない。しかし、文章を綴《つづ》ろうとするときには、作曲と同じように、なにがしかの心の疼《うず》きや予感を覚え、ペンと一体になって静かに思索の淵に身を寄せる悦《よろこ》びや楽しさに浸ることができるのだから、まさに自分にとっては心和むひとときであり、有り体に言ってしまえば、作曲よりははるかに愉悦の時間に身を置くことができたというわけである。

「現代音楽」の新作初演や旧作の再演を聴きに来てくれた親しい友人などに「どうだった？」と感想を求めると「おもしろかった」とか「うん、よかったよ」などという、いわば曖昧な答えが戻ってくることがほとんどである。中には「よかったんじゃない……」などと、どちらがどちらに尋ねたのか、答えたのか、よくわからない返答に出合うこともある。

「難しくてわからなかったよ」などと正直に言ってくれるのはごく僅《わず》か。同業の口うるさい連中には、どうせ後からいろいろ文句を聞かされる羽目になるから、こうした場では声は掛けない。むしろ、いわゆる音楽を愛好する一般の人たちの反応を知る方が、ある意味で大事だと思うし、そうであるならば、そういう方たちの返答や、その際の表情や話のテンポなどからも印象の好悪を窺《うかが》い知ることができるので、そのあたりも注視しながら会話するようにしてきた。

しかしながら、一歩退いて考えてみると、演奏が終わった直後に、せっかちに批評や感想を求めるのは、あるいは失礼なことかもしれない。聴き終えたばかりの作品について、いきなり詳しいことを尋ねられても、どう応えていいものか、面食らうことのほうが多いのは、私自身の体験からも言えることである。だから、ごく大雑把《おおざっぱ》に、儀礼的な気持ちもこめて「おもしろかった」とか「よかった」というより仕方がないのだし、それでよしとしなくてはならない、とも思う。

「おもしろい」という言葉は、その曖昧さが信条なのであって、だから便利だし、その多義性や柔軟性のゆえに、問われて口にする側においても、それを受け取る側にとっても、その言葉の奥に含まれるところを大いに忖度《そんたく》し、それで終わり！と、ひとまず自己完結する性格を与えられた言葉なのだと理解するのがよかろうと考える。

心理学者・河合隼雄さん（1928〜2007年）の本『こころの声を聴く　河合隼雄対話集』（新潮文庫）を読んでいたら、こんなことが書いてあった。

「オモロイカ、オモロナイカ」ということが極めて大切な価値の指標になる。

河合さんは、自分は関西弁の「オモロイ」をかなり多用する人間だ、とおっしゃっている。さらに「オモロイ」は「おもしろい」とは必ずしも同じではない。両者にはニュアンスの差があり、「オモロイ」の方には、どこか腹にこたえるものがあった、何か未知のインパクトがあったことを意味しているのだ、とも言っておられる（傍点筆者）。

確かに日々の生活や自分の仕事の周辺、人との関わりなど、人間にとってその日その一瞬が「腹にこたえる」ような内実を持てたと感ずることができれば、それはとても貴重なことであり、しあわせなことである。

「おもしろさ」（「オモロサ」）とは、いったい何だろう。

どのような時に、どのくらい「おもしろい」のか、あるいは逆に「つまらない」（「オモロナイ」）のか、その感覚を計量比較するすべもないのだが、そんなことに究理的な思索を巡らさずとも、どこか、身体的に満足し、心がハッピーなもので満たされてくるようなとき、それそのものを「おもしろさ」（「オモロサ」）として認識するのではないか。

「今の曲、どうだった？」と問われて、特段に気分を壊されるようなことも無く、かと言って、感情が堰《せき》を切って溢《あふ》れ出すが如《ごと》くに激しく荒々しく揺さぶられたという程でもない。「おもしろかったよ」、「よかったんじゃない」という類いの言葉を、「まあまあ、ほどほどによろしいのではないか」といった風な感想として、その人の微笑《ほほえ》みの表情と共に聞くことができれば、聴いてもらってなにがしか「腹にこたえる」出会いがあったのだと受け止めて、まずは、そこまで、というこことでよろしいのだと思えばよいことになる。

なにやら理屈っぽい話になってしまったが、問題は、この本をお読みくださる方々が「オモロカッタ」と感じてくださるかどうか、である。できることならば、そう願いたいところである。

2019（令和元）年　晩夏

目次

おことわり

◆本文中の事実や人物の肩書き等は、原則として執筆あるいは媒体掲載の当時のものである。執筆、掲載の時期は各文末尾に記し、文中の「昨年」「来年」等の記述はそのままとした。
◆書籍、詩集等からの引用箇所は、文字体を変えた表記、あるいは、文中《 》で括った。原文通り引用したが、読み方が難しい漢字などには筆者の判断で適宜読みがなを付した。また、筆者が意味などを補完したり、傍点を付けた場合もある（いずれも、当該箇所にその旨を記載）。
◆年号は、原則「西暦（和暦）」に統一した。ただし、文中の煩雑さを避けるため、どちらかを省略している場合もある。

随想 I

周辺日録

カラス

むかし「青春三羽ガラス」などと束ねられて呼ばれていた歌手たちがいて、彼らは今でいうアイドルのような人気であった。テイチクの白根一男、コロムビアの神戸一郎、キングの三船浩のことで、白根は『はたちの詩集』、神戸は『十代の恋よ、さようなら』、三船は『男のブルース』がヒットしたが、それぞれ持ち味の男臭さと甘い声が売りであった。

橋幸夫、舟木一夫、西郷輝彦は「御三家」、同じく春日八郎、三橋美智也、村田英雄も「演歌ビックスリー」などと言われたし、美空ひばり、江利チエミ、雪村いづみも、たしか「三人娘」などと呼ばれていた。2人ではちょっと寂しいし、4人ではゴチャゴチャした感じになるので、「三」という数はまさに見通しが効いて風通しもよく、うってつけの括《くく》り方なのだなあ……と感心してしまう。

カラスはまた「旅がらす」「後追いがらす」「風見のからす」などと、比喩として使われることも多い。

三好達治の『鴉《からす》』は壮絶な象徴詩である。この散文的な長編の詩に私の師匠である石桁眞礼生《いしけたまれお》先生（以下石桁、敬称略）が曲をつけ、現代日本歌曲の代表的な作品として高い評価を受けている。絶望の果てを彷徨《ほうこう》する一人の男が、命令されるままに自らの衣服を脱ぎ捨て、落ちている黒服を身にまとう。「飛べ！」の声に風を捉えると、その身は空に舞い上がり、「啼《な》け」の指図で「ああ、ああ……」と啼く。その詩の、終わり近くはこうである。

啼きながら私は飛んでゐた。飛びながら私は啼いてゐた。風が吹いてゐた。その風に秋が木葉をまくやうに私は言葉を撒《ま》いてゐた。冷めたいものがしきりに頬を流れてゐた。

（原文のまま）

この曲の作曲が進められていた頃、私は学生として師・石桁のごく近くにいた。この作品の楽譜を清書したのは、実は私である。そして作家としての師の身辺にも、時に、この詩の心情に通じるような状況を見ることがあり、そんな時は、それがあたかも己のことであるかのように過敏に感応して、戦慄《せんりつ》を覚えたものである。

ご存じ、シューベルトの歌曲集『冬の旅』の第15曲は「鴉」Die Krähe である。傷心の旅人の頭上を、離れずについてくる1羽のカラスに「私の果てるその日まで、汝《なんじ》がひとすじの真心をみせてくれ」とミュラー（Wilhelm Müller・1794〜1827年）は詠《うた》っている。この歌曲でシューベルトは、ピアノの伴奏部を中音域から上の、高い音域で書いている。そして、右手は風を象徴するような細かに震える音形で、左手は明らかに「付かず離れず」で旅人の後を追いかけるカラスの浮遊を、歌唱声部とほぼ同価の八分音符で、時にユニソンを交え、旅人のドッペルゲンガー（自己像幻視）として描き出している。

大学時代に同期だった声楽科のバリトン歌手のレッスンの伴奏者として『冬の旅』全24曲を勉強したが、この「鴉」には強く惹《ひ》かれるものがあった。あの最終節の「Krühe, lass mich endlich sehn Treue bis zum Grabe!」（「鴉よ、みせよ、果ての日まで、ただひとすじのまごころをば！」＝吉田秀和訳）と高揚していく部分では、ピアノの指先にいつも一瞬の痛覚がよぎったことを覚えている。


東京郊外の国立市に居を構えて30年が経った。

そのわが家の周辺に「三羽のカラス」が住みついている。どういうわけか3羽なのである。親子なのだろうか。そのうちの1羽は慢性下痢らしく、毎日のように、玄関先の屋根無しの駐車場に停めている私の車の天井や窓ガラスをドロドロ状の糞《ふん》で汚すので閉口している。もう1羽は笑い上戸らしく、いつもカロカロと笑っている。そして残る1羽が雛《ひな》から刻々と成長していく子ガラスなのだが、子供のほうが時に低い声を出すから不思議だ。

彼らが住みついて、かれこれ20年にもなろうか。カラスは意外と長寿らしく、ものの本によると20～30年は当たり前、中には50年、１００年生きたなどといった、ちょっと信じられないような例もあるらしい。わが家の周辺に住みついた彼らが何年生きているかなど知る由もないが、あるいは代変わりをしたのかもしれない。

もともとわが家の裏は東京女子体育大学のハンドボールのコートで、そのコートをぐるりと取

り巻くように立派なケヤキの大木が茂っていた。それが、10年ほど前、その場所に屋内体育館を建設するとかで、その大木を大学側が残らず切り倒してしまった。カラスはそのケヤキの大木に住みついて、毎年子育てをしていて、子ガラスが日々育っていく様子が、その啼き声からわかった。かわいいものだ……と、その啼き声を楽しんだものだ。

ケヤキが切り倒されて、代わりに大きな建物が現れ、3羽のカラスもしばらくの間は姿を消したのだが、それがこの数年、再び戻ってきてやかましく啼くのである。朝は夜明けとともに、夕方などは、こちらから「アア、アア」と啼くと、向こうから「アア、アア」と啼き返して、なかなか止まない。確実に応答、会話しているのがわかる。最近は夜中とか早朝まだ明けやらぬうちから大声で啼き交わすようになった。

つい先日の明け方、隣に寝ている家内が突然半身起き上がって「なに?」と聞くので、「どうかした?」

と返すと「いま、ママ！」と呼ぶのが聴こえたという。そういえば、私も寝入り端《ばな》のヘンな時刻に「おーいッ！」と呼ばれたような気がしたことがある。

みんな、このカラスたちの仕業である。

（2012年4月14日）

新聞

最近、めっきり新聞を読まなくなった。

見出しにも目を通さないいまま、日に日にたまっていき、そのうち片付けられてしまう。

一方、妻は精読しているらしい。先だって吉本隆明さんが亡くなったので、その追悼記事とか関連のものを全部切り抜いておくように頼んでおいたら、その通りにしてくれたから、ああ忙しい、忙しいと言いつつ、読んでいるのだ。俳優のだれそれが亡くなったとか、女装した変態男がエレベーターの中で卑猥《ひわい》なショーを演じて捕まったとか、このあたりの路線価が去年より少し上がったとか、きょうは何処々々《どこどこ》の店が売り出しで、納豆がいくらだとか、ポイントが2倍だとか言っているから、挟み込みのチラシ広告までよく見ているのである。

私が新聞離れになったのは、仕事に時間をとられて新聞なんか読んでいる余裕が無い……というのが家内への釈明の文句で、それは半分くらい真実であるが、残りの半分は別の理由、つまり最近、とみに新聞がつまらないからである。

「つまらないから」というのは「面白くないから」というのとは、ちょっと違う。新聞に、別に面白さなんか期待しないが、ただ、通り一遍の、撫《な》で触っただけの報道記事や、突っ込みの浅いレポート、万年一律の社説やコラム、それにスポーツ紙でもないのに、なぜ、あんなに多くのページをスポーツに割いているのかという不満。

また、何といっても、あの、全面を惜しげもなく使って、人の顔だの文字などを大写しにして見せたり、全紙見開き2ページを使った国内外の旅行勧誘や「尿漏れ対策パンツ」などの一般商品の広告……。そうかと思うと、逆に何も書いてないので、よくよく見ると隅っこに小さく商品名やコメントが載っているだけの、ページ全体がほとんど白紙に近いようなモッタイない紙面もある。

ある日の朝刊で数えてみたら、40ページのうち全紙広告が18ページもあるではないか。こんなのを見ていると、紙もインクも、はては新聞作りに汗する人たちの気概や労力、はては制作コストまでが気になりだして、いたたまれなくなるのである。

ＩＴ蔓延《まんえん》の昨今、これらの情報を得る方法はゴマンとあるのに、新聞は旧態依然、ちょっと遅れているのではあるまいか。少なくとも後発のこうした利器の一歩も二歩も先を行くような、新聞だけにしかできないような紙面作りで文字文化を創出してもらいたいものだ。

新聞は公器という性格上、偏向の無い表現が前提である。しかし、一片の事件を報ずる記事にも、その紙背に書き手の姿は見えるものだ。伝えたい意図が強くあるときは堂々と署名し、校閲や編集主査の透過を得ればよい。かつて私が信頼し、評価していた音楽評論家のYさんという方がT紙の文化部におられた頃、その方の執筆した批評や論評はとても腰が据わっていてよかった。どっちつかずの批評の掲載を続けるA紙をやめてT紙に変えようかとさえ思ったこともあった。

いまでは、そうした記事は執筆者の署名入りで書くのが当たり前になったが、一昔前は無記名とか、あるいは、せいぜい筆名やイニシャルで書いている記者や批評家が多かった。しかし、T紙のYさんは、その当時からちゃんと自分の氏名を添えて文責を明らかにしていた。

新聞は報道が目的だから、なにも修辞を凝らして飾り立てる必要はない。だが、だからといって無味無感で品性のない記述でよいわけはない。2年ほど前に、どう考えても意味不明、文法的にも明らかにおかしいと思われる見出しのフレーズがあってムカムカし、それを質《ただ》そうとA紙に電話したことがあった。「校閲部を……」と言ったら、「直接つなぐことはできない。苦情承り窓口があるから、そちらに言ってくれ」と電話を回してくれたが、応対に出た女性が一向に事の真意を理解しないのでバカバカしくなって、もういい！とやめてしまった。

かつてNHKラジオ第1放送に『新聞を読んで』という番組があった。

毎週、週明け月曜早朝の時間帯で、夕方にその再放送があった。15分くらいの番組だったように記憶している。各界の識者が前の週の新聞数紙に目を通し、比較しながらその読後感を語り、論評するのである。この番組はいい番組だった。よく聴いた。

今でも、新聞で時々よい企画や記述に出合うと、ほっとして嬉《うれ》しくなる。しかし、それも稀《まれ》。文字に触れ、語りに耳を欹《そばだ》て、そのことで奥深い思索の森に誘われるような、そんな至福の沈潜に浸れることが少なくなった。これ、老齢のなせるところか。

（2012年4月15日）

MC

「MC《エムシー》」とはmaster of ceremony《マスターオブセレモニー》のことだそうである。10年ほど前から耳にする機会が増え、日常の何気ない会話や、ラジオ、テレビなどでも使われている。また、さまざまな企画などの打ち合わせの場面でも頻繁に用いられている。

数年前、長野県大町市の立派なホールで、私の作品の演奏に関連したコンサートの打ち合わせと通し稽古があった時のことである。

主催者から「今回MCをお願いする○○さんです」と紹介されたのが、眉目涼しげで人懐っこさを感じさせるステキな風貌の女性で、その話し声がまた何ともチャーミングなのである。滑らかさの中に適度なカサカサがあり、あたかも最上級のジンを甘口のトニック・ウオーターで割って飲むときのような絶妙至福の喉越し感とか、あるいは耳元で、くすぐったいささやきを聴かされるような……。なんとも例えようがないのである。それで、こちらは年甲斐もなく上ずった声で「ハァ、よろしく……」と生半可な返事をしたのだが、さて、MCとは、いったい何をする人なのか、実はわかっていなかった。リハーサルが始まって、ブタカン（舞台監督）が「はいッ、ここでMC！」などと盛んに大声で指示を出すので「なぁんだ、司会者のことか」と合点した。

しかし、稽古がだんだん進むにしたがって、MCは単なる司会者ではなく、つまり、そのイベントの気分や盛り上がりを創り出すという意味で、実に大事な役割を担っていることがわかってきた。まさに〝役者〟なのだ。

まず台本はほとんど見ない。台本には何事か書かれているのだろうが、多分、それは大枠の筋書きと進行メモ程度のものであろうから、あとは、その場の流れや状況に応じて喋《しゃべ》るべき内容をすばやくまとめて、それに会の進行に効果を与えるような働きを添えなければならない。つまり、当意即妙な「アドリブ」が求められるのである。長過ぎても短すぎてもダメ。べたべたと媚《こび》を売ったり、感情を強要したり、自分が主役を取ったりするようなことは厳に戒めなくてはならない。すべてに「程よく」が求められるのである。存在を隠して、なお存在が求められるという、難しい立場の仕事なのであって、その意味では master of ceremony の呼称は当を得ていると言える。

人前に出て何かを仕掛けたり仕切ったりする、MCと似たような仕事をする人に付けられた今目的呼称をちょっと拾い上げてみる。

まず「パーソナリティー」なる呼び方が思い浮かぶ。これも、以前はあまり聞かない言葉であった。ラジオから出てきた言葉ではないかと思う。もう、かれこれ半世紀も前のことだが、ラジオに「深夜放送」というものが誕生した頃、オールナイトで番組を切り盛りする人間が現れ、妙になれなれしい喋り口で、よくもまあ、次から次へと喋りまくれるものだと、半ばあきれ、半ば感心したものだった。こういうのがパーソナリティーの元祖ではないだろうか。個性を売りにするのだから、こちらには存在感がなければならない。まさに「パーソナル」なのだから、語義にも合っている。

しかし、このパーソナリティーなる出演者の中には、最近はアイドル歌手だとか元スポーツ選手だったとか、お笑いの方面の人間だとか、つまり副業として出演しているようなケースも多いようで、中には聴くに堪えないオソマツな輩《やから》もいて、不快になることもある。

「キャスター」も同種の職業とみてもよいのかもしれない。もっともこちらは、おおむねマジメなニュース番組とか報道番組を司《つかさど》る者に対して使われることがほとんどなので、破天荒な人物が出てくることはまず無い。しかし、適度な個性、あるいは知性や臭みがなくては務まらず、それが無くては原稿を棒読みするアナウンサーと同じになってしまう。

さらには「ホスト」とか「専門家」とか「アドバイザー」とか「コメンテーター」などと呼ばれる役割が与えられている人たちもいる。求められるのは「人と人とをつなぐ」という仕事の職性である。それは単なるサービス精神だけとか、お人よしという性格だけではダメで、さまざまな場面に即対応可能な知力、品格、教養、判断力、それに芸の力量などを背後に潜ませた人格者でなくてはならない。下手な噺家《はなしか》が高座で、噺の中に自らを隠しきれず、終始、噺そのものと格闘する自分を客に見せてしまうようでは、ダメなのである。

これも、もうかなり前の話だが、NHK－FMの音楽番組で作曲家の高嶋みどりさんと共に、狭いスタジオの中央のマイクロホンを挟んで、大御所の女性アナウンサー加賀美幸子さんとの対談を収録したことがあった。この時、面前で聴く彼女の声と話し方にうっとりと聞き惚《ほ》れて、あやうく話を忘れそうになったことを思い出す。

こうした分野の名手たち、宇野重吉、森繁久彌、小沢昭一、牟田悌三、小山田宗徳、夏川静枝、七尾玲子、中西良などの名人たちが残してくれた数々のシーンは、いまでも記憶に鮮明である。

（2012年4月7日）

冬菜

信州の漬物といえば、代表格は何といっても野沢菜漬けということになる。

近年その知名度は全国区で、この漬け菜のファンも各所各地に多いと聞く。今では春夏秋冬、季節を問わず全国どこでも売られるようになって、この漬物に固有の季節感は薄らいでしまった。もともとは、冬から春先にかけての食卓に欠かせない信州の味覚なのである。秋に収穫し、初冬の冷たい清流で手を真っ赤にしながら家族総出で「お菜洗い」をする。かぶを切り落として、菜の根基の部分に包丁で切りこみを入れて下ごしらえをし、四斗樽クラスの大樽に、冬から春を越して初夏の頃まで食べる分を大量に漬けこむ。「お菜洗い」は本家本元の北信濃地方では温泉で洗うところもあるが、安曇では水洗いである。幼少の頃の「お菜洗い」の光景が目に浮かぶ。

野沢菜はアブラナ科の葉菜で、葉は長さ60～90センチの長卵形、植物学的にはカブと同種で、宝暦の頃（1751～1764年）に信州・野沢温泉の寺の住職が京都から持ち帰った種子で栽培を始めた——と広辞苑《こうじえん》に書いてある。

私の郷里の松本平には「稲核菜《いねこき》」という、野沢菜よりは背丈が低く、葉茎が太めの柔らかい菜があり、こっちの方が一段と美味だ、と自慢する声もある。その名のとおり、旧・南安曇郡安曇村（現・松本市）の稲核地域を中心に栽培されていたが、今もそうなのかどうか。私は当初、野沢菜の変種かと思っていたが、そうではないらしく、こちらは飛騨の赤カブ系のものが野麦峠を越えて持ち込まれたものらしい。中学生の頃、山深い安曇村のさらに奥の地区に住んだことがあったが、彼の地では専らこの稲核菜を漬ける。こたつを囲み、薄氷が張ったままどんぶりに山と盛られた「お葉《は》漬け」（そのように呼んだ）をせっせと口に運び、熱いお茶をのむ。あの味は忘れられない。

春の予兆が感じられる2月の半ば過ぎになると、畑の雪もだんだんと解けて、雪の下からホウレンソウや冬菜を摘んで、母がおひたしや味噌汁の実にして食べさせてくれた。

雪に埋もれてひと冬を過ごして育った菜類には、なぜかとても高貴な甘味があって、子供心にもそれが感じられた。慢性空腹だった終戦直後の子供たちは、雪の日の学校の行き帰りなどに、道の脇に積もった新雪を手ですくい取っては口に運んだものである。雪にはかすかな甘みがあった。冬から春先の菜類は、その雪の味がするのである。

土に雪が覆《おお》いかぶさるのだから、そのわずかな隙間はほの暗く柔らかくて、決して凍りつくことのない空間なのだ。そこには、おそらく三者――すなわち土、雪、菜との間に微妙な関係が出来上がり、蜜月の時の経過の中で静かに生育する冬の野菜に独特の滋味を授けているのだろう。

この冬に2回ほど、信州南端の下伊那郡泰阜《やすおか》村を訪れる機会があった。

伊那谷を走るJR飯田線は典型的なローカル線で、運転本数も少なくノロノロと走るので、今回は電車を敬遠し2回とも高速バスを利用した。飯田インターを出たところにある伊賀良《いがら》という停留所で下車し、そこからは村の出迎えの車に乗せてもらってほぼ1時間、天竜川左岸の山間の道を上ったり下ったりしながら現地まで連れて行ってもらった。

車中、中年の女性ドライバーのYさんと親しく話を交わした。何かのきっかけで葉物野菜の話になり、「冬菜」が話題となった。私は小学生の頃、ごはん支度の最中に母が勝手場の土間の下駄をつっかけて屋敷続きの畑に飛び出し、手で雪を払いのけて下の黒い土から冬菜をひとつかみ摘み取って井戸水ですすぎ、サクサク切って味噌汁の鍋に入れ、ひと煮立ちさせた味噌汁の味の例えようも無く美味《うま》かったことを話し、以来、形状の似たものはあるのだが、あの、葉にギザギザがあり、少し肉厚で奥深い甘みのある冬菜に出会う事ができないでいる。なんとかして、幼い頃のあの味に再会したいものだ……などと談笑した。

それからひと月ほどして、再び泰阜を訪れたのだが、なんと、Yさんがその冬菜を探してお土産に持たせてくれたのである。見覚えのあるギザギザの葉形と濃緑の色合い。聞いてみると、泰阜には冬菜と命名されて栽培されている所があるそうで、きれいに梱包《こんぽう》されたビニール袋には「冬菜」の表記とともに、生産者の名前が書かれたシールが貼られていた。私の生まれ故郷の信州安曇野でも、この時期に多くの菜類が出回るが、「冬菜」を探し出すことはできなかった。

帰宅して早速妻にみそ汁の具にしてもらった。

それは、とうに半世紀も過ぎた遠い昔の味であった。口にした新雪のほのかな甘み、絣《かすり》の雪袴《ばかま》にエプロンを付けた母の姿、雪の下の黒い土が根に付着したままの濃緑の菜、ギザギザな葉形の摘みたての冬菜をわしづかみにした、アカギレだらけの母の手がフワッと脳裏をかすめて、涙が出て困った。

（2013年3月30日）

二つのさくら横ちょう

晩ごはんの支度で、妻が野草「トテコッコー」の天ぷらを揚げている。トテコッコーはヤブカンゾウ（藪萱草）のことで、おそらく安曇地方の方言だろうと思う。初夏の頃に背丈が伸びて、ニワトリのトサカに似た朱色の花を咲かせるという。これらを含めて初夏の山菜や野草の高貴な苦味は、おひたしにしろあえ物にしろ天ぷらにしろ、ひと頻《しき》り桜を愛《め》でた後の静かな心に、また新たな疼《うず》きを誘う一服の妙薬となる。

台所からピリピリ、パリパリ……と、跳ねるような天ぷらを揚げる音を背中で聴きながら、廊下を隔てた脱衣場で衣服を脱ぎ、湯に浸る。すると、今度は浴室の天窓を打つ雨の音が聴こえた。時々風も吹く様子で、この分だと今年の桜も今晩限りだろうと、ちょっと感傷的になった。

30年余り前に、東村山からここ国立《くにたち》に越して来た。それまで桜などに特別の興味も持たなかったのに、大学通り、桜通りの見事な桜を見たときは、妙に黒々とした丸出しの巨幹に重たげな花枝を張っているさまを目の当たりにして、なんだか恐ろしさを覚え、量の多さというものが持つ魔性めいた威圧感に襲われたことを思い出す。

それからというもの、毎年この季節に一斉に咲き、申し合わせたように満開になり、放り出すように散って行く、その一律一様な奇態にかすかな戸惑いを覚えながら、30有余年をこの地で暮らしてきた。あらたまって花見に出掛けたことなどめったになかった。父亡きあと、一人住まいができなくなった母を引きとって数年間面倒を看たが、その間2、3度、車いすを押して桜の並木の下に連れ出したことがあるくらいである。

先月、ある演奏会で歌曲『さくら横ちょう』（中田喜直作曲）を聴いた。

この詩を書いた加藤周一さんは、先年鬼籍の人となったが、生前に一度だけ宴席で一緒になる機会があった。作曲家・小倉朗《おぐらろう》先生の追悼演奏会の後の打ち上げの席で、親交の深かった故人をしのんでスピーチをされた。内容はなにも覚えていないが、ぶぜんとして表情硬く、威厳のある体躯の持ち主で、声も低く渋味があったことだけは覚えている。隣り合わせた作曲家の先輩T氏が、加藤さんのスピーチの一言半句に、敵意に満ちた反論を小声でブツブツ呟《つぶや》くので、いささか閉口した。そして、加藤さんも敵の多い人なのだなあ……などと、一人合点したことも覚えている。

加藤周一の詩『さくら横ちょう』は、戦時中に始められた文学運動「マチネ・ポエティク」の仲間たち（中村真一郎、福永武彦ら）との活動の中から生まれた作品である。

この詩については、誰もが申し合わせたように「押韻詩《おういんし》」であることを指摘する。しかし、西洋言語の詩における脚韻法と、日本語におけるそれとを同一の視点で語ることは、あまり意味のあることだと私は思わない。日本文化の孤立性や排他性が、時として西欧との接点を欠くことの原因だとする論調は、戦後さまざまな場面で語られたが、音楽や建築、彫刻や絵画などにおいてならばいざ知らず、わが国固有の言語や文学的風土、表現技法などが、たやすく西欧のそれと溶融したり、修辞法までも吸収消化できたりするような性質のものでないことくらい、誰もが承知するところである。

事実、この『さくら横ちょう』を朗読してみても、各行末の踏韻が特別の効果として伝わってくるとは思われない。むしろ、冒頭の2行《春の宵　さくらが咲くと　花ばかり　さくら横ちょう》が、それぞれ他の詩句との微妙な対峙《たいじ》が与えられつつ3回反復されていることの方が、ロンデル（ロンド形式のような形）の味わいにつながり、直感的に楽しめる事柄ではないか。若い頃の作とはいえ、知の巨人として偉大な仕事を残した大家のこの詩には、凛《りん》とした哀感と色っぽさが漂い、この時期になると、あちこちで歌われる日本歌曲の代表作となっている。

『さくら横ちょう』には二つの作曲がある。

中田喜直と別宮貞雄《べっくさだお》が作曲していて、どちらも佳品である。

中田作品は1950（昭和25）年、別宮さんのものは翌26年の作曲。別宮作品の初演は先年亡くなられた声楽家・畑中良輔氏の奥方・更予《こうよ》さんと記されている。

楽譜を取り出してピアノで音をたどると、この二つの作品には共通する気分が通低しているのがよく分かる。気分というと大ざっぱで曖昧になってしまうから、もう少し具体的に言うと、音楽における詩の叙景的な描出法、和音の趣味や好みの共通性、歌唱パートの運び方、つまり語り風（パランド）であったり詠嘆調（メリスマ風）であったり、とか、使われている音階が長短調のそれとは異なる旋法的なものであること、日本人の音感をくすぐる直接間接の増4度音程などが多く耳につく……などといった特徴を挙げることができるだろう。

歌い手は中田作品を好むようで、その理由もわかるが、どちらかと問われれば、私は別宮作品に心惹《ひ》かれる。冒頭2行がリフレインされるたびに、その詩句を支える1小節4個のピアノのゆったりとした歩行が、まるで花の下を、花を見ないで、地べたばかり向いて、昔日の淡い恋の思い出にふける詩人の足元を彷彿《ほうふつ》させて心憎い。この2行を過ぎると、ピアノはフィギュール（音型）を静かに一変させ、詩の心情場面の転換を目論《もくろ》むという作者の創意がはっきりと、嫌みなく見てとれる。作曲者の優れた感性を感じる。

いま、この作文と向かい合いながら、先日の演奏会での歌い手がこうした作曲者の作意に案外無頓着で、例えばヴィブラートへの配慮などへの不満を何回か感じたことを思い出した。

妻のこしらえた天ぷらで、ことば少なに夕餉《ゆうげ》を食べる。

テレビが明日にかけて雨風が強くなると報じている。

今日で花はおしまいだ、という思いを強くした。

（2013年4月3日）

ポイとカッコ笑い

「ハラ減ったっポイ」とか「電車来たっポイ」……などという会話を耳にすると、とかく言葉を究理的に考えがちな自分の言語感覚の、どこかがヘンになったかのような幻惑を覚える。こうした会話は、おおむね若くて多弁症の女の子、たとえば下校途中の数人のかたまりとか、ファストフード店の前などではしゃいでいる女子高生たちのグループに多く見受けられるように思う。ポップでしなやかな会話を楽しむ彼女たちの天衣無縫な言語感性に、内心、嫉妬の感情もわき起こるくらいだ。

折に触れ、こうした奇妙な言語が飛び交う会話を聴くともなく聴いていると、そのテンポは実に晴朗快活で、話の筋になる主要なフレーズよりも、むしろ、言葉の周辺の多くのオノマトペや、切り刻まれた極小語句、会話をちゃかすお囃子《はやし》のような音塊の突然の介入とか、同語反復、嬌声《きょうせい》、笑いなどが絶妙なアンサンブルをつくり出し、それらが混然となって、一種のカオスが現出しているのがよくわかる。彼女たちは、こうしたお互いの「弾む会話」の中から、時に思いもよらぬ奇語珍言を苦も無く創り出しているように思える。

私は、若い頃から忘れ物の多いタチで、ハンカチ、傘、万年筆、腕時計、時には財布などを、どれほどあちこちに置き忘れたことか。この性分は父親譲りかもしれない。父もしょっちゅう忘れ物をして母に叱られていた光景を思い出す。

先週、乞われて4〜5年前から関わっている、ある弦楽オーケストラの練習があり、2時間ほどみっちりと指導した。終わってからワイワイ、ガヤガヤと雑談や打ち合わせなどを済ませ、慌ただしくホールを後にした。ところがうっかり、指揮棒と汗だらけのハンカチ、それに筆入れを指揮者用譜面台の上に置いたままだったことに翌日になって気がついた。

ハンカチはどうでもよかったが、筆入れには商売道具の各種のペンや定規などの七つ道具、それにハンコなども入れているし、指揮棒も長年使いなれたものなので、さあ、困った……と思っていたところへ、第1ヴァイオリンの女性からメールが来た。

「先生、忘れたでしょう。私が預かっていますからご心配なく。この次の練習の時にお持ちします（笑）」

やれ、助かった……と安堵《あんど》したのだが、末尾の（笑）が気になりだして、あれこれ思案してしまった。

漢字で「笑い」と書いても、平仮名で「わらい」と書いても、片仮名で「ワライ」と書いても、どこか、本当に笑っているように見えるから、字の表情というものは実に不思議なものである。気がムシャクシャして滅入《めい》ったときなど、これらの文字をポカンと見ていると、ニッと顔がほころんでくるから、文字ひとつでもバカにできない。

漢字は象形として生まれたものが多く、「木」や「山」や「川」などは説明されなくても、誰にでもその由来がよくわかる。形象文字はエジプト文字にも多いという。広辞苑には「起源は象形文字だが、表意文字と、一つ、またはそれ以上の子音を表す表音文字とから成る」とあり、「古代エジプトで用いられた」と出ている。……と言われても、この解説を読んでどういうことなのか、すぐにはわからない。しばらく考えてもわからない。

漢字の「笑」を漢和辞典で調べたら、部首は「竹」で、10画の会意文字。「夭《よう》」は「細く、しなやかな人」のことで、もともとは「細い竹のこと」だという。これはわかる。正字は「口＋笑」の会意兼形声文字で「口を細くすぼめて、ホホとわらうこと」であるが、それを誤って「咲」と書き、さらに略して「笑」を用いるようになった旨の記載になっている。この説明たるや、何度読んでもさっぱりわからない。

対談本などを読んでいると、昔からよく（笑）という書き方が目に止まるが、対談、座談の速記というものは、一種の実況中継のような役割が与えられているから、（笑）も、たいがいは会話の中味と合致していて、それ以上の詮索など何も必要のないことである。しかし、最近のＩＴ機器上で飛び交う短文、それも、特に女子大生や若い女性などの用法はちょっと違うようだ。「口を細めてホホと笑うこと」という解釈を念頭に置くと、それは、その文章を書いている相手の、その時の心情やしぐさが想像できるし、それが読む方の気持ちを和ませてくれる効果もあるので、悪い気はしない。

「ポイ」は会話系、「(笑)」は作文系の言葉または表記と言える。『日本語 語感の辞典』(中村明著、岩波書店、2010年)には、次のように書かれている。

会話や改まらない文章に使われる造語要素(中略)。近年、「確定っぽい」「バスが行っちゃったっぽい」のように、語ではなく文に接続したりする俗な拡大用法が横行し始めている。

「横行」などと、やや否定的、牽制《けんせい》的な書き方ではあるが、指摘の通りである。会話は肉体から発し、作文は個の思考から発するのであるから、作文というパレットで会話しようとすれば、それは当然ながら修辞的呪縛を嫌い、両者の領域を離脱して両性的な新たな表現ツールが生まれてきても不思議はない。最近は作文とも会話とも言えないような「Twitter《ツイッター》」などという短小直裁な情報のやりとりもあるようだが、ツイッターは私には「チビッター」などと聴こえて、それらが下半身機能の緩みで漏れ出した文言のように思えたりして、ひとり赤面したり困惑したりするのである。

(2012年6月6日)

趣味道楽は前向きに生きるための良薬だが、恥じらいとか気後れのような、微妙な「照れ」の意識も付いてまわる。

私には、戦中・戦後から昭和40年代中頃まで全国各地で走っていた乗り合いバスのうち、車体の前方にエンジンを搭載するための部分が突き出た、いわゆるボンネットタイプのバスの絵を描くという、まことに珍奇で異様な趣味があり、その幼児性、稚気性を自覚するが故に、出来上がった絵を公開することに大きな躊躇《ためら》いを抱き続けてきた。

それゆえ、40年近くにわたって、年賀状にバスの絵の写真を何気なく刷り込んでお目にかけるという、ささやかな方法で公開を続けて来たのである。それが最近になって、こうした畏縮《いじ》けた心情をふっ飛ばし、描きためた絵を、恥や外聞など気にせずに公にする決心がついたのには、以下のような理由があったからである。

3年ほど前、作曲家仲間の冬木透《ふゆきとおる》氏が企画し、自ら出演したコンサートに招待されたことがあった。

冬木氏とは長年の付き合いで、お互いに裏も表も承知した間柄である。冬木はペンネームで、本名は蒔田尚昊《まいたしょうこう》という。本名とペンネームを作曲ジャンルによって使い分けていて、冬木名での最大の仕事は、『ウルトラセブン』に代表される、あの「ウルトラシリーズ」の音楽を担当したことであろう。ほかにも特撮テレビ番組では『ミラーマン』『ファイヤーマン』、NHK連続テレビ小説『鳩子の海』、映画『ここに泉あり』、テレビドラマ『ただいま11人』など、多くの「劇《げき》伴《ばん》音楽」を作曲している。こうしたジャンルでの彼のメチエは他の作家と一線を画するものがあった。クラシックの書法の確かさが常にある種の格調を約束していて、彼の筆が描くどんな短小な一瞬からでも「音楽」の形姿を感じ取ることができた。それが多くのファンを魅了し続ける要因であることは間違いがないところであろう。

その彼が最近、管弦楽のために交響詩『ウルトラセブン』という曲を書き、自ら指揮台に立って満席の会場を沸かせた。彼にとって、テレビや映画の作曲はもちろん「趣味」ではなく、立派な本業なのだが、このコンサートでの趣味の主役は聴衆なのである。コンサートに集まったのは〝いい歳〟の男性が圧倒的に多く、中には子供連れもいた。

彼らは幼児期にウルトラシリーズを見て育ち、その虜《とりこ》になった人たちで、冬木氏の音楽のすべてのシーンを記憶にとどめているファンたちなのである。そればかりか、関連の映像や音楽は言うに及ばず、その他あらゆる資料やグッズの類いを収集している、いわゆる「オタク」なのである。幼児期に子供向けテレビ・アニメを見て育った人は、その部分をそのまま温存して大人になってしまう傾向がある人もいるようだ。会場では大勢の中年男性が、誰に気兼ねすることなく満面に笑みを浮かべ、快活に会話を交わし、辺り一面に親和性の熱気をまき散らしていて、爽快そのもの。会場には屈託のない幸福感に満ちた、晴れやかな楽園といった雰囲気が現出し、私はそれに圧倒されたのであった。

翻って、私の趣味はと言えば……。繰り返しになるが、あの、鼻の出っ張った、ひと昔もふた昔も前の薄汚いボンネットバス。それを恋人のごとく慕い、自室に閉じこもってシコシコと絵を描いてはニンマリしている。何とも幼稚で自閉的なのだ。何でそんなモノを……と問われても「ワカリマセン」と答えるしかない。

年頃の2人のわが子は、絵を描く父親の姿に明らかに「?」のまなざしを注ぐ。そうしたひきこもり性を自ら打破して、これまでにため込んだ膨大（優に150点を超えている）な絵を公にしようと開き直る決断のきっかけとなった第一の理由は、ウルトラマンオタクたちの、すがすがしく喜悦に満ちた表情を目の当たりにしたからなのである。趣味は他者をも晴れやかにする。これだ！　これを恥じる由縁など、どこにもない……と。

ところで、毎年9月20日は「全国バスの日」であることをご存じであろうか?

そんな「日」があることを私が知ったのも、ごく近年のことである。しかも、その日はなんと私の誕生日。この日を選んで生まれ落ちたわけではないが、これは奇縁だ！と思ったのも事実である。

記念日の制定は1987（昭和62）年とのことだが、「全国バスの日」と私の誕生日との奇妙な一致に、なにか、天命のようなものを感じたことが、それまで自分の趣味の幼児性を恥じたが故に公開に二の足を踏んでいた態度を改めさせてくれた第二の理由である。小心者の慄《おのの》きは、かような大義名分に身を預けることで、ようやく自らの稚気を公開する勇気を得たということなのである。

冒頭に書いたように、私が趣味や道楽にある種の「負の思い」を覚えるのは、生まれ落ちた時代や環境の所為《せい》もあると思う。私は物心つく頃からバスの絵を描いていた。画用紙を買ってもらえないので、ありとあらゆる紙片を見つけては、それらの余白に描きまくっていた。画用紙とはいかないまでも、せめて、わら半紙でも真新しいのが欲しかったが、絵を描くためとなれば、それもままならぬことであった。

幼少時から高校に通うころまで、人並みな貧しさの中で日夜、身を粉にして働く両親を見て暮らした。特に母親の炊事、洗濯、針仕事、姑《しゅうとめ》の世話、畑仕事、そのほかの家事一切はもとより、近隣との付き合いや冠婚葬祭の関わりなど、寝ている時間以外は片時も休む暇など無い毎日を見ていると、手助けできない自分が苛《さいな》まれ、趣味や遊びはおろか、学校に通うことさえが罪悪であるかのように思えて、正直、悩んだものだった。鬼の形相で動き働く母親の日々を片目に、のんきに乗り合いバスの絵など描いている自分への悔いとがめは痛いほど自覚していたのである。

趣味は、本業とは別の「好きモノ」であり「遊び」である。

しかし本業そのものと密接した類いのものもある。夏目漱石は明窓浄机《めいそうじょうき》、優悠閑適《ゆうゆうかんてき》をこよなく愛したというが、まさに最上の趣味である。評論家の小林秀雄は骨董《こっとう》に凝ったが、それは彼の思索や著作に大いに反映された。フランスの作曲家ラヴェルは、時計などの精密機器の分解や組み立てに夜昼を費やし、作家の壇一雄は料理に凝って食材を探し求めて巷《ちまた》を徘徊《はいかい》した。世に鉄道マニアは五万といるし、養老孟司や北杜夫は昆虫マニア、タモリは『ブラタモリ』そのもの、五味康祐や柳家小三治は専門家顔負けのオーディオマニア……などなど、枚挙に暇が無い。

一方で、趣味道楽が高じて奇行に走ったり、身上《しんしょう》をつぶしたり、時には命を落とすことにもなる。太宰の小説『魚服記』には、シダの採集に来た都の学生が崖から滝壺に転落死する場面が描かれているし、つい先頃は、チョウの採集に凝った音楽家が崖下に転落した話を聞いたばかりである。本業から逸《そ》れて、自分の「アソビ」に時を忘れるのは至福だが、それには含羞《がんしゅう》のほろ苦さも内包されている。余技にかまけるという慙愧《ざんき》の念も付いてまわる。それが大人の趣味というものかもしれない。

（2013年4月16日）

迷想の夏

夏の大気がほんの少し、動いたようだ。

2、3日前までは熱暑で膨れ上がった気流にすっぽりと覆いかぶされたまま、もがいても足掻《あが》いても逃れられないありさまだったが、この一両日は、遠くから秋の涼風が近づいて混じり始めたような、微妙な気配が感じられる。季節の歯車がわずかに回転し始めたのだ。

主題の提示が終わり、次のテーマに至ろうとする間の、密《ひそ》やかでためらいがちな移ろい……。それは、いつも私に、私のお気に入りの音楽作品の経過部や推移部の、あのつつまし気《げ》な転調の味わいを想起させるのだが、こうした筆致の妙を見せてくれるのは、さしずめブラームスか、あるいはフォーレだろうか。

日本の四季の到来は、それぞれに寄り添っている固有の前触れとか余韻を奏でつつ、しかし、時に不意を突くようにやってくるものだ。せいぜい1日か2日の間の、瞬間の風とか、匂いのようなその一瞬を察知するために、心身を清め、神経を研ぎ澄ませていなければならない。感知する力が鈍っていれば看過してしまう。

暑さは老齢の人間の鈍くなり始めた感覚をますます薄め、意識の中に取り残されがちな心配ごとを意地悪く浮かび上がらせ、平穏をかき乱し、内心の憂いと哀《かな》しみを助長するかのようだ。きのう、かねて予約していた自動車教習所で、高齢者（75歳以上）の運転免許更新に必要な検査と講習を受けた。

教習所は自宅から3キロほどのところなので、真夏の炎天下、汗を拭きながら自転車で向かった。後期高齢者の免許更新には「認知力検査」が課せられている。講義室でのペーパーテストで判断力、記憶力、反能力が試される。室内のマシンによる身体反応検査では、主としてブレーキやアクセルのペダル操作の瞬間的反応力がチェックされる。コースに出て行われる運転実地講習では各種標識や信号の順守、見通しの悪い交差点での安全確認などが試された。いずれにおいても、普段通りの平静さをもって臨めば何の問題も無い事柄ばかりなのに、人間、いくつになっても、いざ自らの能力が試される場面となると妙に気持ちが高ぶって、いたずらに負けん気のようなものが湧いてくるものだ。明らかに心のバランスが崩れていることがわかる。

複数の絵を一定時間見せられて、それを記憶する。然《しか》る後にさまざまな別の作業を課せられ、時間をおいてからさっき見せられた絵について、どのような絵であったかを答えなければならない課題があった。忘れまいとする神経が邪魔してか、その間に与えられる別の作業で集中力が散漫になり、すべてを思い出すのに苦吟する。昔、小学校の頃に体験した田中式（？）知能テストと似ていると思った。おそらく、血圧はかなり上昇していたに違いない。

緊張と妄想が平静さを奪い、ものごとの判断や記憶のための神経系のコントロールを自滅させる。動顚《どうてん》自失とは、まさにこのことである。喜寿になろうという歳にして、このありさまである。論語の「七十而従心所欲、不踰矩」（七十にして心の欲する所に従うも矩《のり》を踰《こ》えず）は、まだ先の遠い話である。

これに先立つことほぼ一週間。義務教育に携わる音楽教員の全国規模の学会「全国合唱教育研究会」（合唱研）が東京・調布市で開かれ、昨年来、固辞し続けていた会長就任がついに現実のものとなってしまった。

「合唱研」は35年の活動実績のある任意の研究団体で、私自身、駆け出しの頃から世話になった経緯もあり、その器でないことを重々承知しつつ、引き受けざるを得ない羽目になってしまったのである。早々に大会やレセプションの場での挨拶《あいさつ》やら、次期開催県の誘致要請、役員との事務確認などで大いに気疲れし、翌日は少々放心状態であった。

思えば現役退陣直前の数年間も、勤務していた大学の大学院設置をめぐる困難な時期に、舵《かじ》取りや実務の中核に据えられ、身を削る苦悩を体験した。そんなこともあって、もう二度と組織の中には戻らない――と堅く心に決めていたので、再びこのような立場に座らされることは、まさに運命のいたずらかと実に恨めしく、これもまた、この夏の気分の重苦しさの一要因となり、心に棘《とげ》を呑《の》むこととなった。

自分の性格や生業のことを思えば、組織の人間としての仕事から解放された暁からの日常は、できる限り「静想独居」でありたいと願うところである。家族の生活基盤を維持するためではあっても、一定収入の安定的確保の手だてとして長年勤めた大学教員としての職務には決して手を抜いてはこなかったつもりである。講義や演習のみならず、あらゆる場面に精いっぱいの誠意と努力で関わってきたという自負もある。

そうした役目も数年前に終わり、ささやかではあっても、今は年金生活者としての静かな日々が保証される身となった。やりのこしている創作もあるし、読まねばならない本も山とある。貯《た》まっている作品や著述の中には破棄すべきものも多くあるはずだから、身辺整理も始めなければならない。自己本位やわがまま勝手な願望ではなく、その人間の一生にふさわしい価値あるフィナーレを自ら形成するために、許されて然《しか》るべき自由が与えられるべきだ……と思う。

老齢者の認知能力検査に立ち会う検査官たちの、受講者たちに対する態度には、明らかに人間力の減衰を前提としたような応対が多くの場面で感じられた。それは致し方なしと認めつつも、内々、寂しい思いが胸中に湧き上がって、いっとき、年甲斐もなく憤懣《ふんまん》やるかたない気分に追いやられる場面もあるのである。

思いのままにならない状況に遭遇しても、そこは泰然として揺るぐことのない「おとなの静けさ」で臨みたい……と、日頃から自分に言い聞かせているつもりなのに、いざとなると、まだまだ至らなさが露見してしまう自分を情けなく思う。そんな自分を前に置き、3歩下がってその姿を眺めると、老境の哀感もまた人生の恵みなのかなあ……などと、静かな気持ちに戻れるのが、せめてもの救いである。

それにしても、夏という季節は喧騒《けんそう》に満ちている。花火、祭り、盆踊り、防災訓練、高校野球……。さらに今年は、異常気象や国政選挙までが加わった。

今朝は早朝5時前からセミが鳴き出した。だが、いま開け放した書斎の窓辺にカーテンが揺れ、明るい夏の日差しの中をわたってくる風には明らかに秋の涼しさが感じられる。心頭滅却すれば、残暑も、心的ストレスも、迷想への沈溺《ちんでき》の中に溶解し消滅していくように思えてくる。静想独居

は自身の内側での「気の持ちよう」なのかもしれない。（2013年8月）

神隠し

ヘンなものが行方不明になった。

日頃は横目でチラッと眺めて通り過ぎるだけの府中市内甲州街道脇の大型酒店。その駐車場にこの日、衝動的に車を止めた。かねがね、どこかでうまいジンを探して買い求め、寝酒に飲みたいと考えていたが、そのことを急に思い出したのである。

店員にジンのコーナーに案内してもらったが、いやぁ、あるわあるわ……。これほどの種類の中で、どれがどういう味なのか、はたと迷って製造元や価格などを見比べながらモタモタしていたところへ、熟年の夫婦が近づいてきて、仲むつまじく一言二言話を交わし、棚からお目当てのボトルをスイと選んで立ち去ろうとするので、これ幸いと、後ろから「あっ、あのう、すみませーん！　いま買い求められたのはどんな味なんですか?」と訊《き》いてみた。相当の通と見えて矢継ぎ早に5～6種類のジンについて説明してくれた。「トニック水のやや甘味のあるヤツで割るンなら、これ、お勧めです」というので、言われるままにその両者を買って帰った。

ダイニング隣室の引き戸の裾に、袋に入れたまま2～3日放置した間に、家屋の耐震診断が始

行方不明になったジンと同じ「タンカレー」のボトル（2019年9月、著者撮影）

まったので、床下収納や壁ぎわの戸棚などを整理した。かなりゴチャゴチャしたが〝騒ぎ〟が収まってから「さて……」と探すと摩訶《まか》不思議、瓶は袋ごと影も形も見当たらなくなってしまった。

　耐震診断業者が出入りするので、部屋の散らかり具合を気にした家内が2階のどこかに一時的に片付けたのだろうと聞いてみるが、覚えがないと言う。思い当たる場所を次々と探しても見つからない。そんなバカな……、封も切っていない酒瓶など、どこかに置き忘れでもしない限り、紛失するなどという事は考えられない。ましてや家の中のことである。

　来る日も来る日も、無い、無いと探し回り、もう探す場所も無くなってしまった。中味に未練はない。いざとなればまた買ってくれればいい。しかし、なぜ消えてしまったのか……という思いは日増しに強くなるばかりで、挙げ句の果てにヘンな気持ちになり、その不思議を考え込むようになった。

一昨年、アニメ映画の傑作『千と千尋の神隠し』のDVDを土産に買って、アメリカに住む娘の家族のもとに出掛け、2ヵ月ほど滞在した。その間にこの映画を孫たちと一緒に何回も観た。映画の冒頭、両親と少女の3人が、新しい転居地へ向かう車を運転中、道に迷う。うっそうとした森の中の凸凹道を走りぬけ、廃屋のような建物の内部に通じる奇妙なトンネルの前に車を置き、薄気味悪さを感じて嫌がる少女を連れ、そのトンネルを出ると、途端に景色が変わる。少女の目に飛ぶ込むものは奇態な石像や樹木、無人の建物が聳《そび》え、一方には深い谷のある奇妙な地形で、渡る風も異様な気配に満ちている——。

古来、現世と神域（死の領域・常世）の境界は森や山、川や橋とされていて、この境界で人が忽然《こつぜん》と消える「神隠し」の話は、伝承民話や信仰の中に多く残されている。しかし、神域とされるところは、なにも自然界の奥深い場所に限られたことではなく、家屋内や敷地内、路地やそのへんの物陰などにもあって、その境界と思《おぼ》しき所は縄や紙などで仕切る習慣があったとされる。私の生家の奥座敷や裏2階などは、祖父母の口から暗に聖域、あるいは魔界であるかのごとく聞かされていたし、事実、昼でも雨戸が閉ざされたままの薄暗く湿った部屋は、子供心に恐ろしさを覚える場所だった。

映画の開始直後、スクリーンにはこれらの神域を示唆するさまざまな事物が次々と出現し、少女がそれらに恐れ慄《おのの》くシーンが出てきて、その先の話への実に魅力的な導入となっている。宮崎駿《はやお》監督の力量が冴《さ》える演出である。少女は、肥満して醜悪な豚に変身した両親を見て驚愕《きょうがく》絶句し、悪夢から覚めようと祈るが、いよいよ不思議な世界に引き込まれていく。その後の少女の遭遇体験は物語として飽くことない面白さだが、この映画で私が特に記憶に鮮明なのは、冒頭のこの部分なのである。

ＤＶＤのケース裏面には《ありえない場所があった。ありえないことが起こった。10歳の少女千尋が迷い込んだのは人間が入ってはいけない世界。驚きと不思議の世界で、千尋が知るのは大きな無力感と小さな希望……》という文言が付されている。

私の住む国立市に近い八王子市は山や川の町であり、大都会のはずれの山里である。ここでは神隠しに遭ったわが子の名を、付近の「よばり山」に登って大声で呼ぶと必ずどこからか出てきた、という話や、近隣の住民が隊列を組んで鉦《かね》や太鼓で「かえせ！もどせ！」と叫んだという風習が伝えられているそうだ。

わが家でジンが突然行方不明になってからはや半年、依然その所在はわからない。神がカッさらっていったのかもしれない。

半年たって、こともあろうにまたひとつ、今度は運転免許証がどこかへ行ってしまった。翌々日、長野県飯田市に車で出掛けることになっていて、大慌てで小金井の自動車教習所に連絡し、その指示に従って警察で再発行してもらった。

タイヤ交換の際に修理工場から借りた代車の運転のために、免許証を入れていた小バックを持ち歩いたので、どこかに置き忘れた可能性が高いが、何処《どこ》をどう持ち歩いたか定かに思い出せない。老齢の記憶力低下は否めず、こちらは気持ち悪いを通り越して腹立たしい一件となった。免許証には氏名も住所も記載があるから、紛失したとしても拾得者が届けてさえくれれば戻ってくるはずだが、2ヵ月以上たって、いまだ音沙汰なしである。

（2012年12月20日）

ふた昔まえを読む

千曲川ながれ流れて信濃川
さかひ《ママ》の聚落《しゅうらく》栄村かな

『北信濃さかえ風土記』（半藤義英著、渓声出版）を読了した。冒頭の歌は本書の表紙（カバー）に拓本のごとく、白抜きの達筆な草書体で刷り込まれているものである。詠み人はもちろん著者のはずであるが、書のほうはわからない。

この本との出会いは、まことに幸運であった。

というのは、長野県北端の秘境・秋山郷——今の下水内郡栄村周辺をこよなく愛し、折々に訪れては写真などを添えて探訪記を寄せてくれている旧友のT君から《本、3冊送る。必ず読むように……》との連絡が来た。それらの書名を見ると、やはり、彼の地に関わりのあるものばかりだったが、書名も著者も全く知らなかった。3冊中の1冊は『○○○風土記』とあるから、その種の著作によくある伝承の集成とか、地方史に関係する資料集のようなものではないか――と勝手に想像したのだが、送られてきた実物を手にとって見て驚いた。

いつもの癖で、まず巻末の奥付から読み始める。著者の半藤義英というお方は1913（大正2）年のお生まれ。この本の発行が「平成23年夏」とされているから、つまり、著者98歳での上梓なのである。次いで巻頭言を見ると、栄村村長の島田茂樹氏が《私の感想は、江戸時代の越後塩沢の文人・鈴木牧之《ぼくし》（1770〜1842年、筆者注）の『北越雪譜』を読んだときと同じような感慨に浸りました》と書いておられるので、一気に興味が高まった。必要があって読み続けていた別の書物を放り出し、その日から就寝前のひととき、ゆっくり、じっくり、一夜に4、5篇ずつと決めて読み始め、昨夜読み終えたという次第である。

著者の文体に気取りや衒《てら》いは全くない。日常の茶飲み話か立ち話のような、楚々《そそ》とした筆致なのに、構成には息をのむような創意がにじみ出ている。

著者は長年、短歌の道で活動を続けて来られたようだが、文章にも短詩形の表現と相通じる区・割りのよさがあり、余計なものは一切、切り殺《そ》がれていて、爽快そのものである。短歌や俳句では、下の句にその詠み人の才覚が表れると言われるが、本書の本文中のいくつかでは、そうした構成の見事さに目がくぎ付けされて、時が停められる様な感動に襲われる。特に、文の「結び

半藤義英氏の木版画作品。著書に「妻女山は霧深し　千曲の川は波荒し」と書き添えている

方」「閉じ方」は、それが突然の中断であったり、転回であったり、飛躍やら暈《ぼか》しやら、消滅やらの多彩な書き様だったりするので、それらの残響に酔わされて、しばし呆然《ぼうぜん》とさせられるのである。

著者は版画家としても知られている方だそうで、この本には多くの自作の木版画が挿入されている。これも実に当を得ていて、心を和ませてくれる（本稿前頁に挿入したのもそのうちの1枚で『曳船《ひきふね》』と題された一文のページに挿入されているものである）。いずれにしても、こうした記述は見習うべき名文の典例として、心に留め置かねばならない、と深く感じ入った次第である。

「あとがき」には、掲載されている70篇の文章が、かなり以前から「ふるさと雑記」として書きためられていたものであること、これを書いていて一昔、二昔前の人間になっている気がした——ということが記されている。本文中の『村の先生』と題された一文には、おそらくこの文章のモデルであろうと思われる方から、昭和50年代に著者が受け取ったという手紙の中身も紹介されている。

私は80歳になりましたが、
今はなつかし《ママ》在校時代を思い出して居《お》ります。
あなたの全身が目の前に浮かびます。大竟

そして著者は、

小学校時代の教師と生徒の存在感があるのも、郷土という地域からの親しみであろう。

――平成23年5月15日　半藤義英

と結んでいる。

「郷土という地域からの親しみ」が、教師と生徒の双方に「存在感」として刻印され、生涯にわたって記憶にとどめられるということは、今日ではよほどのことでない限り、なかなか実感とはならないのではあるまいか。世の中が、その時代に生きる人間と人間との距離を、広げ過ぎたり薄め過ぎたりすることなく、相互に絆が保たれるような状態に留め置かれていた時代は、まさに教師と生徒は親子に次ぐ親密な間柄だったのだ。

しかし、この本に描かれている時代や人々には、もう一つの特異な背景があることを想起する必要があると思う。

それは、まさに栄村という「地域」そのものの特性である。隣りの新潟県に接する信州北端の辺境の豪雪地帯に生を受け、ムラの内に在って、外との接触がほとんど無いままに一生を終える人たちも多くいた。こうした村人の昔からの生活実態と、それによって形成された精神意識の特異性ということである。

山奥深いムラや集落、そこに住み暮らす人々、集落同志、家同志の互いの共同と、連帯なくしては生きていけない、という特性である。緊密でなくてはならないが故の濃密な連帯と思いやり、時には、いがみ合うことさえ避けられないであろう独特の風土が、その地域に特異な生活観や、さまざまな風習や慣行を生み、それらを継承しながら地域固有の文化を築きつつ今日に至っているのである。このあたりの事情は、T君が一緒に送ってくれた別の1冊、すなわち『秋山紀行』（鈴木牧之著）を併読することでよりリアルに想起できるのだが、『秋山紀行』のことは、同じ著者の『北越雪譜』を読んだあと、機会を見て触れたいと思う。

　しかしながら、昨今はテレビやインターネットによる情報の散乱に巻き込まれ、こうした地域の生活様式や、人々の考え方が変わらざるを得ない局面に立たされているのが現実である。地理地形の厳しさと向かい合う中で形成された、崇高とも言える人智《じんち》の足跡が、今日の文明のもたらす一様な価値観にもてあそばれ、自然から遊離し風化されていく悲哀は、その地で暮らす人々のみならず、多くの心ある人間のひとしく痛感するところである。

　消費という概念は、山を切り拓《ひら》き、わずかな土地で農耕にいそしむ人々の生活観からは縁遠いものだ。豊かさという認識にしても、金とモノでそれを推し量ったり認め合ったりするような価値観とは根本的に異なっていたはずなのだが、共存や共働という人的な絆を根底に持つ固有の豊かさが、今日、壊されつつあるのである。かつて、優れた智慧《ちえ》と強靱《きょうじん》な生活力で地域の活力を担った古老たちが次々に世を去り、人口の減少や流失で過疎化が進み、「限界集落」とまで言われる状況になってしまっているのである。

2年前の2011（平成23）年3月、栄村は東日本大震災に連動したと考えられる震度6強の激震に見舞われた。雪は、多い年には7メートルにも達するという。

私事になるが、昨年の2012年2月に当地を訪れたときに、JR飯山線・森宮野原駅のホームの脇には4メートルもあろうかという雪が、そそり立つように降り積もっていたのを思い出す。こうした厳しい自然環境が、その地に暮らす人々の忍耐強い人間力と、自然との共存の智慧を創りだしてきた。それが、いま、時代から新たな生活様式を求められているのだ。

求められても栄村の地形が変わるわけではなし、雪は相変わらず深々と降り積もって、そこに暮らす人々を幽閉するのである。今も昔も変わることのない自然の厳しい環境の中での、ひと昔、ふた昔前の暮らしの実態を、楚々とした、しかも矍鑠《かくしゃく》とした文体で書き表した著者の才覚と力量には深い感動を禁じ得ない。それは、単なる懐古譚《たん》として読み過ごすような著作ではない。今日に生きる人間の思考の欠落への鋭い警告と受け止めるべきことを教えてくれる一冊なのである。

本書を刊行した出版社は、私の住む国立市に隣接する府中市の「渓声《けいせい》出版」という会社である。一昨年の上梓の際、98歳であったはずの著者・半藤翁がご健在かどうか気になって、思い切って出版社に電話をかけてみた。応対に出られた店主と思われる方が、これまた実に人懐っこい方で「半藤さんですか。今、100歳ですよ100歳。元気々々。酒、飲んでます、いまだに。自分でお燗《かん》してね。100歳でどんどん歩いてンだから。奥さんも94、お元気です。この前に訪《い》ったときなんか、エビフライ揚げて出してくれました。お子さんは娘ばかり3人で、2階にその1人が夫婦で住んでるし、近所にもう1人住んでる。理想的だよね」などなど、いろいろ聞かせてもらった。
「いい人の周りには、いい人が居る」というのは、本当である。

（2013年11月15日）

うそ

「うそつきコンテスト」というのがあって、主催者が通りに出て大声で客を呼び込んでいる。今、こういう催しをやってますがねぇ、どうです、ひとつ参加して、立派な「うそ」を披露してみませんか……。
声をかけられた男が額に青筋立てて「冗談じゃありませんよ、自慢じゃないが、私は生まれてこの方、一度だってうそなんかついたこたぁ無いんだから」と言ったのを聞いてすかさず、「さすがーッ！　この方に一等賞を差し上げてください！」

――――――　◇　◇　◇　――――――

ウソという鳥がいます
ウソではありません

ホントという鳥はいませんが――

（続く）

川崎洋さんの詩『ウソ』の冒頭部分である。

私はこの詩を混声四部合唱曲に作曲している（教育芸術社より楽譜・ＣＤ刊行）。

川崎さんは２００４年の秋に亡くなられたが、詩人としての傍ら、放送作家として、また全国各地の方言や替え歌の収集、こどもの詩の批評、ＮＨＫ全国学校音楽コンクール課題曲の作詞など、幅広い活動をされ、温厚な人柄で知られた方である。詩は次のようにつづられていく。

（続き）

ウソをつくと
エンマさまに舌を抜かれる
なんてウソ
まっかなウソ

ウソをつかない人はいない
というのはホントであり
ホントだ

というのはえてしてウソであり
冗談のようなホントがあり
涙ながらのウソがあって
なにがホントで
どれがウソやら――

（続く）

いつの世にも「うそ」は蔓延《まんえん》し、人間は「うそ」に照らして真実を見つめてきた。今日の「うそ」は文明の利器や民主主義を使って巧妙に肥大化している。うっかりすると国の未来を脅かしかねない。俗世の「うそ」にも、陰湿で悪意に満ちたものが多くなったように見える。中にはとんでもない策謀に満ちたものも出る昨今となってしまった。後を絶たないばかりか、増加の一途だという。「振り込め詐欺」などは、さしずめ〝涙ながらのウソ〟というところか……。だます側もだます側だが、だまされる方もいい加減にしてほしい、と思いたくなってしまう。

芸術には虚構という「うそ」が欠かせないが、科学ではそうはいかない。一つの揺るぎない真実が、気の遠くなるような実験によって実証される。

しかし、その結果や研究過程を自分のものとして盗み取って研究論文を書けば、それは「うそ」になる。ここでは「うそ」のあってはならない世界に生きるべき研究者の、精神の真実の有無が問われることになる。真偽真贋《しんがん》を見抜くことが、人間にとっていかに難しいものであるか、考えさせられる。

「うそ」を「うそだ」と気付かない恐ろしい例もある。虚言症のように、精神の疾患によって、その人間の個における真実が、個の外側に「うそ」をもたらす場合、その判断は困難となる。責任能力を問える、問えない――という議論はおそらく、そのようなところから発せられているのではないか。だます側に悪があるのは分かり切っているが、だまされる側には一点の非も無い、と果たして言えるか。「だまされ症」などという病名があるのかどうか知らないが、だまされる人間がいるからだます人間が出る。「うそ」は個の精神の内部に発し、一方は他者へ、しかし、もう一方では己のさらなる深部へと発せられているように思われる。「うそ」をつく人間が悪いのか、つかれる人間が悪いのか……、半々かもしれない。

詩の最後の部分。

（続き）
そこで私はいつも
水をすくう形に両手のひらを重ね
そっと息を吹きかけるのです
このあたたかさだけは

ウソではない　と
自分でうなずくために

「うそ」や「だまし」は、これほどまでに人間精神の内壁に付着しているのであるから、その顕在の仕方も、また、受け止め方も評価も一様なものではあり得ない。真偽の問題は自己の内部においてさえ、日々葛藤の元になってくる。だましたりだまされたりの喜怒哀楽は人の数ほどに多種多彩である。ここでは、その深みに立ち入ることはできないが、なお、身近な例を1、2探って見よう。

歌謡曲史上、空前の150万枚という大ヒットとなったばかりか、日本レコード大賞、日本歌謡大賞などのビックタイトルを獲得し、オリコン・チャートで長期にわたって1位記録を保持するなど、異例な出来事ともいえる作品があった。

〽折れたタバコの吸い殻で
貴方《あなた》の嘘《うそ》がわかるのよ

――という歌い出し。山口洋子作詞、平尾昌晃作曲の『うそ』という曲で、中条きよしが歌って1974年に発売された。ツーハーフ（2番の歌詞のあとに、もう半分の歌詞を伴う形）の曲であるが、その最後は以下のような文言である。

〽ああ、あんまり飲んではいけないよ
ああ、帰りのくるまも気をつけて
ひとりの身体《からだ》じゃないなんて
女がほろりとくるような
優しい嘘の上手《うま》いひと

れっきとした純文学畑の作家で、歌謡曲のための詩を書く人は珍しくない。まず、五木寛之氏が思い浮かぶ（『青年は曠野《こうや》をめざす』ほか多数）。青島幸男（『明日がある さ』ほか）、菊田一夫（『イヨマンテの夜』ほか）、寺山修司（『時には母のない子のように』ほか）、野坂昭如《あきゆき》（『男の舟歌』ほか）など。武満徹にも作詞（『明日ハ晴レカナ曇リカナ』ほか）がある。

『うそ』を書いた山口洋子さんは周知のように直木賞作家（『演歌の虫』『老梅』１９８５年・第93回）である。こうした、文学的嗅覚の優れた人たちの作品には、それが流行歌という世界に向けて書かれた小さな詩ではあっても、どこか大人の胸の奥底をくすぐるような苦味の利いた詩趣が伝わってくるものである。特に「うそ」などという、人間の虚々実々の網目をさまようような微妙なテーマにおいては、そのようなペンの力量が発揮されるのかもしれない。もちろん、歌謡曲であるからには「歌い手」の要素も大きいのだが……。

もう一つ、「うそ」が大爆笑を誘う例。

落語に「弥次郎」という演目がある。週に一度は大うそをつかないと体調を崩すという男、弥次郎が主人公。酷寒の北海道に行ってきた話を大爺《おおや》に話して聞かせる。実は冒頭に引いたのもこの噺《はなし》のまくらなのである。


「しばらく顔を見なかったナ……」

「へェ、ちょいと北海道の方へ行って参《めえ》りやした」

「ほう、寒かったろう」

「寒いのなんのって、出してくれたお茶がもう凍っちゃってるから、さあサ、どうぞ、お茶をお齧《かじ》りッ……なんてネ」

「……」

「小便なんか大変ですよ。ジャーッて出てくる端から凍るから、いつも金槌《かなづちょう》持ってて、ジャー、パチーンッ、ジャー、パチーンッ、って……、あたしゃ見当が外れて、ほかを打っちゃって目ェまわしてぶっ倒れちゃいました」

「……」

「あっちじゃ、カモなんか手で簡単に捉《つか》まえるン。こう、カモがこう飛んで来まショウ、田んぼの水の中ィ舞い降りたところへ、あんた、ピューっていう冷たい風が吹いてくる。カモの足の周りの水が凍っちゃってネ、カモは飛ぶことができない。そこんとこィ出かけて行って、鎌でカモの足を刈るンです。何羽でも捉まえちゃう！」

「……」

「春ンなって暖《あ》ったかくなるってェと、田んぼに残ったカモの足から芽が出るンです！」

「ほう……」

「カモメって、ね」

「……およしよ！」


志ん生が抜群である。13〜14分の小噺だが、その8割方を笑い通す。「うそ」もここまでくれば誰からも文句は出ない。（２０１4年3月22日）

ラ行

安倍晋三首相の演説や答弁、取材の際のコメントなどを聴いていると、例えば「新しい試み……」などと言おうとするときに「あたアしいここオみ」と聞こえる。南海トアフ（南海トラフ）とか、アチ（拉致）などと言っている。舌足らずの幼児語のような発語である。

この方の喋りには、かなり際立った癖があるようで、その一つは早口であること、もうひとつは語句のフレーズが短く、その短いフレーズに、いちいちカンマや「……をですね」などのダメ押し風な語句を差し挟むので、言葉が本人から離れて他者のもののように聞こえる。こうした現象は特にあらたまった場面、つまり、会議での演説や大勢の記者を相手にする会見の場などでのやりとりで目立つ。

過日、タモリの番組『笑っていいとも』が30有余年の長寿に幕を下ろすとかで、安倍首相のまさかの出演があった。私は普段、この番組の視聴者ではないのだが、予告で知っていたので見ていたら、新しい発見があった。こうした娯楽番組というか、バラエティー番組での首相のトークは当意即妙で実になめらか。タモリを負かすほどの突っ込みもあり、ご自身もノリノリで楽しんでいたようであった。

これに類した場面で、これはもう、かなり前のことだが、ジャーナリスト末延吉正氏が長時間枠の番組で首相と対談したことがあった。このときの対談の場所は焼き肉店という、異例の設営だった。つまり、飲み食いしながらの「気の置けない」話を収録しようとの企《たくら》みだったようであるが、この時も首相はやはり上機嫌で、話ぶりは極めて滑らかだった。

ただし、話の中身そのものには自ら防護壁を囲っていた様子で、インタビュアーの話の都合のいいところをつまんでご機嫌なやりとりを見せていた。つまむといえば、この時の首相の食べっぷりや飲みっぷりは見事で、自らの箸で次々と肉をつまみあげては網に乗せ、頃合いのものを相手の皿に運ぶなど、大サービスであった。「ラ行」の縺《もつ》れも全然なかったように思う。普通は酔うと縺れるものだが、この方の場合は素面《しらふ》で縺れ、飲むと縺れない。

ラ行の正しい発音の指導は、幼児期にあってはなかなか難しいものであることは、子育てをした経験からも明らかだ。

「テデビ（テレビ）」とか「ウートダマン（ウルトラマン）」など、子供らしくてかわいいのでその場で無理やり矯正などはせず、親も一緒になって「イッテダッシャイ！」などと言う。そうかと思うと「イタラキマース！（いただきまーす）」とか「パパ、オメレトウ（おめでとう）」などと、「ラ行」がしっかりと言えることもあるから不思議だ。言葉を使い始めたばかりの幼児との会話は楽しくてやめられない。

私の生まれ育った信州安曇《あづみ》ことばには、「り」に関する面白い現象があった。例えば「やめろ！」は「やめり！」という。これは女言葉なのであろうか、母がよくそのように言っていた。「食べろ！」を「食べり！」、「言ってやれ！」を「言ってやり！」。男言葉がぞんざいで荒々しく聞こえるのに対し、女言葉に変質すると色っぽく、いたわりの語感すら呼び覚ますのである。

一時期、日本語の乱れが叫ばれた折に喧《かまびす》しい議論になったのが「ラ抜きことば」であった。

私が勤務していた桐朋学園大学の短期大学部には「演劇科」があり、千田是也、安部公房、田中千禾夫、蜷川幸雄氏らそうそうたる方々が関わり、多くの舞台役者を輩出して今日に至っている。15〜16年前、たしか2000年頃のことだったと記憶するが、この演劇科の学内試演会で永井愛の戯曲『ラ抜きの殺意』を観たことがあった。そのときのパンフレットはもう手元にないが、この芝居は、そもそもが劇団「テアトル・エコー」の制作と聞き、さすがに喜劇風なタッチはあの劇団の得意とするところで、私もこれまで何回か恵比寿の小さな小屋に足を運んだことがある。つい先日も唐沢伊万里作の『病院ミシュラン』を楽しんできたばかりである。

話を戻して、この時の桐朋の学内公演もなかなか捨てたものではなく、筋書きは忘れたが、全編笑いの渦で実に爽快な公演だったことを覚えている。「見れる」「食べれる」などは、いまや誰もとりたてて指摘する人も少なくなり、いつの間にか当たり前の用法となっているようであるが、まさか、わが国の首相の喋り言葉には「ラ」の発音の異様さはあっても、「抜き」は無かろうと思う。しかし、さて、どうか……。

（2014年4月5日）

ゴミ

「ゴミ」の漢字表記は幾通りあるのか……。

広辞苑で調べてみたが、案の定「塵」「芥」の2字のみである。

そこで『当て字・当て読み漢字表現辞典』（笹原宏之編、三省堂）に当たったところ、「護美箱」というのが出てきた。解説によると「護美箱」は、もう40年以上も前、東京・日本橋のある料亭の前に置かれていた大きなゴミ箱にそう書かれていた、とある。最近では行政が管理する公園などにも、このような書き込みのものが、わずかではあるがあるという。それを目にしたのか、小学校6年生の児童が、それをゴミ箱の正しい漢字表記と思い込み、作文などに「護美箱」と書く例も見かけるという。

「ゴミ」には醜のイメージ、負のイメージが付きまとうが、「護美」はそれを逆手に転換して意味づけした珍しい例と言える。いかにも当て字、当て読みの世界らしいと言ってしまえばそれまでであるが、ゆめゆめ蔑視一蹴するなかれ。少なからぬ共感も覚えようというところである。

広辞苑には《①濁水にとけてまじっている泥。②物の役に立たず、無い方がましなもの、ちり、あくた、ほこり。③つまらないもの》との記載がある。

実は私にとって、いま、多少気にかかるのは③である。「つまらないもの」は多義的な概念である。そこで再び「当て字・当て読み……」を開き、「つまらない」を調べると、次のように記されている。

「詰まらない」は関心や面白みがない意で、会話や軽い文章に使われる和語。「つまらない映画」、「話がつまらなくて聞いているうちに眠くなる」、「遊び相手が居なくてつまらない」など。また「つまらないことで喧嘩になる」、のように、どうでもいい些細な、の意でも使う。「つまらないものですが、どうぞお納めください」のように、謙遜して価値の低い意にも使うが、「つまらない人間」「つまらない講義」など、興味が持てない点が中心で、必ずしも価値がないという評価とは直結せず、「くだらない」とは違う。

話は飛ぶが、3~4年ほど前に突然必要が生じて、20年以上も前に書いた室内楽作品の楽譜を捜し出さなければならなくなった。丸2日をかけ、大騒ぎして戸棚の奥に乱雑に放り込んだままになっている自作品の楽譜の山を一つ一つ崩しながら引っ張り出し、ようやく見つけ出した時は、くたくたに疲れ果て、足の踏み場もなく散らかった部屋の片隅でへたり込んでしまった。さらに、さあ、これをまた元に戻さねばならないのか……と考えたとたん、眩暈《めまい》を覚えたほどであった。

作品の出来栄えを問うことなく、大学在学中からコツコツと書きためてきた作品のメモ書きノート、スケッチ、下書きと清書、関連の文献、初演再演の資料や収録音源、時には演奏者とのやりとりの書簡……。捨てることができない自分の性格そのままに、ありとあらゆるものを、ろくな整理もしないまままただただ戸棚の奥にしまい込み続け、今日まで来てしまった。

大学を定年退職し、時間にも多少のゆとりができたのだから、ここでもう一度作品の整理をして、第1次身辺整理をしておくべきであろうと思い立ち、散らかった部屋をそのままにして、次の日にヨメさんを連れて行きつけの大型家具店兼資材店（ホームセンター）に、収納箱を探しに行くことにした。

これまで、作品が出来上がり、演奏者や出版社への送付など当面の事務処理が終わると、作品ごとに楽譜その他の全資料をＡ３型の大型紙袋に入れ、表に作品名、作曲年、演奏日などを書いてしまい込んで来た。

再びこのような大騒ぎにならないようにと、今回は作品区分を「器楽・歌曲作品」「合唱作品」「編曲作品」「その他」の四つに分けて別々に収納保管することにした。「その他」というのは、Ａ３の紙袋では保管不可能な分厚なオーケストラ作品とかオペラ、ミュージカル、パート譜を含む室内楽作品などのことで、これらは既に本棚の一角に専用のスペースを作って納めてある。

したがって今回は3個の大きな収納箱を用意しなければならないのだが、その収納箱の置き場所が問題だ。散々考えた挙げ句、グランドピアノの下を可能な限り広く開けて、既に満杯状態の書斎兼仕事部屋にこれ以上のスペース負担をかけない、というアイデアでいくことに決めたのである。ピアノ下の空間を綿密に計測し、部屋中に散らかった紙袋の数や縦横の分量などのおよその見当をつけて、ヨメさんに同道を願って早速物色に出掛けた。

ところが、お目当てのサイズのものがなかなか見つからない。収納用品というのはあるにはあるのだが、衣類や寝具用がほとんどである。そのほか、タンス式のものなどもあれこれ見て回ったが、みな帯に短かし襷《たすき》に長し——で、Ａ３型の紙袋を縦並びにして詰め込もうという私の意図に合致するものが全然見当たらない。ほとんどは背丈（深さ）が浅くてだめなのである。

半ば諦め気分になり、こうなったら木箱を特注するしかないか……などという考えもチラッと思い浮かんだのだが、それには相当な費用もかかるだろうし、第一、なんだか棺桶のような案配になりかねないので、どうも乗り気がしない。ほとほと思案に暮れてしまった。出直そうと、出口に向かったところ、車用品とか物置などが陳列されているコーナーの一角に、オヤッ！と目にとまったモノがあった。近づいて能書きを読むと《防水蓋《ぶた》つきなので、アウトドア用品、大型工具、家電用品、おもちゃ等の収納、それにナマゴミの一時保管などに便利です》などと書いてある。つまり体《てい》の良いガラクタの整理箱であり、ナマゴミの屋外保管箱なのである。

持参したメジャーを当ててみると、深さ（縦）はちょっと足りないが、ふたの裏側の膨らみを生かせば十分対応している。横95センチ、縦50センチ、奥行き43センチ。防水だから湿気も入らないはずだし、ピアノの下のスペースにも完璧に収まる。ヨメさんも長時間引き回されて、いい加減くたびれていたらしく、「いいんじゃない、これ。これにしなさいよ！」などとけしかけてくる。私も気持ちの上では、ほぼこれにしようと気が傾いていたが、もう一歩、ここでヨメさんの一言があれば、すっきりと笑顔で機嫌よく決断できる――。「でも、あなたの作品入れるんでしょ。ゴミ箱って、ちょっと可哀《かわい》そうねぇ」とか何とか言ってくれないかなあ……と次なるひと言を待ったのだが、彼女は「ええーっと、3個でいくら……」などと、さっさと会計に気持ちが行ってしまっている。私の期待は儚《はかな》くはかなく潰《つい》えた。

米川明彦編『業界用語辞典』（東京堂出版）によると、タクシー業界では短距離乗客、つまりワンメーター乗客のことを「ゴミ」というのだそうだ。人をばかにした隠語だと思ったが、これは一時代前、初乗りの区間料金が530円だったことに由来したものだと友人が教えてくれた。

客に面と向かってゴミとは言わないだろうから、足掻《あが》いてみても始まらない。

私はそれ以来、最寄り駅からタクシーで帰宅するときや、作品が出来上がって、その楽譜をピアノの下の作品収納箱にしまい込むたびに、ちょっぴり、もの悲しい気持ちになるのである。

（２０１４年４月６日）

わたしの仕事机

友人がわが家に来ると「おマエさんの書斎はいつも片づいているなァ、机の上もきれいだし……」などと言う。

それはそうなのである。客人を迎えるような時には虚勢を張って前もって机上や本棚を整理し、掃除をするからなのであって、普段《いつも》がそうであるわけではない。自分は生来、どちらかと言えば「片づけ好き人間」の部類だ、とは思う。しかし、月に１、２回くらいは机上が目を覆うばかりの惨状となり、放置すると、とんでもない状態になる。やりかけの仕事に必要な本や楽譜、辞書、ファイルや紙の資料などが次々と積み重なるので、そのうちに必要なものがどこにあるのかわからなくなるし、重なりの中から無理やり引っ張り出したりするから、山が崩れて目も当てられない状況になる。

そんな時、机上に飲みかけのコーヒーやら水入りのコップなどがあると、それが倒れて流れだし、大事な資料や書きかけの楽譜なんかを汚してしまう。そうなると世も末のような情けない気分に打ちのめされる。あれこれ知恵をしぼって雑多なものの置き場所などを工夫はしているのだが、どうしても物を書くためのスペースがだんだん無くなってくるので、仕方なくそれらを整えて、取りあえずのスペースを作り出さなければならない。

そんな時は「あぁチクショウ、今度生まれ変わったら部屋じゅう机といった態《てい》のバカでかい仕事机を持ってやるから、見てやがれ！」などとブツブツ独り言をいいながら、現世にその願望を果たせないままでおさらばしなくてはならないであろう自分を思い、卑下するのである。

私がいま使っている仕事机は横147センチ、奥行86センチという変則的なサイズである。両袖には作り付けの30センチ幅の引き出しのあるサイドボックスが付いている。

大学卒業後、恩師の口利きでなんとか音楽大学で教える仕事に就けて、低額ながらも安定的に給金をもらえるようになったので、嫁さんと話し合って小さな戸建ての建売住宅を、膨大な借金と長期ローンで手に入れた。それを機会に、何はなくとも仕事机だけは自慢できるようなものをと考え、とにかく既成の尺寸のものではだめ、46段の大型の五線紙（縦横50×35センチ、見開きで70センチにもなる）を広げて仕事ができるようにと、あちこち探し回った。

たしか新宿の伊勢丹で見つけて、値段は張ったが、なんとか手が届きそうだったので、これも月賦で購入を決めた。狭い建て売りの二階の四畳の洋間を書斎と決め、そこにアップライトのピ

著者書斎の仕事机。この10年余、１日の大半をこの机に向かって過ごしている。もちろん、居眠りの時間を含めて…（著者撮影）

アノと向かい合わせの格好で、自分一人分のスペースに椅子を挟んで据えることにしたのだが、ピアノとこの机の部屋への運び込みには大いに泣かされた。玄関から階段を通っての据え付けは最初から無理で、業者を頼んでクレーンでつり上げ、２階の部屋の１間幅のサッシの窓枠を取り外しての搬入となった。今の国立市の自宅に引っ越すときも、同様に窓を外して運び出し、ろくな修復もしないまま出てきてしまった。以来、広い書斎と大きな机は私の終生の悲願となった。

思い返せば、幼少時から高校までを過ごした田舎の生家と、下宿住まいの大学時代まで、自分の机と呼べるようなものを持ったことはなかった。当時の生活はまだ椅子とテーブルの時代ではなかった。

座卓や卓袱台《ちゃぶ》などで勉強したり絵を描いたりしたものだ。高校卒業間近になって父が勉強机と称して子供3人に一つずつ木製の小さな事務机を買ってくれたのが〝自分机〟の始まりであった。子どもたちがそれぞれ生家を離れると、それらは並べてくっつけられ、ビニール製のテーブルクロスがかけられて勝手場の食卓になった。

社会人となり、狭いながらも戸建ての家に住み、初めて机らしい机を自分のものとした喜びは感動ものだった。机を買うと、途端にいろいろなものが増える。机上本棚、書見台、電気スタンド、時計、ペン立て、鉛筆削り器、電話機……。やがてワープロが置かれ、フロッピーディスクなどが場を占める。時代が変わって最近はパソコンが3台居座っているし、加えてプリンターなど関係の機材やコードやコンセントなど絡んでくる。

そうした文具や小物を手の届く範囲に使いやすく揃えておくために、机の奥に奥行き30センチ、横幅80センチ、高さ22センチの2段の棚を設《しつら》え、常用のパソコンをスライドして収納することにしたのだが、その分、机の奥行きが狭くなった。文書作成時はパソコンを引っ張り出し、終われば再び棚下に押し込めばよいのであるが、楽譜を書くときなどは大変である。最近はオーケストラ曲などを書く機会も減ったので、超大型の五線紙を広げることはあまりないが、それでも作曲の時は机上のものを全部撤去しないといけないから、実に面倒である。

最近『作家たちの書斎』という写真集のような本を買った。

仕事机というものは、使っていないときにその所有者の表情が窺《うかが》えるのが面白い、と気づいた。この本は、もしかしたら撮影のために整然とした机を前もって用意したのかもしれないが、それにしてもその表情はさまざまで作家の個性が偲《しの》ばれる。

主《あるじ》が使っているときもいない時も、いつも同じような状態なのは面白くない。主を待つ机の表情というのが面白いのである。大概の物書きは、その日の仕事を終えるとき、机上をきれいに片づけ、翌日の仕事の捗《はか》がいくことをひそかに願うものである。机上整理は次なる仕事のための大切な土俵の掃き清めなのだ。この本によると、武満徹さんの仕事机はそれほど大きなものではなく、机上には鉛筆が長さの順にきちんと並べられている（それは自分の癖だと言っている。こんなとき、削り、並べながら、なにかを発想している武満さんを想像してしまう）だけで、ほかには何も置かれていない。実に清楚《せいそ》なものだ。恐らく使っているときは全然違う光景であろう。

私が学生の頃の指導教官だった島岡譲先生の仕事部屋は、全ての壁面に机があり、複数の仕事を壁面ごとに振り分けて、先生ご自身が各壁面を回って同時進行で仕事を熟《こな》されていたという。まさに理想的な書斎と羨《うらや》ましく思った。

来世では私もそうすることに決めている。

（2014年8月15日）

業界用語

最近のことである。ＮＨＫテレビの音楽番組『ららクラシック』にゲスト出演していた知的な面持ちの女性が、その端正なお喋《しゃべ》りの途中で突然「サビアタマ」などという珍奇な言葉を発した。聞き慣れない言葉だし、第一、なんだか鈍重で穢《けが》らわしい感じが漂って、途端に私の中でのその女性の株値が急落した。

「サビ」はいまどきの若者ミュージシャンなどが頻繁に使う一種の業界用語で、リフレイン形式のポピュラー・ソングの山場（曲が一番盛り上がるところ）のことをいう。「サビ」が山葵《わさび》から派生した語だとすれば、あのツーンと鼻にくる刺激を連想示唆しているとも考えられる。茶道の「わび・さび」とは関係がない。

音楽業界にもご多分に漏れず、こうした独特の隠語のごときものがあって、私自身も生意気盛りの頃にはその類《たぐ》いの言葉を得意顔で使ったこともあった。使うことによって仲間との、どこか隠微な結社的親和性を感じたりしたものだ。「ゲネプロ」（ゲネラルプローベ＝本番形式のリハーサル）とか「コバケン」（指揮者・小林研一郎氏）くらいならまだいいのだが、「ゲーセン、アーヒャク」（５６００円）だの「ヤノピ」（ピアノ）だの「ローチェ」（チェロ）などと矢継ぎ早にはやしたてるのがいて、始めのうちは別にどうというほどでもなかったが、そのうち、さすがにうんざりして嫌気がさしたことを覚えている。

中原中也（1907〜1937年）の詩に『お道化うた』というのがある。その冒頭はこうである（新潮社「日本詩人全集22　中原中也」より）。

月の光のそのことを、
盲目少女《めくらむすめ》に教へたは、
ベートーヹンか、シューバート？
俺の記憶の錯覚が、
今夜とちれてゐるけれど、
ベトちやんだとは思ふけど、
シュバちやんではなかつたらうか？（後略）

この中の「ベトちゃん」「シュバちゃん」はもちろん、業界用語ではない。れっきとした中也のオリジナルである。

こうした用例に端を発したと思われるのが「モッチャン」（モーツァルト）や「ブス」（ブラームス）で、果ては「マラ」（マーラー）などと意味怪しげなのも現れた。作曲家と作品を切り貼りした「ベトシチ」（ベートーヴェンの交響曲第7番）、「メンコン」（メンデルスゾーンのヴァイオリン協奏曲）、「タコハチ」（ショスタコーヴィチの交響曲第8番）。ほかにも「チャイロク」「ブラヨン」「マラサン」などの類いで、これらはもともとオケ（オケも、もとはその類い）団員らの内輪言葉だったものが、今ではクラシック愛好家の共通用語になってしまった。
まずい！と思うのは、小中学校の音楽の教師までが平気で授業で使っている例もあると聞く。目くじらを立てる訳ではないが、個人的には私は嫌いである。語感が悪いし、どこか侮蔑《ぶべつ》の匂いもしているから、ほどほどにしておくべきであろう。

2011（平成23）年3月の東日本大震災発生直後、原子力発電所の状況報告をする東京電力関係者が頻繁にテレビに登場し、現況報告やら釈明やらお詫《わ》びやらをする場面が連日のように放映された。そこで耳にした言葉遣いに「ゴザイマス」の奇妙な使い方があって、それに接するたびに、妙な言い方をするもんだ……と反発を感じていた。例えば「それにつきましては、目下、現地に確認を入れてゴザイマス」などという言い方である。「誠に申しわけなく思ってゴザイマス」「その件についてはコメントを控えさせていただきたいと考えてゴザイマス」など。

このようなヘンな言い方をするのは、東電の特定の人物だけではなく、入れ代わり顔を見せる全ての関係者が、なぜか同じような言い方をするのである。もしかしたら、東電内の用語として社内教育でもされているのかもしれないと疑ってしまった。一見、謙遜のように聞こえるのだが、嫌みにも響く。へりくだりは傲慢《ごうまん》の裏返しにもなり得る。気取りやエリート意識がこうした場面で顕《あらわ》れるのだから、それは多分体質なのだろう。丁寧語の一つ、とでも思っているのだろうか。仮にも、それが会社の威厳や誇りを示す何らかの意図を含むものであるとすれば、滑稽というものである。

『業界用語辞典』（東京堂出版、2001年）。別なところでも触れたが、この辞典の面白さは人間の事物や状況に対する多思性、多想性を知ることにある。時には遊びの精神や、隠喩のスピリットも味わえるし、社会のヒエラルキー（階層）や世相のルサンチマン（恨みの念）なども見え隠れしている。モノによっては極短小、かつ、もっとも直截《ちょくせつ》な詩的言語ではないかとさえ、私は思うこともある。

奥付によると、編者の米川明彦氏は梅花女子大教授で、専門は俗語研究、手話研究、聖書研究とあり、学術博士として多数の著作がある。『現代若者ことば考』や『女子大生からみた老人語辞典』などという著書もある。

（2014年8月16日）

振り込め詐欺師の朝の歌

「振り込め詐欺」などという呼び名、既に慣れっこになっている昨今なのだが、あらためて口に上らせて発語してみると、なんとも間抜けなバカバカしい命名である。2004（平成16）年の暮れに警視庁が名付けたのだという。

こうした詐欺事件はいつごろから出始めたのか。インターネットなどで調べてみると、その最古の事例は大正の初めの「電報で為替送金を要求する詐欺事件」だという。その後、1985

（昭和60）年頃からは電話が詐欺の道具として利用されるようになった。1999（平成11）年から2001年にかけては「オレだよ、オレ！」などと息子や孫になりすまして金をせびる事件が多発したことから「オレオレ詐欺」とか「なりすまし詐欺」などと呼ばれるようになったという。

対策に躍起となる警察を尻目に、発生件数や被害額は増える一方で、一向に減る気配はなく、今年（2014年度）上半期の被害総額は260億円を超えているというから驚きである。裏を返せば、世の中に〝金持ち〟や〝親バカ〟が多いことの証左でもある。

他人事《ひとごと》のように考えていたわが家にも、これまで5回ほど、それらしき電話がかかって来た。最初は家内が応対に出た。夫婦2人で夕飯を食べている時であった。警察官を名乗る男の声で「飯沼さんのお宅ですね。杉並警察署の者です。実は、ご主人が先ほど中央線の電車内で痴漢の現行犯で連行されてきました」。家内は吹き出して「主人は今、ここにおります」と言ってしまったのだが、これは失敗で、こういう際には落ち着いて、もっと話の先まで聞きただすべきだった、と2人で反省した。

2例目、3例目も家内が応対した。いずれも私どもの息子になりすまし、「俺、風邪ひいちゃってさぁ……」などと切り出し、ベラベラ世間話の類いを話したので、家内が「大事にしなさい」などと返答して終わった。応対の様子を下調べするかのように、本題に入ることなく電話を切ったという。ところがその後、再び同一人と思《おぼ》しい人間から病気と偽って電話がかかり、「どうすればいいか」などというので「病院に行きなさい」と言って切った後、本人に電話して別人だということが判明した。

4回目は私が電話に出た。

私は仕事上、自分の耳にはかなり自信があるのだが、まずハッとしたのは、相手の声が息子にあまりにもそっくりだったことである。なんと、最初はすっかり息子だと思い込んでしまった。しばらく話をしたが、そのうち、どうもヘンだと気付いて、あれこれ探りを入れ始めたところ、相手は「また、あとで」と電話を切った。

5回目はつい先だってのことで、相手は前回同様、息子の声によく似てはいたが、最初から随分と不躾《ぶしつけ》な口調で「困ったことになってさぁ、なんとか助けてもらえないか」などと早口で言い始めたので、中身の話を聞く前に、「息子とはいえ、なんという無礼な言い方をするか!」と、その不謹慎な口調を窘《たしな》めた。本人や家族の名前を言え!というと「急いでいるんだよ! そんなことよりも話を聞いてくれ」などと言うので、その辺から双方は感情的になり、最後は「もう、頼まねえっ!」と捨てゼリフを吐いて電話を切った。すぐさま息子の会社へ電話して、それもうそであることを確認した次第である。

敵も然《さ》ることながら、電話で他人を騙《だま》すためには、それなりの下拵《したごしら》えをした上での行動だろうと思う。さぐり電話が事前にかかっていたのだとわかった。声がそっくりというが、音色ばかりではなく、喋《しゃべ》り方そのものにもかなりの類似が認められたことに、耳自慢の私も驚いた。これ程似せるのにはなにがしかの策略があったとしか思えない。息子との事前の接触とか、録音で話ぶりを調べるなど、下準備をしたと考えるべきだろう。

私の家への電話も、最初の事例はともかく、その後は同一人か、そのグループなどが、最初から金銭の求めをせずに、事前の調査のつもりで何回かの電話をかけて様子を探った可能性もある。半期で260億円もの被害が出るということは、それだけ騙《だま》される人間がいるということであり、親子や親族の弱みに付け込まれ、話を盲信してしまう人間がいるということである。

これは一種の知的ゲームのような一面がある。電話を受ける側は機転を利かし、芝居を演ずるくらいの余裕を持ちながら、相手の頭脳の一枚上を行く応対ができなければ負けなのである。

（2014年8月14日）

コスプレ

「コスプレ」（Costume play）の起源を「偽装」とか「仮装」にまで遡《さかのぼ》るとすれば、それは、何も今になって格別騒ぎ立てることでもないだろう。仮面文化、変装文化の歴史は古く、世界各地に各種各様な存在理由とパフォーマンスを見る事ができるからである。

しかし、近年、表だって取り沙汰されるに至ったのには、それが社会学的、現象学的に世相の一端を象徴し、新たに今日的な観点からの考察に値するなにがしかの問題を含んでいると思われるからではないか。着装についての考察にまで及ぶならば、それは人類が着衣の習慣を身につけた太古の時代にまで遡及《そきゅう》しなくてはならない。

裸一貫、一糸もまとわない己の肉体が真の自分であるとすれば、人体に何かを着けることは自分を「飾り隠す」ことになり、いかに自分を飾り隠すかが自分らしさの主張につながる――という奇妙なことになってくる。「脱ぐ」と「着る」は共に「自己探求」の表裏を成している真実である、ということになって、飾らない自分が本当の自分なのか、飾る自分が真の姿なのか、これはこれで簡単な話ではない。

近年、とみに「個性」が声高《こわだか》に語られるようになった。学校でも社会でも「個性豊かな人間づくり」などと言っている。

こちらも簡単な問題ではない。少し突っ込んで考えれば、「個性」とは何か――の問いかけに、すぐに明解な答えなど出せるものではないはずなのだが、子供、親、若者も教師も、果ては流行を操ろうと企《たくら》む商業社会までが一瀉千里《いっしゃせんり》に、この「個性」とか「個性的」ということを単層表皮的にとらえ、単なる自己表現の特異性とか差異性だと勘違いさせる風潮を醸《かも》し出しているのではないかと考えてしまう。人は往々にして、そうした潮流に乗ることで、逆に個性を喪失していることに気付かない。

人間には「変身」という、一種の成長とか脱皮願望のようなものがあるらしい。常に自己改良への課題意識が付いて回るのである。

事実、こうした願望がなければ人生の設計も、生きる目的も自覚できないであろう。そうした内省の過程で明確になる言動やしぐさ、見え隠れするその人固有の様態が「個性」と言うものではなかろうか。

ただ、こうした内的現象は、着衣のように外形に直接現れるものではない。時に応じて「架空の自分」を大胆に現出してみたいというドッペルゲンガー的願望があって、これが有史以来、人間の行動の中に見ることのできる「仮装としての表出」あるいは「仮面行動」というものなのである。いわば、人間の意識のなかに表裏一体で備わっている着脱論の片面なのである。

何事においても、ひとたび目新しいものが流行《はや》りだすと、皆が競ってそれに乗り遅れまいとして同様の志向に走る。その結果、目新しかったものが、珍しくも何ともなくなってくる。こうして、その現象が平準化してくると、再びそこから脱して、新たに「目立ちたい」という願望が生まれ、それが増殖して流行となる。この原理を俯瞰《ふかん》できれば、慌てふためいて流行の先端を追うことのバカバカしさにも気がつくはずだ。

私の恩師で作曲家の石桁眞礼生《いしけたまれお》先生（故人）が昔、講演でこう言われたことがあった。

　東京のね、このごろ盛り場になっている原宿というところがありますがね。あそこへ行きますとね、もう、若い少年少女が奇妙奇天烈な衣装を着て遊んでいるんです。君はなぜこんな格好をしているの？と尋ねたら「目立ちたいから」と答える。それで僕はちょっと苦笑しながら「でも、みんな目立ちたい格好をして、同じようなことをしているのだから、ちっとも目立たないね」って言ったら「あら、そう」なんていう始末なんです。

偽装や変身は着衣だけではない。

「方言コスプレ」という言葉を考案したのは日大文学部の田中ゆかり教授だそうだ（朝日新聞夕刊2012年5月24日付「人脈記」）。標準語での会話の最中に、急に方言が飛び出すことでその場の空気が動き、議論が活性化することがあるとのこと。議論ばかりではなく、言語というものを一つの着衣だと考えれば、時と場所によって衣装を変えると同じように、言葉もＴＰＯ（時、場所、状況）で使い分けるのは至極当たり前の発想で、不思議はないのだという。

仕事モード、休日での在宅、友達との飾らない会話、それぞれの場にふさわしい自分を演出するための言語力は、むしろ豊かな個性の表れとも言えるのか。方言はその地域の標準語ではあるが、それが大都会に住むようになった途端に影を潜めて標準化された言語世界にのみ込まれてしまう。そのくせ、一方で個性的でありたいという平準化脱出願望も生まれ、それは主として装身具の領域でのみ関心を誘うようになり、流行に染まれば没個性に陥るというイタチごっこを繰り返すことになる。

「方言」という武器を自己表現の一つとして臨機応変に使いこなすことができれば、知性を伴った個性の表出につながるような気も、確かにするのである。第一、衣装代などで散財することもなくなるから、安上がりで効果観面《てきめん》であろう。しかし、それが可能となるのは、普段から「言葉」を思い、語彙《ごい》を磨き、思索を深める日常を有する人間だけということだ。

(2014年8月16日)

物差し

母は坪庭に面した10畳間の4本の障子を左右に開け分け、深い廂《ひさし》の黒い影の先から差し込んでくる秋の午後の陽光を手元の裁縫台に集めながら、黙々と縫い物をしている。後ろから足音を忍ばせてそっと近づき「ワッ」と声を発すると、「おや！　信《のぶ》ちゃってやぁ、また脅《おど》かすだかい、やだわやぁ」などと、鼻で支えた老眼鏡の上目づかいにニッとほほ笑むのだった。

私がまだ小学生の頃、母は若い時分から身につけていた裁縫の特技を生かして、近隣や遠く離れた知り合いなどから頼まれた仕立ての仕事をせっせとこなし、幾ばくかのお手当をもらって家計を助けていた。そんな頼まれ仕事が出来上がると、火鉢の熾《おき》(灰をかぶせた炭火)に突っ込んで温める、先の少し尖《とが》ったような鏝《こて》や、背丈の低い表座敷の天井の梁《はり》の電源に差し込んだ電気アイロンのコードを揺らしながら、縫い目のしわを丁寧に伸ばす。それが終わると、どこか物惜しげな表情でゆっくりと品物をたたみ、大きな風呂敷に包んでいそいそと届けにいくのである。

愛用の座布団を敷き、ところどころ汚れが浮き立った短い靴下の足裏を左右に分け、ぺたんと尻座りにして針仕事をする母の周りには、いろいろな裁縫道具が置かれたり、並べられたりしていた。

右手側には、L字型の台座の部分を座布団と畳の間に差し込んだ木製の程よい高さの「絎台《ぐけだい》」があり、その先端には葱《ねぎ》坊主のような形の「針差し」がくくりつけられていた。その針差しには、先端が赤や黄色などの目印の付いた何本もの待ち針が刺さっている。

また、裁縫箱を覗《のぞ》くと、厚紙や筒状の糸巻きに巻き付けた、色や太さの異なった、たくさんの糸。これも、長いのや短いのや太さの異なった各種の縫い針、小さな糸切りばさみ、ボタンやホック、端切れ、ヘラなどが入っている。中には見た目もきれいな、色違いの、ちょうどおはじきのような形のものもあるので、「これ、なに?」と聞くと「チャコ」だと言った。そのころ落書き用に持っていた石筆《せきひつ》のようだな、と思ったりした。

母の裁縫箱はいつ頃のものかわからなかったが、娘時代から使っていたものを嫁入り道具として持ってきたのだと思う。かなり汚れて鄙《ひな》びた感じだった。母の裁縫箱の中とか小引き出しは、どこか文房具箱に似たような眺めがあって、子供の頃はよくのぞいたり、かき回したりしたものだ。

あるとき、母はかなり上等な生地で着物の仕立てを頼まれたらしく、その日の母は朝から少々興奮気味だった。裁縫台の上に反物の生地を広げ、3尺くらいの竹製の物差しを当てながら、その右端をつまみながら器用に左手に送り、そこからまた物差しを当てて重ね折りにした生地の折り目に、ヘラやチャコで印を付け、大きな裁ち鋏《たばさみ》で慎重に裁断するところを、真ん前にあぐらをかいて見ていたことがあった。小学校3、4年生の頃だったと思う。

「信ちゃ、面白いかね?」

と聞かれて「うん」と返事をしたが、会話はそれっきりだった。

それから新聞紙に筆か何かで線が描かれた型紙を当てて、さらにチャコの隅を上手に動かしながら生地に写し取り、それを裁ち鋏でゆっくりと裁断していった。その鋏からは、サラサラ、キヨイキヨイ……とでも言おうか、研ぎ澄まされて、いとも涼しげな「裁断の音」が静かに立ち上がるのが聴こえた。

母が勝手場の仕事の合間を見ながら、こうして裁縫台の前で黙って縫い物をしている姿は、なぜか幼心に満たされた幸福な思いを与えてくれた。私は、そんな母の後ろに寝そべって、その頃父が買ってくれた『アンクルトムの小屋』や『十五少年漂流記』などを読んだことを覚えている。

かつて、私がまだ小学校に入学する前の頃。学校の教師だった父の赴任校の関係で、一家が母の生まれたI町の実家に間借り住まいをしていた頃の記憶に、私が外で遊ばないのを気にして母方の祖母が「信義や、たまには外に出て皆と一緒に遊んできましょ」と言ったことがあった。私はもともと「内踏ん張りの外地蔵」などと言われるような一面があり、活発だった弟とは対照的に、いつも家でぐずぐず、のそのそしているような子供だったという。「総領の甚六だでせね！」などともよく言われることがあったが、それが何のことか、その頃はまだわからなかった。

その後、一家は私の生家に戻って、私はその地の小学校の3年東組に転入した。その頃、父母と子供三人が寝起きしていた表座敷の奥戸を開けると、薄暗い布団部屋のような、畳5枚を並べた細長い部屋があった。昼間、外の光がほとんど届かない薄暗いその部屋には仏壇もあり、鴨居《かもい》の上には神棚もあった。仏さまと神様が薄暗い布団部屋で寝起きしているようで、子供心にヘンだなあ、などと感じたのを覚えている。

仏壇の脇には古びた赤茶色のタンスが置かれていて、そのまた奥の、裏庭に面した8畳の座敷で寝起きしていた祖父母の肌着などが収められていた。そのタンスの5段ほどの引き出しには、左右に金属製の把手《とって》が付いていて、開け閉めするたびにその輪っか状の把手が垂直に落下して引き出し前面の金属製の取っ手の底部にぶつかる音が、隣室の私たちの居間にまではっきりと聞こえた。

このタンスの側面にも、タンスを持ち上げたり移動したりするときのために、同じ仕様の把手が付けられていて、そこに3尺のと、少し短いのと2本の竹製の物差しが輪っかの中に突っ込まれたような格好で納められていた。母が反物の裁断などのときには、ここから物差しを抜き出して使い、使い終わると再びここに収めるのである。

この竹製の物差しは、まさか母の嫁入り道具ではなく、前々から祖父母家の暮らしの中にあったものだろう。裏側には祖父の名前が墨で書かれていたような記憶がよみがえる。祖父は記名狂

小ぶりなたんすの側面に、２本の竹製の「物差し」が納められていた（著者スケッチ）

のようなところがあった人で、多くの家具や道具などに自分の名前とともに「○年○月新調」などと書いていた。物差しはもちろん「鯨尺《くじらじゃく》」で、私がランドセルに縦に入れて学校に毎日持っていく30センチの物差しとは目盛りが違うので不思議だなぁと思ったものだ。そんな古びた物差しを当てがい当てがいしながら、母なりの自信を思わせる術で一通りの段取りが終わると「さあ、信ちゃ、お茶でも入れるかねぇ」などと言って立ち上がり、腰を伸ばすようなしぐさをしてから、そそくさと勝手場へ歩いて行った。

母の思い出ばかりを書いたので、終わりに父も登場させておこう。

父は学校勤めの関係で、日中、家で一緒の時間を過ごすことはほとんどなかった。たまに日曜日かなにかの休日に、家に持ち帰った受け持ちの子供たちのノートや答案などを調べているようなときには、私は弟と2人、父の在宅が珍しいのとうれしいのとで仕事をする父の回りではしゃぎ立てた。父が何回も「うるさい！」などと注意するのを無視して大声を発しながら暴れたりすると「どれっ！　モノサショ（物差しを）持って来い！」と勢い込んで腰を浮かすしぐさをする。奥戸を開けて、仏壇脇のタンスの把手に立てかけてある竹製の3尺の物差しを取りに行く動作。それで、言うことを聞かない私と弟の尻を叩《たた》こうというのである。

（2014年12月1日）

ルサンチマン

〽ソ、ソ、ソクラテスか
プラトンか
ニ、ニ、ニーチェか
サルトルか
みんな悩んで大きくなった
大きいわァ大物よォ
俺もおまえも大物だァ

シェ、シェ、シェークスピアか
西鶴か
ギョ、ギョ、ギョエテか
シルレルか
みんな悩んで大きくなった
大きいわァ大物よォ
俺もおまえも大物だァ

昭和50年代の初め頃、某酒造のＣＭで流れた唄。作詞は仲畑貴志氏、作曲は桜井順氏で、作家の野坂昭如氏がブラウン管に登場して歌い、踊っていた。

「大物」とは、当時その会社のウイスキーのボトルが大瓶で売り出されたことを指しているようだが、歌の途中に挿入された女声の〝影声〟による「大きいわァ」という合いの手フレーズがなまめかしく響いて、結構流行《はや》ったものだ。ドクドクドクッと大瓶から注がれるウイスキーの映像と音の後の「トン、トン、トンガラシの宙返りッ！」というフレーズは、意味不明なところが哲学的でいいという友人もいた。

野坂氏は直木賞作家で本来小説家なのだが、歌手（歌手名「クロード野坂」）、作詞家、放送作家（ペンネーム「阿木由紀夫」）、タレント、落語家（高座名「立川天皇」）、漫才師（相手は野末陳平氏で、コンビ名を「ワセダ中退・落第」といった）……と、多彩というか、鬼才というか。さらには参議院、衆議院の両議員選に落選、当選を繰り返す政治家でもあった。彼は自身を襲うすべての懐疑を直覚的あるいは嗅覚的に察知し、それらに間髪を入れず敢然と挑みかかり、異を唱え、自ら体当たりで中に割って入り、行動するというタイプの知性派タレントでもあった。

その意味では、それは既成価値への反旗を振りかざす「復讐者」であると言ってよいのかも知れない。

もちろん、言うまでもなく彼の行動は彼の「創造の営み」と無縁ではない。作家の創造的な営みというと、一般には自室に籠もって孤独な時空に身を沈め、思索にふける内省的な姿を思い浮かべるのが常である。しかし、野坂氏の場合は（もちろん数多くの著作がある以上、そのような創作現場が本来の仕事場であることは承知の上で）「行動し、発言し、演ずる人間」、つまり行動表現者という面が他者に抜きん出ているという点で、特異な存在であると言える。

歌謡曲の作詞家・石坂まさを（ペンネーム「沢ノ井千江児」）氏は歌手・藤圭子さん（故人）のために『圭子の夢は夜ひらく』という詩をつくったことで知られていたが、昨年（２０１３年）、病のために亡くなられた。「圭子の」とわざわざ断りを入れたのは、後にこの歌詞の替え歌がたくさん生まれたからで、そのような状況をみて後から付け加えたものだという。

〽赤く咲くのは　けしの花
白く咲くのは　百合の花
どう咲きゃいいのさ　この私
夢は夜ひらく

旋律は、この歌の作曲家とされている曽根幸明氏が、練馬少年鑑別所で歌われていたものを採譜したものだという。４＋４＋２、計10小節でできている単純な構造のメロディーには、石坂氏を含む二十数名の詩人や歌手などが別々の詩を付け、それを歌った歌手も40名を超える（ネット記事）というが、本当なのかどうか。このような現象はこの世界では他に例を見ない珍現象ではないか。

〽十五、十六、十七と、
　私の人生暗かった……

詩の書き手も曲の歌い手も、これでもか！というくらいに暗く重い人間模様や人間苦を創出し、絞り出すような悲痛な声や仕種で演じようとしている。

こうした怨恨《えんこん》や復讐の情丸出しのパフォーミングに、先の見えない、暗くよどんだ当時の世相に失望した若者たちが一時の救いを感じ、癒やされたという話も、この歌のヒットの裏話として書かれたり読まれたりした。作家の五木寛之氏はこうした表出の源泉を肯定の意味を含めて「恨《うら》歌《うた》」と言っている。

反社会的、かつ、どこか挑戦的でもありながら、疎外意識と倒錯と嘲《あざけ》り、自虐と諦めに深入りする過剰な情的表出の類型は、古くから日本の世俗歌謡、あるいは伝統芸能の底流の一角を成し、様々な分野の作品の創作思念の一部を占めていると言ってよい。

『枯れすすき』（＝船頭小唄。詩・野口雨情、作曲・中山晋平）もまた、そうした一例として挙げることができよう。

〽どうせ二人はこの世では

雨情という人の性格も一途《いちず》で豪胆なところがあったようで、そのために数々の仕事に関わりながらも、転々として波乱に満ちた生涯を送った一人であった。多くの童謡詩を含め、雨情の詩作に見る固有の寂寥《せきりょう》感を漂わせる文言たちは、それが虚構の世界の描出ではあっても、放浪流転を経て体得した生身の痛覚（それらは多分にルサンチマン的であったに違いなかろう）の累積から紡ぎ出されたものであることは、間違いないはずである。そして、そうした発想のルーツをさらにたどれば、おそらくは「無常」の思想にまでも行き着くと言ってもよいかもしれない。

つまり、その根幹には、命あるものに永劫《えいごう》不滅はあり得ないという、敗北と憐憫《れんびん》の知覚、現代の言葉で言われるところの「負け組的知覚」まで巻き込むような、多義的多層的な世界があると言ってもよいだろう。そうした知覚は、幸不幸、貧富、弱強を問わず、生の有限を知るものの共通の心情としていつの世にも、共感とともに受容されているのではないだろうか。

『枯れすすき』は大正時代に流行った歌であるが、以後『昭和かれすすき』（山田孝雄作詞）、『平成かれすすき』（京鈴作詞）などという歌も生まれているのは、先述の『夢は夜ひらく』とどこか一脈通じるところがあって、興味をそそられる。

いくつかの例に触れたが、人間の闇の部分や因業《いんごう》を主題に挙げ、悲嘆や怨念《おんねん》、揶揄《やゆ》嘲弄《ちょうろう》などを書き、また、演ずる人たちの表現者としてのアイデンティティーとは、いったいどのようなものなのであろうか。
乱暴を承知の上であえて言うならば、このようなストーリーを創り、書き、歌い、演ずる人たちは決して負け組の人間ではなく、逆に勝者に属する人たちなのだ、と私には思える。なぜなら、こうした創出に関わる人間に、来歴の個差を別として誰一人としてアウトローはいないからだ。「つくり話」としての負の世界に全霊をこめて没入し、「極」を描こうとする。ストーリーの主役に「成りきろう」とするが、「成る」のではない。むしろ、反対に自分を対極（それは自己肯定の、つまりルサンチマンとは正反対の矜持《きょうじ》であり、自負であり、ニーチェのいう「責任を負うことのできる精神の持ち主」なのである）に自らを置くことができなければ不可能な「虚構世界の創出者」たちなのである。

哲学者で日大教授の永井均氏の著書『ルサンチマンの哲学』（河出書房新社、１９９７年）によると、《ルサンチマンとは、現実の行為によって反撃することが不可能なとき、想像上の復讐によってその埋め合わせをしようとする者が心に抱き続ける反復感情のことだ》とあり、《ルサンチマンが創造する力となって価値を生み出すようになったとき、道徳上の奴隷一揆が始まる》というニーチェの考え方を述べている（15ページ）。続けて、《ルサンチマンによる創造ということに関してまず注目すべき点は、初発に否定があるという点です。つまり、他なるものに対する否定から出発するということが問題なのです。価値創造が否定から始まる、だから、それは本当は創造ではなく、本質的に価値転倒、価値転換でしかありえないのです》と述べている。

人間は己の内部に原理的な「敗者意識」（死の超越は不可能である）を刻印されるが、さらに他者との関係において、己の劣位を認めざるを得ないような場面に遭遇することを避けては生きられない。そのような自我認識の過程にあっては、誰しもルサンチマンを抱かざるを得ないのである。そうした「敗者意識」を乗り越えて自我の存在を肯定するために、他者との比較という土俵を捨て、例えば「自分は自分」という、新たな土俵に自らを据えることによって敗者という知覚を勝者という価値に転換しようとするのである。

たとえ逆境にあったとしても、それを乗り越えて強く生きようとするためには、ルサンチマン的創造は誰にとっても欠かせないことになる。

他者との関係において知覚するのと同じように、自分の内部において、もう1人の自分との関係によって生ずるルサンチマンもあり得るのではないだろうか。自分は今現在の自分よりは優れたもう1人の自分との間に嫉妬心や復讐心を知覚し、それを目標に自我を磨き、奮い立たせるという創造もまたルサンチマンといえないだろうか。

こうした問題についてはしょせん素人の私に語れる領域ではない。が、ものを創り出すという力の源泉には「克己力」が必要であり、一つの自己肯定があれば、即その否定による次の自己確立のための価値創造の営み（つまり自己否定）が連鎖するのが創造的人間というものだとする定義が仮にも正しいのなら、作家はもとより創造的な仕事に関わる全て者はルサンチマンの申し子ということになるのだが……。

もう一つ、私が「これは凄絶な怨恨と復讐心だなぁ」と感心した例を書きとどめておきたい。作家の車谷長吉《くるまたにちょうきつ》氏は自著『雲雀《ひばり》の巣を捜した日』（講談社、2005年）の中で次のように告白している。

『漂流物』（文學界・平成7年2月号）が芥川賞候補になった時、私に×印をつけた日野啓三銓衡《せんこう》委員が癌《がん》で死んだ折りは、赤飯を炊いてお祝いをしました。私は執念深いのです。

車谷長吉という作家を知ったのは、彼の作句を巡って、それが「盗作だ」と訴えた某女性俳人の裁判記事を新聞で読んだことがきっかけであった。それは今から10年くらい前のことであるから、車谷氏が本格的に小説を書き始めた1992（平成4）年ころからの作品は、98（平成10）年の直木賞受賞作『赤目四十八滝心中未遂』を含め、それまで私は一度も読んだことはなかった。某女性俳人が車谷氏を「泡沫《ほうまつ》作家」などという穏やかでない口調で誹謗《ひぼう》していたので興味をもって読み始めたが、なるほど一筋縄では語れない「業の筆」の作家だとわかり、いくつかの作品を立て続けに読んだ。『鹽壺《しおつぼ》の匙《さじ》』『業柱抱き《ごうばしらだ》』『文士の魂』『吃りの父が歌った軍歌』……。

『漂流物』の新潮文庫版には以下のような帯文が書かれている。

容赦なく克明に書くことの業。そして救い。悪の手が紡いだ私小説。これだけは書いてはならぬ、と血族から哀願されていたことを小説に書いた。小説の材料にした人々には犠牲の血を流させた。しかるに「私」はそれによって世の讃辞を二度まで浴びた。世間をはずれて漂い流れる、落伍《らくご》者たるこの「私」が……。書くことのむごさを痛感しつつも、なお克明に、容赦なく、書かずにはいられぬことの業、そして救い。「私」の中の悪の手が紡いだ私小説、全七篇。

この記述を読んでさえ、大方の想像はつくというものだが、氏は『新潮』平成17年2月号に『凡庸な私小説作家廃業宣言』なる一文を発表し、それまで氏がつづった文章で迷惑をかけた人物や事象に謝罪をし、以後、私小説は書かない旨を宣言したのである。その書き出しは以下のようである。即ち

「私（わたくし）小説」という言葉は大正時代に生まれました。それが昭和も戦後になってから「私（し）小説」と言い換えられ、蔑視されるようになりました。おもにこういう侮蔑をなして来たのは、バルザックやゲーテを原書で読めることを自慢にする、西洋文学乞食たちでした。（後略）

と、ここでもルサンチマン丸出しで一矢を報いているのが車谷氏らしいところである。

雨情も野坂も車谷も、ある意味で過激な行動派であり、自らの身を賭して思念をむき出しにしながら創作を続けている勇猛な人たちである。創造、それを復讐と呼ぶならば、それは行為行動

する復讐なのであり、自分の内部で敵を抹殺し、あるいは忘却しようとするだけの黙秘型の利己的ルサンチマンではない。独居隠棲《いんせい》して煩悶《はんもん》し、恨みつらみを呟《つぶや》くだけのようないじいじした存在ではない。むしろ、加虐的ルサンチマンの姿ではないか、とも言えそうだ。

藤圭子さんは先年自死したが、美貌の歌姫が生前華やかな衣装で《〽十五、十六、十七と、私の人生暗かった》と歌う姿は奇妙で、そのちぐはぐさがどこか哀れを誘って、見る（聴く）に堪えないものがあった。表現者として、表現すべきものと、自己自身の内的必然が分裂し、表現者が己のアイデンティティーの中に自らが演じようとする作品を同化できぬまま生き進み、その矛盾した光景を聴衆がともに受容し平然と楽しんでいたとすれば、なんとも身震いを禁じ得ないところである。

自らの生い立ちを通じて彼女に深く刻印された屈辱的貧困の反動が、大成して巨万の富を手にしたのちの年1億円もの浪費につながったのであり、それこそ彼女のルサンチマンそのものであったのだ……などと書かれた週刊紙などを読むと、私はわからなくなってしまう。

「ルサンチマン」というと、吉本隆明氏が無くなった年（2012年）の秋に、彼を追悼して企画された某カルチャーセンターの席上、『共同幻想論』を中心に据えた内田樹《たつる》氏と平川勝美氏が、対談の中で「吉本はルサンチマン」か、という話で結構議論をぶつけ合うシーンがあったことを思い出す。どちらかが肯定にまわり、どちらかが否定の立場で会話が進んでいた記憶があるが、詳細は忘れてしまった。

その時には、関連して吉本氏が関わっていた戦後の詩人グループ「荒地《あれち》」の話題に触れる部分もあったので、終演後、平川氏に「荒地の同人では誰を評価しますか?」と聞いてみたところ、「北村太郎さんだ」との答えが返ってきて、意外だったのと嬉しかったことを覚えている（詩人北村太郎、本名松村文雄は私の父方の親戚筋にあたる人である。私は北村の透明な思念と文体が好きで、その孤高で清澄な文学的著作からルサンチマンを感じ取ったことは、これまで一度もない）。

吉本隆明氏に絡めてルサンチマンの話が出てくると、それは彼が歩んださまざまな領域（事実、彼の転向的履歴が問題にされたりすることが多い）での足跡や言動が論点に上がってくるようだ。ともすれば、礼節の一端を欠いたり、独りよがりで難解な叙述に拠《よ》ったり、世相一般の常識と正面からぶつかるような見解の披歴だったりする。

つまり、多くは、自己肯定と他者批判の強弁から生まれているように思う。戦前、戦中、戦後を貫いて生きねばならなかった時代の知的人間のルサンチマンは、どこか、体制批判とか階級闘争とか、時事論争などといった外皮的な関わりから実証的に探られ、語られることを避けて通れない一面があり、時にはその人間（吉本）の深層思念が誤解されるという事象もあるのではないか。

ニーチェが自分の論文への希薄な反応を無念に思い、その返報として沈潜した思索に籠もって『道徳の系譜』（1887年）を著したのとは様相を異にし、吉本氏の場合には、事の追及が常に外部との対決俎上《そじょう》に載せられながら進んでいくような、宿命的な流れが付いて回っていたのではないだろうか。吉本がルサンチマンであったかどうか、それはもう少し時間をかけて（少なくとも私にとっては）眺めなる必要があるのではないかと考えている。

そもそも、ルサンチマンとは何か。広辞苑はこう解説している。

①ニーチェの用語。弱者が強者にたいする憎悪や復讐心を鬱積《うっせき》させていること。奴隷道徳の源泉であるとされる。

②一般に、怨恨、憎悪、嫉妬などの感情が反復され内攻して心に積もっている状態。

この定義に従えば、大方の人間はみなルサンチマンということになる、と言ってもよい。それが高じて病的になったりする場合を除けば、人間の深層心理に妬《ねた》みや怨恨は付きもので、それがあるからこそ向上心や創造力が生まれるし、自己救済のための知恵も授かれるというものである。しかし、それはニーチェの言うルサンチマンではなく、単に感情の初期知覚にすぎない、とされる。永井均氏が前記の著書『ルサンチマンの哲学』で《ルサンチマンとは、行為による反撃が不可能なとき、単に想像上の復讐によってその埋め合わせをしようとする者が心に抱き続ける反復感情のことである。だが、ニーチェのルサンチマン概念の特徴は、それが価値転倒と結びつくところにある》と書いたことは既に述べたが、さらに次のように続けている。

手が届かなかった葡萄《ぶどう》を狐《きつね》が恨んだとしても、それはまだルサンチマンではない。酸っぱい葡萄だったのだ、と自分に言い聞かせたとしても、それもまだルサンチマンとはいえない。しかし、狐がもし、そもそも甘いものは健康によくない、という思想を持ったとすれば、あるいは、甘いものを食べない生き方こそ本当の生き方なのだという価値を信じたとすれば、そのとき彼は、紛れもなくルサンチマンにとらわれたのである。イスラエルが、敗北と離散を神から与えられた特別の試練とみなすことによって、決して負けることのない技法を身につけたように。

これによれば、反感や嫉妬や復讐という負の情念は、身に降りかかった宿命を恨んだり嘆いたりするところから転じて、つまり、思想を転じて絶対不敗の強者に置き換えられた段階で、初めてルサンチマンの成就となる、ということである。ちなみに永井氏はネット上に次のような言葉を書いている。

吉岡実『僧侶』――――私はかつて詩を書いていたが、このくらい詩的価値を自立させられなければ詩に書く意味はないのだと悟って詩は捨てた。私は詩の外に言いたいことがありすぎた。でも多くの「詩」もそうだ。この詩は素晴らしい。私は哲学で言うことにした。

ついでに書いておくが、吉岡実氏（1919～1990年）の詩『僧侶』全9章をテキストに、私は若い頃、敢然と作曲に挑んだことがある。それは、４人の歌い手と室内オーケストラによる30分を超える大作となった。自分でも気に入っている作品なのだが、初演された後、再演されることもなく、この先、私自身が何か言い出さない限り忘れ去られる運命にあるようだ。ただ、自分が触れて感動を体験した作品（テキストに用いた詩）が偶然にも他者によって同様に評価をされていることを知り、ひそかに喜びを覚えたのであった。

翻って、自分の内に在るルサンチマン的自覚を探ってみる。すると、すぐに人並みの妬みや悔しさ、怒りや反感や復讐といった情動のいくつかが頭に浮かんでくる。

私にとっての最初の強烈な敗北感は、学生の頃に応募した日本音楽コンクール（当時はＮＨＫと毎日新聞社の共催で、俗に「毎日コンクール」と呼ばれていた）の最終選考で３位までの入賞を果たせなかったことだった。入選という、つまり第４位という結果に落胆し、三日三晩下宿で布団に包《くる》まって落ち込んでいた。４日目に、これは他者のせいではなく、自分に力が不足していたからなのだ、当たり前の結果なのだ、との結論にようやくたどり着いて、再起の勇気を取り戻した。

これは、永井氏の論に照らせばルサンチマンと言えるのか、言えないのか……。落胆して伏せっている間には「審査員の耳が悪かったのだ」とか、「指揮者とオケの演奏が悪かったためだ」とか「審査方式のからくりで本来入賞のはずの評価がズレただけだ」などと、決して自分の作品が他に負けていないのだという論理を成り立たせて立ち直ろうと足掻《あが》いていたが、その段階では多少ルサンチマンに近づいていたと言えるかもしれない。そのことがあって以後、私の前に現れた幾多の人々に対し、自分が立ち遅れている感覚とか、他者よりも優れている感覚とか、勝ったとか負けたとか、そういうレベルで思い悩んだりすることはほとんど無くなり、そのまま今日まで生きてきたと思っている。

自分の力、立ち位置、性格などを自分なりに計測し、無意味な力みや妄想を排して精神の安定を維持し、できる範囲で等身大の努力をするという、いわば「安全運転」の生き方を選んだということか。だから、相手が優位に立っても、自分でよく書けたと思う作品が正当に評価されなくても、相手から屈辱的な言葉を投げかけられても、痛くない腹を探られても、私はどうということはなく、そうした事象から自分を遠ざけることができるのである。

私は70代半ばを超える年格好になったが、実はこれまで生きて関わった多くの先輩、知友の中の8名ほどを「忘却リスト」に送り、私の名簿から捨て去った。理由はさまざまであるが、いずれも一時期は腸《はらわた》が煮えくり返るほどの怒り、反発、怨念の情に駆られた人たちである。しかし、この人たちは、今は影も匂いもなく私の中から完全に消え去っているので、次第に思い出すことさえ遠ざかり、間もなく記憶すら消滅していくはずだ。

しかし、これは考えようによっては現実にも仮想にも敵を持たない、かなり重症のルサンチマンと言えるかもしれないのだ。「争わない」「闘わない」という思念によって知らずしらず勝者の座標に座っているだけなのかもしれない。

（２０１４年12月20日）

ブロムシュテットさん

自分の作品とか友人の新作の演奏会、あるいは、どうしても顔を出さなければならないお義理の演奏会などといったものを除くと、いわゆる名の知れ渡った演奏家や、演目に引き付けられてクラシックの演奏会に足を運ぶということは決して多くはなかった。昔からそうであった。老境に達してからは面倒くささやら気力の減退やらで、出掛ける予定にしていた演奏会を当日になって止めてしまうようなことまで多くなっている。

血気盛んな時分には若いカラヤンの率いるベルリン・フィルとか、初来日のイタリア・オペラ、あるいは、これが聴き納め収めかと思われたホロヴィッツ（実はその後再度来日公演があった！）などに大枚を叩《はた》いて出掛けたこともあったが、その後、時代が変わって音質や画質の優れたCDやDVDが出回るようになり、テレビでもいろいろな放送を聴取できるようになったので、ますますライブのコンサートから足が遠のいてしまった。

なによりも、私は名曲がいつも身の回りになくてはいられないような人間ではなく、いくら名曲が取り揃えられても、あるいは名演奏家が出演するプログラムであっても、そのような要因だけで演奏会に出掛けることはよほどのことでない限り、無かった。作曲家というものは己の音楽を創り出すのが第一の仕事であって、他人様《よそさま》の作品やその演奏に心を預けて楽しんで聴いているだけでは何も始まらないのである。

それどころか、多くの作品を聴かされること自体が、時には自分の創作の妨げになるような意識さえ持っていたくらいだから、これではとても音楽愛好家などとは言えないだろう。

私にとって、これまでクラシック作品との出会いは、ほとんどが作品研究とか楽曲分析など、あるいはソロや室内楽専攻の学生の実技レッスンなど、大学での講義や実習のためで、聴くよりは「調べる」「教える」というのが目的だった。

しかし、それはそれ、楽譜を一人静かに眺めていると、その作品のこの世で一番という、自分にとっての最高の演奏が頭の中で鳴り始めることもあるから捨てたものではなく、わざわざ聴きに出掛けるという気持ちがますます遠のいてしまうのである。仮に出掛けて行ったとして、演奏家や楽曲の粗探しのような卑しい習性が必ず頭を擡《もた》げるので、あまりハッピーな気分になれないのである。

さて、この秋（2014年）はこれまでになく自分に関係する多くの催しなどがめじろ押しで、あれこれ準備で追い詰められ、途切れることなく続く仕事に喘《あえ》ぎながらの日々を送っていた。

そんな中、テレビでNHK交響楽団（N響）の第1789回定期（同年9月）の録画放映をついつい全部聴いて（見て）しまった。日曜日の夜はいつも夕飯を食べながら『日曜美術館』（直前の番組）を見るのが習わしなのだが、それも「食い入るように」見るのではなく、夕飯の「美味なるおかず」といった塩梅《あんばい》で、見ながら何か別のことを考えたりもしている。

だが、その日の夜は日曜美術館の「特集・菱田春草」に続いて放映された「日曜音楽館――へルベルト・ブロムシュテットのモーツァルトとチャイコフスキー」はいつにない名演で、深く惹《ひ》きこまれてしまった。われを奪われて、家内の前で落涙を抑えることができず、みっともない一幕を演じてしまったほどであった。マエストロと一心同体となったN響の演奏もまた実に見事であった。

私は若い頃に人間への興味を持てませんでした。音楽には気の遠くなるほどの多くの課題があるからです。特に指揮者には……。音楽作品の中には人間の全人格・全精神が在るから、音楽家はまずそこから人間というものを学ばなければならない、と考えていたからなのです

とマエストロ、ブロムシュテットさんは語っていた。

『ジュピター』（モーツァルトの交響曲第41番）、『悲愴』（チャイコフスキーの交響曲第6番）は、知らぬ者は誰一人としていないほどの天下の名作である。だが、名作なるが故に聴衆はともすると演奏が始まる前から、予測的感動体験の状態に自らを置いてしまうこともあるのではないか。指揮者に対しても、オケに対しても、そして作品に対しても、そのような期待を抱きつつ、指揮者の振り下ろしを待つ、ということがありはしないだろうか。

いや、聴衆ばかりではない。名指揮者との本番を前に、演奏家自らも、そのような忘我の境地に陥落することさえあるという。私の知り合いのオーケストラ奏者からも、そのような心的状況

に陥った体験を聞かされたこともある。そうなると、ますます作品の解釈や演奏はいきおい熱気を帯び、感情吐出的表現に傾いていく演奏の素地《そじ》を形成していくことになる。

聴衆も楽団員も、皆がその時の感情の高まりを共有した中で演奏が始まると、そうした素地の上で醸成される一種のカオスが創り出す〝カリスマ的瞬間〟が現出し、そのようなとき、人間は横溢《おういつ》する感情の高まりの中で冷静さを失い、理知の立ち位置を放擲《ほうてき》し、言葉を失う程の圧倒的な感動に酔いしれるのである。

かつてブルーノ・ワルターという巨匠（指揮者）の振るモーツァルトが独占的人気を攫《さら》っていた時期があったようで、その評価をあたかも自論のように受容し、皆が競ってワルターのLPを買ったものだ。私もそんな時期にワルター盤を2、3枚買い込んだ記憶があるが、それをじっくり何回も聴きこんだというわけでもなく、さらに他の指揮者のものと「聴き比べ」て云々《うんぬん》するなどということにも興味のない人間だった。なので、こうした評価も、もしかしたら風評に付和雷同して広がったうわさ話のようなものだったのかもしれない。

音楽、それも主に巷間《こうかん》に膾炙《かいしゃ》したクラシックの名作というものは、名作なるが故に、例えば楽曲の顔ともいうべき「テーマ」をはじめとして、メロディーやリズムなどの親和性の強い数々の要素などが、一般聴衆（受容者）のもっとも敏感な感覚的入口である「情動の部分」にまず働きかけ、それによって受容者の感情が揺さぶられ、やがて、それらへの共感や感動が受容者固有の評価につなげられていくという、いわば好循環ともいうべき特性を有していると思われる。

さらに、こうした状況の中ではさまざまな受容の実態も浮かび上がってくるもので、特にモーツァルトの演奏に関しては往々にして情理の兼ね合いが論点になることがあるようだ。ワルターはテンポが遅めで、したがって情感たっぷりとした演奏になっている、とか、片や、トスカニーニはむしろその対岸で、構築感を失わない快速なテンポを基本としていて怜悧《れいり》で厳格なアプローチである……などなどの話が愛好家の間で交わされていたようだけれど、それらが本当なのか、果たして意味ある論争なのか、私にはにわかには信じられなかったし、信じもしなかった。

　そもそも、表現が情動的だとか理性的であるなどといった鑑賞が何を根拠に論じられるのか、情理を描き分ける表出など、説明や解説が可能なのであろうか。

　第一、この天才作曲家（モーツァルト）は、もともと情動とか理性などという対置可能な領域を意識しつつ仕事をした人物ではあり得ないのだし、そんな見方自体が的を外した奇想天外な見解というべきであろう。情は理を凌駕《りょうが》し、理はさらなる情の高まりを唆《そそのか》す。それらは常に混然として一体不可分、作家自身の生身の身体の隅々にまで熱い血潮を通わせ続けていたとしか考えられない。心身のどの断面を切り取ってみても、他者が及ぶべくもない濃密な感性に裏打ちされた旋律や和音が迸《ほとばし》り出てくる……。それがモーツァルト自身であり、その音楽なのではないか、と私は考える。そして、不世出の大家と、その作品を前にしてわれわれは、それが世に知られた作品であればあるほど、その作家と作品への称賛の度を高めこそすれ、よもや疑念を持って自らの理解や評価を問い直し、あらたな発見や理解につなげようとすることなど、しないのではなかろうか。

が、視点を「指揮者」という立場に据えて考えるならば、話はそう単純ではないはずである。プロとして生涯に何回も同じ作品を演奏しなければならない。指揮者（演奏者も同様ではあるが）にとっては、そのたびに初心に戻って誠実に楽譜と向かい合い、その形姿を謙虚に問い直すことが、その日その時の演奏を創造的な営みに至らしめる唯一の方策なのである。そういう柔軟で真摯《しんし》な思索の上に構築されるはずの演奏解釈が、仮にも一般聴衆の思い描く評価のような、万年不変の盲信にも似たものと変わらないとしたら、必ずや指揮者としての力量を問われることにつながってしまうであろう。

「これがモーツァルトだ！」といった類いの凝固した思考や評価の御旗のもとで、自らの解釈を再考しようとしない指揮者など、いないはずだ。演奏家も聴衆も、あるいは世の評論家などをも巻き込んで、あたかもモーツァルト受容の「掟《おきて》」の類いのものが存在するが如き言説を振りまくのは愚かなことである。ワルターとトスカニーニを並べて、人間における情理の深奥を測り分けようとするようなことなど、あまりにも貧しく、恥ずべきことと自戒すべきであろう。

ブロムシュテットさんが、いみじくも《音楽作品の中には人間の全人格・全精神が在る》といい、《音楽家は、まずそこから人間というものを学ばなければならない》と述べていることは重要な指摘であり、先入観を持たずに作品に接することの大切さを説いた言葉なのだと深く共感せずにはいられない。

『ジュピター』では、第1楽章冒頭のモチーフから、ブロムシュテットさんのその日の思念が硬軟多彩な棒裁きによって描き始められる。全ての表現の構築を許容する寛容な「ハ長調」というキャンバス。そこに注がれる指揮者ブロムシュテットの創意。それは、やがて終楽章において、人間の知情の見事な融合をフーガという高潔なフォルムに収斂《しゅうれん》させることなのであるが、その長い道程《みちのり》の終点にそれを結実させねばならないというマエストロの思念が冒頭から予感されるのである。

一方のチャイコフスキー。

大概の指揮者が顔を歪《ゆが》め、狂おしいまでのしぐさで演ずる、あのドロドロした俗物的『悲愴』の姿などはどこにもない。

終楽章の、なんという見事な「絶望」の描出だろうか。こうしたロマンチックな時代の白眉《はくび》たる作品の描出におけるマエストロ、ブロムシュテットの香気は、オーケストラを危ういぎりぎりの葛藤にまで連れて行き、その先に、人間の情動を理性の高み——それは、牧師の家庭に生まれ育ち、バッハに傾倒し、頑《かたく》なに菜食主義を貫き通すマエストロの宗教的思想なのであろうか——に溶解させる、という演奏表現の信念から伝わってくるものではないか……と、しばしその余韻の中で考え込んでしまった。

この日（第1789回定期）、N響は齢《よわい》87を迎えた一人の偉大なマエストロの下で燃えに燃えた。楽員の理性が情念の炎に焼き裂かれようとする、その寸前まで……。

（2014年10月20日）

下駄

　愛用の黒革靴が年月を経てくたびれ、そろそろ新しいものに替えなくては、などと思うのだが、足に馴染《なじ》んだ心地よさから、いまだにぐずぐずと履き続けている。

　人間は自分の履物を調達しようとする時、履物それ自体のデザインや色などについて、自分がそれを履く姿をひそかに想像するはずだ。「足元を見る」という言葉は意味深だが、当然ながら、まさに足元、つまり、そのものずばり履物への視線という意味を含んでいて、他人の履物をチラッと一瞥《いちべつ》して、服装に似合っているとか、顔と不釣り合いだ……などと評価を下しているのである。履物への拘《こだわ》りは自意識の深層にれっきとして存在しているのである。

　今日では大人も子供も、女も男も、みな靴を履くから、生活の全ての場面に応える靴の種類は甚だ多い。時と場合（用途）に応じてその都度購入するから、玄関の履物収納棚は満杯の様相を呈し、衣類と同様、シーズンごとに丸ごと入れ替えなければ収納不可能なありさまである。

　流行もそれに輪をかける。まだ、十分に使える靴も、時代遅れの気配だけで放置され、捨てられてしまう。先っぽの尖ったのが流行《はや》り出すと、われもわれもとそれを履く。人気アイドルの履いた靴と同じものをすぐさま買い求め、熱が冷めるとすっぽかす。「履き捨て」を辞書で調べると「履きつくして捨てる」というのと「1回履いただけで捨ててしまう」の二義が並列で載っている。似合う、似合わないの意識も含めて、履物に対する人間の微妙な感性の存在は侮れないということか。

ご婦人が和服を召す時などは、傍目《はため》に自然と足元の履物に視線が及び、草履や日和下駄などを、その衣装の全体の一部として評価しつつ楽しませてもらうことになる。どこかの今年の成人式で雨が降り、振り袖に雨靴という出で立ちではしゃいでいる女性がテレビに映った。さすがに尻っぱしょり（裾をたぐり上げて腰帯に挟む）の輩《やから》はいなかったが、何とも絵にならない風景であった。

殿方の方となると、似合う、似合わないを越え、珍妙な風景として脳裏に浮かぶのは、かつての辣腕《らつわん》首相・田中角栄氏の「背広にゲタ」という姿だが、これは氏の目白の邸内の母屋から事務所への移動の時だけで、国会にゲタ履きで現れたわけではない。だが、仮に現れたとしても、もしかすると、こちらは一幅の絵になったかもしれない。ご本人様には失礼だが、そもそもゲタのようなお顔の持ち主であった。つまり、似合っていた、ということである。

他人様《ひと》のことばかり言っていても仕様がない。

先日、長野県大町市の信濃木崎夏期大学から要請があった。「学俗近接」を主眼に、広く民間に開かれた歴史ある公開講座を、戦中も絶やすことなく継続して、近く創設１００年という輝かしい節目を迎えるのだそうである。それを記念に、これまで招かれてこの大学の公堂の演台に立った講師たちに、その思い出を書くようにとのお話で、写真などもあればぜひ提供してほしい、との手紙が私のもとにも届いた。

下駄履きの著者、その1（右端）。信濃木崎夏期大学の公堂前にて（1962年夏）

そこで、古い写真の袋をかきまわして見つけたのが1962(昭和37)年の夏、音楽評論家・村田武雄先生の講義を聴きに、初めてこの公堂を訪れた時に撮った写真である。黒い、太めの鼻緒の付いた立派な下駄を履いて、同行の妹(中央)とその友人と一緒に立っている。涼しげな開襟シャツにスラックス、頭には登山帽(高校の頃は「浪人帽」などといって、多くの大学浪人が愛用していた)をかぶっている。ゲタ履きという風情が全体像と調和している(と思う)。自画自賛で恐縮だが、つまり、ほどよく似合っているのだ。

似合いの条件はこれだけではない。あの、木崎湖の夏期大学の、一世紀に垂《なんな》んとする風格の建物、とりわけ「信濃公堂」と名付けられた180畳の大広間は、眼下の木崎湖からの夏の清風が吹き抜け、踏み石の置かれた高床の廊下は、日々、この建物を守る地元・北安曇教育会の先生方の雑巾がけで黒光りし、戸障子の影を映している。その奥の堂々たる畳の空間は、幽《かす》かに、柔らかなイグサの香りと共に、この広間の演台で熱く語った講師たちの知の余韻で満たされているのだ。そのような総和の佇《たたず》まいが、限りなく素足の涼しさ、すがすがしさに寄り添っているのである。

もう一つ、書いておきたいのは——

1956(昭和31)年の夏。大学受験を半年後に控え、同じ大学(東京芸術大)を目指す友人2人と共に、東京・上野の大学キャンパスで開かれた「受験講習会」という催しに参加した。期間は3～4日くらいだったと思う。練馬の西武線・上石神井駅近くの、先輩の止宿先である男子寮にこっそりと泊めてもらい、そこから西武線と山手線を乗り継いで上野まで通った。友人2人はそれぞれ革靴とズックの靴を履いていたが、私は下駄履きで上京した。講習初日、オリエンテーションのために旧奏楽堂に入ろうとして、受付の男性事務職員に声をかけられた。

「あなたっ！　上履きに履き替えてください。」

「……あのぅ、上履きは持ってません。」

「……」

事務員は困惑の面持ちで、隣の者としばし言葉を交わした後「じゃ、極力、音を立てないように、そーっと校舎の中を歩きなさい」といって入場を許してくれた。旧奏楽堂は1890（明治23）年に建てられた日本最古の音楽ホール。その頃は既に60年以上を経ており、ホール内部にはハトが生息しているという、まことに不思議な、おおらかな空間で、後に入学してからこのホールで野村良雄教授の「西洋音楽史概説」を受講していた時、私の頭にハトの糞《ふん》が落ちて、そのビチャビチャした生温かい感触は今もって忘れない。

話が逸《そ》れたが、とにかくヒンデミット（ドイツの作曲家）の像がある1階の入り口から木造の廊下に入り、暗い階段を上り、当時の作曲科教官室の前を通り抜けてホールに行き着くまで、細心の注意を払って歩いて行った。黒く汚れた感じのマットが敷き詰められていたように記憶している。音は靴と下駄でさほどに差はなかったと思うが、受付の職員は多分、下駄履きそのものに

下駄履きの著者、その2（右から2人目）。東京・上野の不忍池畔にて（1957年夏）

驚いたのではないかと思う。
「聴音」というのは、先生がピアノで弾くメロディーや和音を耳で捉えて五線紙に書き取る授業で、解答をピアノの前に座っている先生のところに持っていき、添削を受けるのだが、そのときの先生はヤマトロ（先生自らそう言った）と呼ばれていた山本というトロンボーンの先生だった。

「よっ、下駄かぁ！　涼しくて気持ちいいだろう」

私の足元を見て、かなりの大声で言ったので、十数人のクラスの者の視線が一斉に私の下駄に集中した。そのとき私は、ヤマトロも、きっと日頃から下駄の愛用者だと直感した。そういう顔をしていた。ヤマトロは靴を履いてはいたが、どこか人物にそぐわず、つまり似合っていなかった。事実、その頃の殿方の中にはどうしても靴が似合わず、下駄の方がはるかにふさわしいと見える面持ちや体形の人がいたものだ。そんなわけで、この少ない期間で、私の下駄履き参加はかなり知れ渡ってしまった。
この講習会の最後の日の夜、われわれ3人は初めてオペラというものを観た。多分、寮に内緒で泊まらせてくれた先輩に薦められたか、切符を買わされたのだろう。出し物は二期会によるブリテン作曲『ピーター・グライムズ』の日本初演で、主役はテノールの柴田睦陸《むつむ》、オーケストラはＡＢＣ交響楽団、指揮は森正、会場は大手町の産経ホールだった。

ここでも私は入り口でひと悶着《もんちゃく》起こした。チケットもぎりの女性に呼び止められ、なにか他の履物を持っていないか、問われた。持っているはずもない。入場は拒否されなかったが、具合の悪いことに固いタイル張り（？）の床は下駄の音をかなり高らかに発するのである。すり足に近いようなヘンな格好で歩くのに大いに気を使った。幕あいの長い休憩時間もトイレにも行かず、席に座ったまま、小さくなっていた。

余談になるが、一浪して入学を許された大学の同級生にTという豪快な男がいた。彼は鶯谷近くの自宅から下駄履きで毎日大学に現れ、歩行音を別に気遣うでもなくカラカラと音を立てながら堂々と校舎内を歩き、授業に出ていた。感心、というか敬服したのは、ピアノの実技試験の日も彼は下駄履きで現れ、試験官をあきれさせたことである。まさか、下駄ではペダル操作もできないから、演奏の時はおそらく裸足だったろうとは思うが……。

私は彼と特別深く付き合ったというわけではないが、何となく、裸足の付き合いのような親しみを覚え、また、クラシック音楽をやろうという大方の人間の、どこかなよなよとして鼻に着く高邁《こうまい》さのようなものを毛嫌いするような点で相通ずるものを感じて、よく行動を共にしたものだ。

ある日、昼下がりに御徒町駅の近くにあった天神様の鐘を突きに行こうじゃないかと誘われ、気乗りのしないままに彼の後に付いて行った。荒れ狂うが如き様相で彼が鐘を突くさまを見ていたが、下駄履きの彼の異様な行動におびえるような衝動を覚え、当惑したことを思い出す。

（2015年4月7日）

春雨余情

2週間ほど前、早朝の寝床でウグイスを聴いた。

まだ、よく鳴けずに「ホキョ！」と1回だけだったり、「ホーッ、ホケケケ」と末尾がもつれたりしたが、そのさえずりの、冷気を裂く清冽《せいれつ》さで身体を閃光《せんこう》が突き抜けるような緊迫を覚えた。そのような体験は、老境にあるわが身にとってはまさに青天の霹靂《へきれき》で、自分の体内にいまだそうした官能的感覚の知覚力が残されていたことに自ら驚愕《きょうがく》し、緊張に輪をかけたのではないかと思う。

そんな残響が消えないうちに、今度は桜の開花である。ウグイスはその日の朝の、わずか10分にも満たない間の出来事であったが、桜もまた1、2週間で終わりを告げるであろう。春の移りはまことに名残惜しく、切ないものがある。


東京郊外の国立に住まいして35年が経った。

今年（2015年）も3月の末には桜が満開になった。国立は東京で名の知れた桜の名所である。JR国立駅の南口から西南に伸びる「大学通り」の花の並木を南武線・谷保《やほ》駅方向へ1キロ半ほど歩くと「さくら通り」との交差点に出る。「さくら通り」はその名の通り、貫禄も見事な老木に、まだ若く、スリムで活《い》きのいい若樹も入り交じって、咲き誇る花の量の圧倒的な豊かさに息も詰まるほどである。

半年ほど前、その老木の大半を、市が道路通行の安全確保を理由に切り倒す――と発表した。その方針に市民から反対の声が上がった。結局は専門家による樹木診断を基に再検討することになったようだが、そんなこともあってか、今年の花見は、樹齢がかさみ、伐採の対象となったことを示す赤いひもが巻き付けられた、木肌に多くの瘤《こぶ》のある老木に人々の目が集まっているように見えた。

若樹と古樹とでは花が違う。植えられて20～30年の、まだ若い部類の樹の花は、花弁も薄目で色もどこか透き通るような、リズム感のある軽快な咲き様に見えるが、老樹のそれは、花が鈍重で腫れぼったく、どこか怨念《おんねん》を含んで鬼気迫る咲き方だ。

そんな一本一本の樹と花を見比べるようにそぞろ歩くのはまことに風雅なものだ。道路を挟んで両側に一斉に植えられた樹々たちが黒い木肌をむき出しにし、花の枝々を交錯させて「通り」をすっぽりと包み込んでいる。そんな花のトンネルの中を、人々の流れに同調するように、ただ歩むだけでは通り一遍の借り物のような気分となって風情を損なうので、人混みのする時間は出掛けないことに決めている。

ふと、花見の群集の足が途絶えて、それまで、ざわついていた空気が一瞬の静寂に満たされるようなとき、満開の花の下をひとり歩く、というような予期しない偶然がある。それは「さくら通り」の突端《とったん》に位置するわが家からサンダルをつっかけて、1キロほどの距離の郵便局へ手紙やはがきの投函《とうかん》に出掛けけるような時、ふいに出くわす一瞬である。

ただ花だけが咲き、道に人影はなく、ちょっと早めの夕餉《ゆうげ》の時刻であろうか。小さな子供たちがいる家庭からはキャッキャッと燥《はしゃ》ぐ幼子の声が花の背後から聞こえていたりする。暮れなずむミルク色の気怠《けだる》い春の夕暮れの、まだ冬の名残をとどめているような冷ややかな大気が蒼黒《そうこく》の帳《とばり》を運んでくる。遠く近く、人家や商店に電灯が輝いて見える頃になると、ああ、今この瞬間こそ、この季節が授けてくれる至福の一瞬なのだ……と、ほのかに温もりの宿る無二《むに》の悦《よろこ》びに満たされるのである。

このような愉悦の体験は、老境の昨今はますます少なくなり、乾いた感覚を湿らすほどの心震える情動がわが身を訪れることはほとんど無くなってしまったが、それでも時折――それは思いがけず、時をつんざくように平然と襲いかかってくるのが不思議なのだが――、このような移ろいゆく春の夕べの大気の鼓動が、若い日の純朴な感情をよみがえらせ、その襲来に胸が圧迫され、息苦しいほどの官能に、ただただ狼狽《ろうばい》を覚えるのである。

そんな、得体《えたい》の知れない恍惚《こうこつ》に、全身を奪われる感覚を初めて体験したのは高校2年生のころであった。

生家の母屋に続く裏庭には、5月の陽光が燦々《さんさん》と降りそそぎ、草木は朝露にぬれて瑞々《みずみず》しく緑の葉を輝かせていた。植え込みの真ん中には、祖父が自慢の牡丹《ぼたん》の株が三つ四つ、今を時ぞ、と大輪の花を咲かせ、その咽《むせ》かえるような芳醇《ほうじゅん》な香りを惜しげもなく周囲に放っていた。

その脇のモクレンやサクランボ、梅、桃などの、さほど背の高くはない木々をつなぎあわせるように幾重にも張りめぐらされたクモの巣には、朝露が光っていた。その全体は紫の空気にすっぽりと包まれて、春の姿態をなまめかしく晒《さら》し、めくるめく、息苦しく、喘《あえ》ぎながら、ひたすらその一瞬の得難い構図を演出しているのであった。まさに、わが全身全霊が自然界の生成の脈動と一体となり、その迸《ほとばし》り出る生命の源流を感受する感覚器官と化した一瞬であった。

そんな純粋多感な日々ははるかな過去のこととなったが、今こうして、冬から春、そして梅雨を経て夏に至る間の小刻みな季節の変化に刺激され、さまざまな感慨に身を浸すことがかなうのは、かけがえのない悦《よろこ》びであり、また、わが身の鈍くなり始めた感性の蘇生にとって極めて大事な体験なのである。とりわけ、晩春、雨の日が続く時期になると、何気なく記憶の中から一つの文章が浮かびあがってくる。それは、永井荷風の短編『花より雨に』である。

この一文は私の中学3年の時の国語教科書「中等文学」に載っていたもので、これを教えてくれた先生が、なにか特別の教え方をしたというわけではなく、まったく私一人の受け止め方で、ひどく感動し、それ以後忘れがたいものとなって折々の私の心によみがえる、不思議な作品なのである。荷風が滞米、滞仏の数年間を終えて帰国した1909（明治42）年に発表した文章で、作者30歳頃の作品とされている。

しづかな山の手の古庭に、春の花は支那の詩人が二十四番と数へたやう、梅、連翹《れんぎょう》、桃、木《もく》蘭《れん》、藤、山吹、牡丹《ぼたん》、芍薬《しゃくやく》と順々に咲いては散って行った。

荷風の視線は山の手の屋敷内の狭い古庭に注がれる。季節が織り成す微細な自然の移り変わりをこまごまと見据え、日々深みを増す草木の色合い、気怠い春の曇天の日の、朝とも夕べとも判じがたい光の移ろい、閉めきった障子にまで浸潤する若葉の吐息や、樹液の匂いまでも描き出すほどに、官能的な筆致で書き進められて行く。

己の葉の重圧に耐えぬような苦しげな、悩ましげな木立の様子、方角の定まらぬ風のひと吹きに、こんもりとした樹木が蛇の鱗《うろこ》の動きのような不気味な波動を、俯《うつむ》いた木々の葉の茂りから茂りへと伝えるさま、植え込みの陰の、雨を避ける蚊の群れの糸のような細かな動き……。とりわけ、作者の雨の描き方に、中学生であった私は途方もなく魅せられ、この一文の中の何ヵ所かを暗記するほどであった。

これは後になってから思い当たったことなのだが、この文章の舞台、つまり、作家の屋敷の一角の「古庭」というのが、信州安曇《あずみ》の私の生家の裏庭や、表座敷の縁先にあった薄暗く湿った坪庭のイメージとそっくりだったことが、異常な親近感を生じせしめたのではないかと思われる。日々、見慣れた身近な光景が、作家の深い思索と鋭い観察を通して、かくも見事な表現に行き着いていることへの畏怖《いふ》を感じ取ったのだろうと思う。特段のすじもないこの作品について、稚拙な私の読解力では、作家の感覚の奥深くを単にのぞき見た程度に過ぎなかったはずなのに、かくも強烈な感動の記憶として胸中にとどまっているということは、これまでの私の読書体験において稀有《けう》なことなのである。

今降りつづく雨の日は深夜のごとく沈み返って木の葉一枚動かず、平素《ふだん》は朝から聞こえるさまざまな街の物音、物売りの声も全く杜絶《とだ》えてゐる。午前《ひるまへ》の十時頃が丁度《ちょうど》夕方のやうに薄暗い時いつもは他の物音に遮られて聞《きこ》えない遠い寺の時の鐘が音波の進みを目に見せるやうに響いてくる。すると、此の寺の鐘は冬の午後《ひるすぎ》に能《よ》く聞馴《ききな》れた響きなので、自分の胸には冬に感ずる冬の悲しみが呼起《よびお》こされ、世の中には歓楽も色彩も何にもないような気がして、取返しのつかない後悔が倦怠《けんたい》の世界に独《ひとり》で跋扈《ばっこ》するのである。

こうした自己の内部への観照を、作者はヴェルレーヌやロダンバックの詩句に重ねながら次のようにつづっていく。

然《しか》し、其等近世の詩人に取っては、悲愁苦悩は屡《しばしば》何ものにも換へがたい一種の快感を齎《もたら》すことがある。自分は梅雨の時節に於《お》いて他の時節に見られない特別の恍惚を見出《みいだ》す。それは絶望した心が美しい物の代わりに恐ろしく醜いものを要求し、自分から自分の感情に復讐を企てやうとする時で、晴れた日には行く事のない場末の貧しい町や露地裏や遊郭なぞに却て散歩の足を向ける。（中略）

暗く湿った鬱々《うつうつ》たる情感のあふれるこの一文には、雨の時期の、降っては止《や》み、止んではまた降り出す雨の光景と、絶えてはまた聞こえ出す雨だれの保続低音が全編に浸透し、その上に、酒呑みの亭主に撲《なぐ》られて泣く女房の声、継母に苛《さいな》まれる孤児《みなしご》の悲鳴、降りやまぬ雨の中、捨てられて夜通し鳴く小犬の声、俄かにかしましく鳴き出す雀の声、苗売り、魯西亜《ロシア》のパン売り、その売り声を珍しそうに真似《まね》する子供の叫び……、数々の身の回りの音が盛られて、濃厚な季節の風情を描出していく。

枇杷《びわ》の実は熟しきって地に落ちて腐った。厠《かわや》に行く縁先に南天の木がある。其《そ》の花はいかなる暗い雨の日にも雪のやうに白く咲いて房のやうに下がってゐる。自分は幼少《ちいさ》い時この花の散りつくすまで雨は決して晴れないと語った乳母の話を思ひ出した。

1982（昭和57）年、私は演奏時間15分ほどのピアノ独奏用の作品を書いた。2001（平成13）年に手を入れ、楽譜は日本作曲家協議会（JFC）から出版され、斎木隆、高野糸子、田中良茂といった若いピアニストたちによって何回か演奏されてきた。

その作品に、私は『花より雨に……』という題名を与えたのである。その作品を構想していたあたりのことを2002年10月、改訂初演の演奏会のプログラムに「作品ノート」として書いているので、ここに再度書きとどめておこうと思う。

1982年の麦秋の頃、足の怪我《けが》でひと月以上の入院となり、陰鬱《いんうつ》なベッドに横たわりながらピアノ独奏のための新作の構想を練った。そんな折、遠い昔、中学生の時の教科書で読んだこの文章（「花より雨に」）のことが何故《なぜ》か頻《しき》りに思い出され、退院後、荷風全集から探し出して感慨深く読み直した。私は少年の頃から、例えば夕方の仄《ほの》暗い坪庭に降る雨の音や、樹木の葉から落ちる水滴などを、ぽかんと見聴きして過ごすのが好きだった。荷風の文章も、坪庭への視線も、その頃、故あって両親、弟妹のもとを離れて祖父母のもとで暮らしていた日々の寂しさや悔しさなどを基層とした淡く幼い私の感情と渾然《こんぜん》一体のものであったように思う。病院のベッドでこの一文のことを思い出した時、新作には同名のタイトルを与えよう……と迷わずに決めた。

曲の運びに「縦性」と「横性」を強く意識した。前者には強い打鍵による憤怒の様相を、後者には滲出《しんしゅつ》する喪失の心情を託したかった。

（2015年4月20日）

ロッホの訓戒

「年寄りの作曲は身体に良くないから、60を過ぎたらキミ、止《よ》したまえ」

こう諭《さと》してくれたのは「ロッホ」こと、小倉朗《おぐらろう》先生（作曲家、1916~1990年）だった。

実のところ、小倉先生ご自身も60歳を過ぎてからは絵（油彩・水彩）を描くことと文章執筆が多くなり、作曲は極端に少ない。作曲は本職なのだから当然として、先生は文才、画才に大変長《た》けた方で、名著『日本の耳』『現代音楽を語る』(いずれも岩波新書)をはじめ、数々の著作が出版されている。『北風と太陽』(新潮社、1974年)という自伝小説も書かれた。

勤務する大学が同じだったが、先生は非常勤だったので週に1日しかお見えにならなかった。お見えになる日の教員室はにぎやかだった。ロッホ先生の声は低くて声量が豊かで芯があり、僧侶のような威厳に満ちていた。先生の講義は学生の一番人気で、受講を希望する学生は教室に入れないくらいであった。

桐朋の三大音声《おんじょう》の一人であり、ちなみに残るお二人は、作曲家の別宮貞雄先生、英語の丸谷才一先生(いずれも故人)である。丸谷先生の講義教室の隣が合唱の授業教室で、うるさくて授業にならない——と教務課に教室の変更を申し出たが、申し出たのは合唱担当の教師だった……という説もある。それほどの大音声であった。

ロッホ先生の話に戻って——

絵の方では、晩年にお住まいだった鎌倉の、先生なじみの画廊喫茶で個展を開くほどであった。桐朋音大では私と共に美術部の顧問役で、学生を連れてのあちこちへの写生旅行や合宿で、何回もご一緒した。

ある年、軽井沢の奥まった林の中に宿舎を取って合宿をしたときのこと。その日は終日の雨で外での制作ができず、宿にこもって人物クロッキーなどをやって過ごしたことがあったが、そのときロッホ先生が、私の首から上を6号ほどのスケッチブックにすらすらと速描《はやが》きされた。パステルクレヨンの彩色によるその1枚を頂戴して持ち帰ったが、そのまま何年か忘れていた。

先生が亡くなられた後に、そんなことがあったと思い出し、画板の中にしまい込んでいた絵を取り出し、記念に額装して大切に保管している。正直に言うと、モデルとなった私としては、先生のその絵はあまり気には入っていないのである。顔がやけに丸くて大きく二重あご、首も太く、目もトロッとしていて精彩がない。先生は日頃から対象の特徴を「これでもかーッ」とばかりに強調し、大胆なデフォルメを好まれる方だったが、それが高じて作画が戯画か漫画っぽくなることさえあった。

自画像（油彩）で気に入った作をお持ちで、この絵の写真をご自身の署名代わりやコンサートのチラシやポスターなどに使用されていた。

お名前が「朗（ろう）」だから、私たちはゴッホに擬《なぞら》えてロッホ、ロッホと、親しみを込めてそう呼んだ。１９９０（平成２年）の夏に74歳で他界された。葬儀は鎌倉の教会で行われたが、やたらに暑い日だったことを覚えている。

音楽家の中で、器楽奏者や声楽家は長生きだといわれる。日頃の鍛錬や、職業柄、身体を駆使することが健康の保持につながっているのだと考えられる。

１００歳を超えてなお現役として活躍したピアニスト（例えばホルショフスキー、１８９２～１９９３年）、90歳を超えてステージに立つ歌手（例えば日本のアルト歌手・柳兼子、１８９２

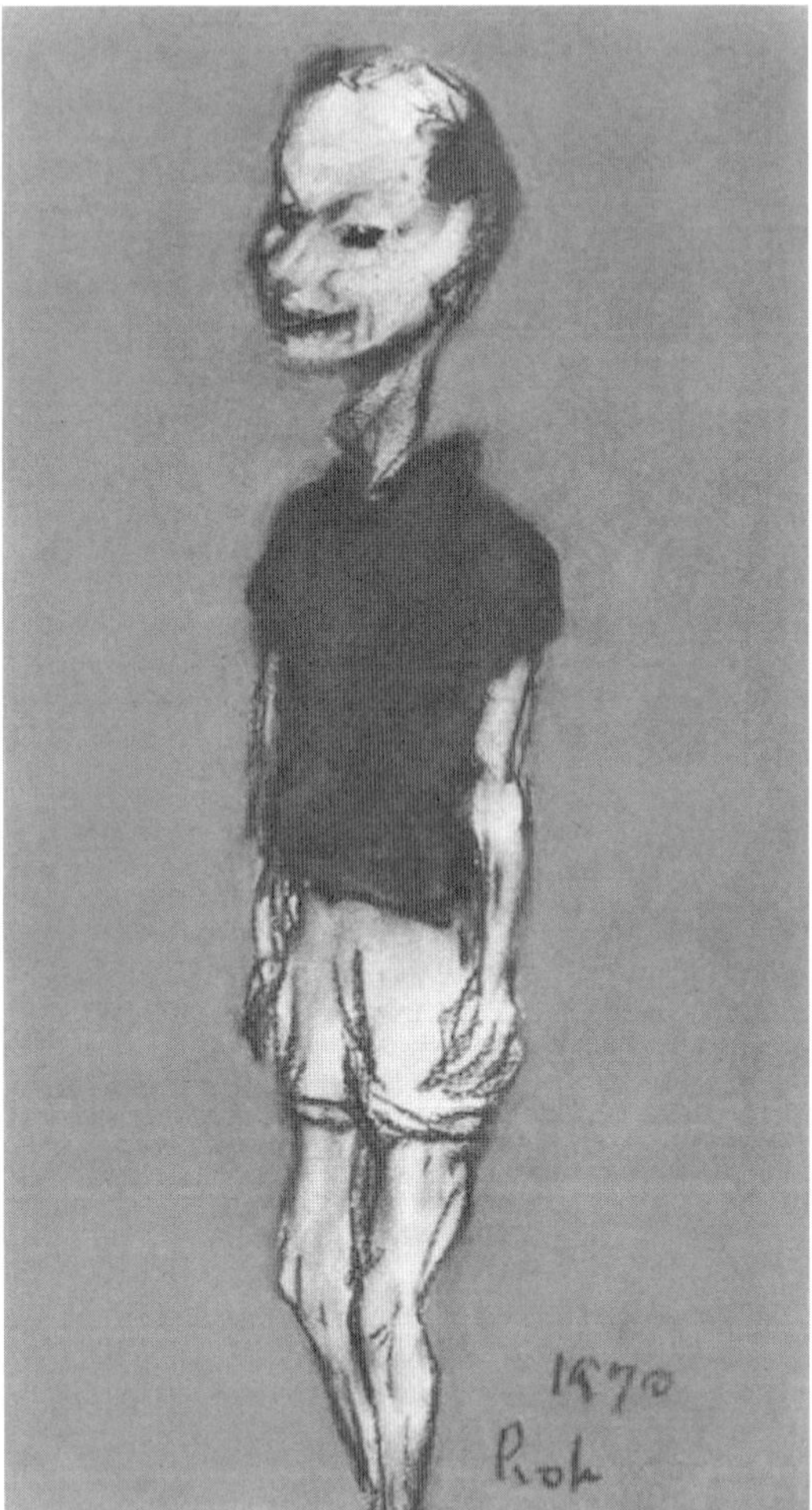

小倉朗画『自画像』（油彩）。２０１０年10月に開催された「小倉朗室内楽作品展」のポスターより転載

〜1984年）などの話題も思い浮かぶ。一方、運動不足で病気がち……といった、暗くて不健康な印象がつきまとうのが作曲家で、こちらは短命というイメージが先に立つ。シューベルト31歳、モーツァルト35歳、メンデルスゾーン38歳、ショパン39歳……。『荒城の月』の瀧廉太郎は弱冠23歳の早逝《そうせい》である。

ちなみに日頃なじみのクラシック音楽の世界で長寿組を並べてみると、

シベリウス（91歳）
ストラヴィンスキー（89歳）
ヴェルディ（88歳）
サン＝サーンス（86歳）
リヒャルト・シュトラウス（85歳）
マスカーニ（82歳）
ハイドン（77歳）
リスト、グノー（75歳）
ヘンデル、エマヌエルバッハ、ヤナーチェク（74歳）

……などである。

しかし、これらの人たち全員が老いてますます盛ん――というわけではない。早々と筆を折ってしまった者も多く含まれる。

基本的に人間の寿命が現代に比べて低年齢だった時代でもあり、また当然ながら創作意欲や身体的な状態などに個人差があるのだから、単に生存年月だけでは評価はできない。高齢創作のダントツ例もある。中でも現代音楽の作曲家デュティユー（フランス、１９１６〜２０１３年）とシュトックハウゼン（ドイツ、１９２８〜２００７年）の２人は出色である。前者97歳、後者79歳。長生きであっただけではなく、最晩年まで力作、意欲作に取り組んだ、紛れもない作曲界の巨人と呼ぶにふさわしい２人である。


さて、話は急に小粒になる。

小粒であってもピリッとコショウの効いた話なら良いのだが、然《さ》に非ず。己の至らなさを愚痴っぽく書きつけるのは潔《いさぎよ》しとしないが、老いの繰り言とご勘弁いただきたい。

つい1ヵ月あまり前、私は77歳になった。

ロッホの忠告に従えば、作曲などはとっくに筆を折っていなければならない。事実、曲書き（作曲家）にとって一番大事な創意のひらめき、発想を追及する思考力や集中力の減衰は、われながら唖然《あぜん》たるところである。以前は一日中音符を書いても平然としていたのが、最近は頑張っても2時間ともたない。五線紙を前に沈思黙考するも、やがて睡魔に襲われ、その間につかみかけたアイデアはドロドロに溶解して元の木阿弥《もくあみ》となり、何を書こうとしているのかさえ、怪しくなってしまう。

仲間内の会合などで、じっと観察していると、同じような年格好となった仲間や、ライバルとして長年付き合ってきた連中にも、それなりに老化の兆候が見え隠れし始めたのがわかる。早々と筆をたたんで創作の現場から気前よく去った者は、存外清々と暮らしているように見えるが、長年、この世界に見切りが付けられずに、いまだに身を置き続けている仲間の中には、自らの制作が先細り、なかなか作品を生み出せない状況に悶々《もんもん》としている様子が伝わってくる。

身の引き際が大事と言われるが、引くに引けないしがらみの中で、生涯現役などと空《から》元気を装ってみたり、そうかと思うと、これまで威勢よく罵詈《ばり》雑言吹っかけては座をかきまわし、峻烈《しゅんれつ》な論戦を張ってきた喧嘩《けんか》好きのツワモノが、ある日を境に突然おとなしくなったり、怪しくなった自己評価力に気付かずに、延々と代わり映えしないものをダラダラ書き続けている者など、周辺にもいろいろ珍現象が出始めている。自分自身もそうした環境にある一人であることを自覚して、身体に寒気が走ることとしきりである。

そんな状況だというのに、この1年ほどは、やけに頼まれ仕事が続いて、いまだにそうした負荷や呪縛に苛《さいな》まれる日々から解放されないでいる。

心身共にバテ状態なのは明らかである。生まれつき小心者なのだが、それでも若いうちは出る力の方が引くそれよりも少しばかり勝《まさ》っていたと見え、仕事の出来の良しあしも気にせずにひたすら前向きに居直っていられたのだが、今、後期高齢者の仲間入りをしてからというもの、小品を一つ書き上げても、妙に自信が持てず、自分の力量が衰えたのではないか、マンネリではないのか……などと、他人様《ひと》の評価を気にしてオロオロするようになった。

頼まれた仕事というものは、先方の期待を裏切らぬよう、背伸びしてでも責任を全うしなければならない。それが果たせなければ一挙に足元が崩れ、拠《よ》って立つ基盤を失う。自分の創意をかたちにして要請に応えていくのがプロの仕事なのだが、そうした気概に一瞬の迷いや不安が襲い掛かると、そのストレスは見る見る体内に充満して、出力低下、馬力不足に直結し、筆が動かなくなってしまう。

こうした不安は創造的な仕事を生業《なりわい》とする人間の宿痾《しゅくあ》であり、一生つきまとう強迫観念なのである。のみ込まれるか蹴とばすか、どちらかしかない。

我武者羅《がむしゃら》なうちはいいのだが、老境の人間にとっては精神的にも肉体的にもいいはずがなく、高齢者には時に鬱《うつ》や錯乱の原因ともなるらしい。だったら、素直に「ロッホの訓戒」に従ってさっさと作曲など止めてしまえばいいのだが、いざ、止めるとなると、そんな弱気でどうする、やることが無くなって、日がな一日、日なたぼっこに涎《よだれ》でポカンと過ごしていいのか……と、今度はそっちの側から攻めを喰《く》う。どっちみち逃げられない。

無理を固めて、虚勢を張って足掻《あが》きの中で過ごす日々が、やがて老後の病の引き金となり、さまざまな不都合やら障害やらが生じてくるのであろう。信州弁で「ずくなし」というが、物事への積極的な関わりが面倒になり、気力が萎《な》えて、体を運んでの動作や、ものを考え出すことが億《おっ》劫《くう》になる。痩せ我慢もついには色あせて、覇気のない、みすぼらしい老人の残影だけが浮流する。

さあ、どうする……?

さらに、先だって、この〝老人性ガッカリ症〟に追い打ちをかけるような一幕があった。

かつて私が勤務していた大学院は、北陸への進出や受け入れをめぐって大騒ぎの種だった。すったもんだの末に開学にこぎつけたのだったが、ご多分に漏れず、その滑り出しには多くの無理難題やしこりが累積し、開学当初のかじ取りという重責を負わされて、還暦過ぎの単身赴任を命ぜられた私を大いに苦しめた。

そんな中、大学院と行政と市民の親和を深める目的で一つの企画が持ち上がった。

当時、国内有数の3面半舞台と2000余の収容客席を有する立派なホールで、啓発の意味も含め、現代音楽をより身近に楽しめる新作を私を含めた3人の作曲家に委嘱、初演しようというのである。行政が巨額の予算を付け、企画制作の中心となり、丸々2年をかけて準備を整え、2000（平成12）年の春3月、2日にわたる2回の初演にこぎつけた。この種のコンサートとしては異例の聴衆を集め、公演は成功裏に終わった。

私は他の2人の若い優れた作曲家と共に、鋭意新作の作曲に取り組んだ。3管編成のフルサイズのオーケストラと200余名の合唱、4人の声楽ソリストを配し、題材を古事記に求めて『人間乱舞・人声と管弦楽のための協奏的八章』という、演奏時間50分強の大がかりな作品を書き上げた。

演奏者は新星日本交響楽団、新国立劇場合唱団、それにオーディションで選考した地元の合唱団、新進気鋭の指揮者、演出家、舞踊家などを配した一大スペクタクルとも言うべき壮大なステージ作品である。毎日、大学院での講義を終えると同時に研究室にこもり、深夜まで一心不乱に作曲に取り組んだ。こうした仕事に没頭することで、身体は疲労の極にあっても精神的なストレスからは解放され、時折は体内に一陣の涼風が吹き渡るような心地よさが過《よ》ぎることが嬉しかった。

ここまでの話なら大変結構だったのだが――。

初演から15年が過ぎた昨年秋、制作を推進した当時の行政担当者から突然に電話があり、『人間乱舞』のことで相談があるとのことだった。おほッ！　もしや、夢にまで待ち望んだ再演の話か、と一瞬息が詰まりそうになったが、「長い間、貴重な作品の楽譜をお預かりしたままで、誠にすみませんでした。このままでは作品が眠ったままになりますので、取りあえず楽譜一切を先生にお戻ししますので、お受け取りください」とのこと。つまり、委嘱者として今後再演の意志は無い、という通告なのである。

当時、三つの新作の初演のための予算が半端な額ではないことを聞いていたので、そう簡単に再演の機会が訪れるなどとは考えてはいなかったが、いつかはそんな機会が巡ってくるかもしれないと、はかない希望もないではなかった。

いま、私の書斎には、送り返されてきた原曲のスコア数冊と、膨大な量のパート譜やら関連資料やらが入ったダンボール2箱が置かれている。前述のようなブルーな気分の中にあって、それに目をやるごとに、言うにいわれぬ切なさや虚《むな》しさが増幅するのを覚えずにはいられない。

作曲家にとって、自作が演奏されることが最高の喜びであることは言うまでもない。だが、ごく一部を除いて、一般の聴衆にとって現代音楽はほとんど興味の対象ではない。呻吟《しんぎん》し、創意を凝らし、身を粉にして書き上げた作品も、私財を持ち出し、あるいは同志の仲間を募って初演の場を設《しつら》えて、友人知己にチケットを無理強いして買ってもらい、ふたを開ければ疎《まば》らな聴衆しかいない会場で、たった1回限りの演奏を終えると、それっきりお蔵入りとなってしまうのが現実なのである。

仮によほどの才能の持ち主の作品であっても、時代の波に乗り、幸運の風の恩恵にでも浴さない限り、それは作者の名前とともに、あっという間に忘れ去られてしまう世界なのである。せめて、一般に愛唱されやすい合唱の小品などが時々取り上げられ、歌われる位が関の山で、それすら稀《まれ》であるような仲間も多いのである。

こうした現況を「正」と捉えるか「負」と捉えるか、これまで何度自問したことであろう。自問するたびに自覚するのは、自らの才能才覚の限界という大壁の存在である。その壁の前で折れた心が再び脈動するのを待ち、自らを奮い立たせて再稼働につなげる――。そうした気力との闘いも、老境の身ともなれば、そう簡単には這《は》い上がれないので、終日無口で机に座っているだけの日が続くということになる。こんな風に思いつめて行くと、「60過ぎてからの作曲は身体に良くない」と宣《のたま》ったロッホ先生の指摘が真実に思えてくる。

今年（2016年）の大相撲初場所は日本出身力士、琴奨菊の優勝で盛り上がった。また、長野県出身の若手、御嶽海が快進撃して、同郷の私は大いに留飲を下げた。真正面から攻める「寄り」「押し」「突き」は見ていて勝者も敗者も共にすがすがしい。観戦者も勇気を与えられる。一方で、「引き」や「叩《はた》き」も、その消極性を諫《いさ》められながら、時には勝ちを呼ぶ妙技として楽しめる。横綱白鵬の「猫だまし」などはどうか知らないが、人の前に己を置いて、打って出ようとする限りは、さまざまな向かい風を乗り切らなければならない。「押してだめなら引いてみな！」。どうせ逃げられないのなら、いっそ腹をくくって、取りあえずは成り行きに身を任せ、デンと構えてこの場をやり過ごし、元気回復のときを待つということ。そう、「うっちゃり」という手もあるではないか。

――というのが、本稿をここまで書き進めての気持ちである。嗚呼《ああ》！

（2016年1月24日）

ヨット

友人で作曲家の平吉毅州《ひらよしたけくに》氏（以下「彼」）は大の海好きである。勤務する大学が同じで、教授会では、席がいつも隣り合わせだった。

会議というものは厄介というか退屈というか、民主主義だから皆それを我慢してじっと耐える。大学の教授会ともなると、毎回必ず自説を滔々《とうとう》と述べなければ気が済まないような〝キョウジュ〟が1人や2人はいるもので、「もうわかった!」という、その場の空気が読めないから、1人陶然と喋《しゃべ》り続ける。そんな状況になると、彼は退屈で仕方がなくなり、配布された資料の裏面に、いま構想中のヨットの設計図を描き始める。私も同じように、紙の裏に趣味のボンネットバスの絵などを描いたりして、それに付き合った。

時にはチャットのような具合に「もう、やめてもらいたいね!」「同感。ギジ、シンコウ!」などと呟《つぶや》きを書きつづっては、その紙をやり取りした。毎月定例の教授会で、描いては消し、消しては描きの思案を重ねた甲斐があって、ついに設計図が出来上がると、彼は潔く初代を売却し、どこからか必要な資金を調達し、とうとう夢を実現してしまった。実は、これは彼にとっては2艘《そう》目のヨットの話で、初代のそれは既に2年ほど前に建造されていたのだが、彼はどうもそれが気に入らないらしく、初代を手放して、新しく2代目を考えていたのである。

初代が進水した年の夏、私は彼に誘われて三浦半島の油壺に係留されている船を訪れたことがある。「つるぎ」と命名された、白い颯爽《さっそう》とした船で、縦型のピアノまで積んでいた。悪い船ではなかったのに、彼はそのころから2代目のことを考えていたのであろう。あれやこれやの思いを満たして完成した、この2代目の帆走の勇姿を、私はまだ見ていない。誘いを受けていないというのではなく、仕事の合間にせっせと繋留地《けいりゅうち》へ出向く彼から、その都度「おい、行こうよ」

などと声をかけられるのだが、私の方がぐずぐずしているだけのことである。

ぐずぐずしているのには、ちょっとした理由があって、それは、そんな話の際に、いつも彼自身が気分転換のための格好の遊び道具（＝ヨット）を所有していて、その行動に及ばんとするときの両目の晴れやかさを見るにつけ、また、その道具を中心に集まる人間集団の、奇妙なほどに明るく屈託のない時間の展開などに対する私自身の僻《ひが》みといった類《たぐ》いのことなどだが、さらにもう一つ、話を面白くしているような状況もうかがえるからなのである。

彼の初代の船がめでたく進水した夏、ご招待にあずかったので、お祝いの「出刃包丁」（何しろ、捕れた魚を大量に調理するからという、彼自身の希望の品であった）を携えて油壺へ行った。一緒に招かれた数名の仲間の到着が翌日になったということで、私だけが前日から出掛けることになった。

現地に着くと、すぐに彼の指示の下で、あれこれ手伝わされる羽目になった。岸壁に誇らしげにつながれているとばかり想像していた船は、遠く、湾の中ほどにアンカーを下ろしてプカリプカリと浮かんでいる。まずは、近くの林の中に隠し置いているというタライ状の手漕《こ》ぎのボートを2人でかつぎ出し、汗だくになってこれを操り、塗装も真新しい立派なヨットに接近した。彼は船内から驚くばかりに大きなポリタンクを持ち出し、再びタライを漕いで、今度は反対側の崖下の茂みの縁《へり》に接岸し、丸太で土止めした足場の悪い坂道を登って、了解済みだという民家の軒下の水道の蛇口を開き、ポリタンクを満タンにすると、それは強烈な重量になった。2人でそいつを持ち上げて、今来た坂道を下る。
彼は終始ニコニコと語りかけ、大変なご機嫌なのだが、私は不慣れな重労働に汗だくで、あまり愉快でない。満タンのポリタンクをかかえてタライを操り、船まで戻って、いよいよ荷揚げ、そして乗船ということになったが、すでに夏の日もとっぷりと暮れて、あたりにはすっかり夜の帷《とばり》が下りていた。瘦身《そうしん》の、ナローヒップのオーナーがヒョイと船にとび乗り、タライにとどまった私が、強烈な重さになったポリタンクを頭上まで持ち上げて、デッキの彼に手渡すという場面となった。何しろ5～6人分の2日分の飲料水なのだから、大変な重さである。タライから船上の彼にタンクを手渡そうと、渾身《こんしん》の力を込めて立ち上がった直後、ゆらゆらとタライが動揺し、もたもたしている次の瞬間、もう、どうしようもない体勢になった。頭上で彼の声がした。

「タンクを落とすなぁ！」

タンクはあわやというタイミングで辛うじて彼の手に渡った。一方、私は着衣のまま海中へ転落。いったん思い切り深く水中に潜り、少し先へ泳いでから浮上した。

「大丈夫かぁ！」

と、彼が叫んでいたが、昔から泳ぎには自信があったから、もちろん私は大丈夫で、こうなっ

転落事件の翌日、平吉氏のヨットのデッキから油壺湾内を描いた水彩画（著者画、1984年夏）

たらヤケクソと思い、船の回りをひと泳ぎしながら、彼の狼狽《ろうばい》ぶりを楽しむことにした。夏の夜の海水は、沼のようにどろんとして重たく、かすかに油の匂いなどもしていたが、しばし遊泳の後、彼の手を借りて、ようやくめでたい乗船と相成った。

水滴のしたたる財布から1万円札など抜き取って帆柱におしつけ、ぬれた衣服を脱ぎ、パンツまでも脱ぎ捨て、私は甲板に生まれたままの格好で大の字になり、気怠《けだる》い夏の暗闇におのが裸体をさらす。にぶく光るわずかな星を見ながら、船体をたたく漣《さざなみ》の音を聴いていたら、急に空腹を覚え、炊きたての熱い白飯に生卵などぶっかけて、たらふく飯を食いたくなった。

翌日、予定通りにうるさい連中がやって来た。

かなりの時間が過ぎているというのに、船長は帆を張っているかと思うと、急に海に飛び込んだりして、騒々しい割に一向に走りだす気配はない。アンカーに藻がからんだ、とか何とか言っている。ヨットというものはなかなか大変らしい。昼近くなって、ようやく外海に出た。トローリングをやったが、ボロ切れみたいに痩せこけた小サバが1匹かかっただけで、「出刃」の出番には及ばなかった。

あの時からもう数年が経ち、その間に彼の船も生まれかわった。彼はどうもあの時の話を、彼の船を訪れるいろいろな人たちに面白おかしく話して聞かせているらしく、私は、思わぬ人から親しげなほほ笑みとともに

「大変だったんですってねぇ……」

などと話しかけられ、困惑している。

この話が時効となって、もう面白くもおかしくもなくなった頃に、再び彼の船を訪ねて、思い切り彼と飲もうと思っている。

2代目の船のお祝いに、今度は何を持って行こうか……。

（音楽之友社『音楽芸術』1985年3月号寄稿＝一部修正）

愛唱歌編曲に思う

『信濃讃歌』回想

1981（昭和56）年の春まだ浅い頃だったと記憶する。

全日本音楽教育研究大会「長野大会」の開催にあたって、何か、記念になるような音楽作品を創って大会で演奏したいということで、大会運営部長の土屋重人先生、事務局長の小林芳弘先生ほかの方々が遠路上京され、拙宅にお見えくださった。そして、県民の愛唱歌『夕やけ こやけ』『紅葉《もみじ》』『信濃の国』『故郷《ふるさと》』の4曲を一体にして、合唱とオーケストラによる『信濃讃歌』というタイトルの作品を創ることの要請を頂戴した。大変ありがたいご指名なので、躊躇《ちゅうちょ》なくお引き受けした。

『愛唱歌とっておきの話──歌い継ぎたい日本の心』（吹浦忠正著、海竜社、２００３年）には、著者とそのグループが行なった各界各氏への「歌い継ぎたい歌」の調査で、回答者１４１５人による得点の集計順位が載っていて、『故郷』（高野辰之作詞、岡野貞一作曲）が首位、『夕やけこやけ』（中村雨紅《うこう》作詞、草川信作曲）が第11位、『紅葉』（高野辰之作詞、岡野貞一作曲）が24位という結果が記されている。

また、同書には長野県の県歌『信濃の国』に関する記述もあって、興味深く読ませてもらった。最近は童謡、唱歌を含め、日本の歌への関心が全国的に高まり、さまざまな企画や著作が目に付くようになったのは歓迎すべきことである。かく言う私も、親友の作曲家・平吉毅州《ひらよしたけくに》氏（１９９８年没）と２人で日本の名歌名曲50曲を合唱のために編曲し、楽譜とＣＤを出すという企画に関わったことがある。この仕事は大変に楽しく、また有意義であった。その関連で私が書いた文章の一部を引かせてもらう。

多くの不朽の名作を眺め味わっていると、時を越えて人々に愛慕される歌というものは、第一、途方も無く寛容で控え目で、聴き方歌い方について、これしかない……などと決めつけや押しつけでせまったりはしないものだということを思い知らされた。（中略）ひとつの「歌」は、例えば歌いはじめ（序奏）にも、各節のつなぎ目（間奏）にも、納め（後奏）にも、様々な想いに身をまかせた予感や余韻のフレーズの挿入撤去を容赦してくれる。また、和声にしても、一定の枠の中で、その膨らみや広がりに多様な対応を許容してくれる。フォルテでもピアニッシモでも、そのフレーズは輝き、脈動し、如何様《いかよう》に歌っても万感心に迫るように出来ているのである。幾代もの間、質素で変哲もない庭石ひとつで隣家との境界を認め合いつつ往来自在、お互いの日々をゆるやかに見つめて、光や風とともに、すべての時空を共有し合っている日本の原風景とでも言おうか。また、隙間（すきま）や余白といった「ゆとり」も随所におかれていて、それらが泰然と静かな面持ちで作品の基質を支え、人の心に安らぎと感動を与えているのだということを知ったのである。

（『混声合唱による「日本の四季」』飯沼信義・平吉毅州編曲、カワイ出版）

私事になるが、40年余りの仕事の中で「編曲」というジャンルに入る作品はそれなりの数に上っている。数十曲、いやもっとあるだろう。１００曲を超えているかもしれない。近年は合唱が絡む編曲が比較的多いのだが、管弦楽、室内楽など器楽のためのものも結構多い。

編曲とは「ある楽曲を原曲と別の形態で演奏可能のように書き改めること」を言うが、この「書き改める」ということの実相は多様で、編曲の目的やコンセプト、また、そのリアライズ（達成）について、到底一様には括《くく》り得ない。ただ、優れた作曲家は編曲に強い関心と意欲を持っているのが常で、ベートーヴェン、ブラームス、シューマン、リストはもとより、シェーンベルク、ヴェーベルンなどによる優れた編曲作品については誰もがすぐに想起できるであろう。だが、編曲を行うということは、実はとてもコワイことでもあるのである。というのは、大げさに言えば、編曲を行う人間の音楽力、とりわけ対象とする原曲に対する読みの深さや分析力、また、その人の作曲技術の程度などと共に、態度、すなわち人間的、倫理的なものまでが透けて現れてしまうからである。

日本の名歌名曲の編曲作品で、私が感動を覚え、記憶しているものには、例えば矢代秋雄（1929〜1976年）が名手ランパルのために書いたフルートとピアノのためのものなどを含めて幾つかあるが、半面、中にはどうしても共感できない出来栄えのものも結構多い。どんなに華やかで珍しい衣装が表面に施されていても、人々が長い時間慣れ親しみ、掛け替えのない真実をそっと預けて、心のよりどころとしてきたオリジナル作品の持ち味を壊してしまっているものや、編曲者の独りよがりな解釈がこれ見よがしに顕在しているようなものなどもあり、斯様《かよう》なものには理屈では言えない違和感を覚えてしまう。先に触れた名歌名曲の合唱編曲にあたっては、あらためて謙虚に原曲を見つめ、関わりの態度を明確にしないといけない——と平吉氏と話したものだった。

再び、その頃の自分の文章からの引用である。

「隙間」といえば、ヨナ抜き五音音階は西洋七音音階の第四、第七音が無いわけで、歯の抜けたような感じもしないわけではない。しかしながら『箱根八里』の、あの恐るべきパワーや、『船頭小唄』の綿々切々たる痩身《そうしん》の情感に至るまで、旋律に用いられるのはたったの五音であり、欠落の間隙《かんげき》にこそ筆舌に尽くせぬ魅力が潜んでいることを思い知れば、音階を構成する音の少

なさをもって表現の優劣を云々するなどということが、いかに偏見邪推であるかに気付き、粛然たる気持ちになる。（中略）

詩もまた心にしみる。「千里寄せくる海の気を」とか「高く鼻つく磯の香に不断の花のかほりあり」（『われは海の子』）などと歌うと、私たちの嗅覚は活《い》き活《い》きとその清冽《せいれつ》な匂いを蘇生できるし、「五月闇、蛍飛び交い、水鶏《くいな》鳴き、卯の花咲きて」（『夏は来ぬ』）、「いま射し昇る日の影に、夢からさめた森や山」（『牧場の朝』）、「もし灯のもれ来ずば、それと分かじ野辺の里」（『冬景色』）など、その句節の背後から光彩と音が立ち上がり、不変の自然の営みへの畏敬の思いが溢《あふ》れ出す。また「連れは親子か友達か」（『雁がわたる』）、「死ぬも生きるもねえお前、川の流れと何変わろ」（『船頭小唄』）などは途轍《とてつ》もない愛《いと》しさ苦しさで生身をしめつけてくる。

人が、その生の歩みの刻々に見、聴き、嗅ぎながら、思索の先々に捉えた言葉たち、それらが簡潔な短詩体として詠まれ、歌われるのを待っているのである。まさに少音多感、寡語饒舌《かごじょうぜつ》である。（中略）こうした様々な事柄に深く思いを馳せるとき、編曲にあたっては、原曲の鼓動を探り、その波動が連れてくる光や色や香りを捉え、万人の共有財産であるこれら名作の姿形や原質を損ねることのないよう、また、多くの人々の様々な思いを、私の偏った貧しい音楽で束ねたりしないよう、気を配らねばないないことを痛感せずにはいられない。

（合唱による日本の名歌『ふるさと／赤とんぼ』CD解説文、東芝ＥＭＩ）

私のメモ帳によれば、前述の『信濃讃歌』は1981年の6月中旬の3日間に集中してオーケストレーションを仕上げ、21日に総譜持参で長野市に赴き、小林先生にお渡しした。9月と10月に柳町中学校での練習に立ち合い、同月17日に長野市民会館での本番で初演された。

この時のことは忘れられない。柳町中学校3年生全員と同校のオーケストラは内田満教諭の指揮の下で晴れやかに、おおらかに、誇り高く歌い、奏でた。会場は拍手で騒然となり、私は無我夢中になり、なりふり省みずステージに駆け上がり、生徒たちの列に乱入して、ありがとう！ありがとう！と言って走り回った。

ありがとう……しか、ほかに言葉は無かった。

（信濃教育会『信濃教育』第1404号〈2003年11月号〉寄稿）

『信濃の国』

私には、父が学校の音楽室のアップライト型ピアノで『信濃の国』（浅井洌作詞、北村季晴作曲、1968年長野県歌制定）を弾くのを聴いた（というより、見た）という、珍妙にして貴重な思い出がある。1945（昭和20）年、私が長野県北安曇郡池田町の小学校に入学した年の秋ごろのことで、そのとき、父はその小学校の教師であった。

敗戦を間近に控え、信州の山々に囲まれた鄙《ひな》びた町や村にも負け戦《いくさ》の予感が浸潤し、食料は底を突き、時折は上空を通過して新潟の海に魚雷の投下に向かう米軍機の爆音を耳にすることもあった。そんなときは空襲警報も出たし、夜には「灯火管制！」と叫びながら、お触れ役が小走りに町中を走り回った。部屋の電灯のコードを畳の近くまで下げ、光源の拡散を防いだり、障子に大判の風呂敷などを吊して明かりが外に漏れないようにした。家族の会話はなぜかひそひそ話の様相を帯びた。私はそんな光景に一種異様な興奮を覚えてワクワクしたものだ。

また、こんなこともあった。

いよいよ食べ物がなくなって、一家は全員が空《す》きっ腹に耐えながら、なるべく腹が減らないように、何事も静かに、ゆっくり、倹約ムードで暮らしていたが、ある日の夕方、父の教え子の父親という人が、自分の家の柿の木で採れたという熟れた柿の実をリュックサックいっぱい持ってきてくれた。私たち兄弟3人はものも言わずに、ただひたすらその柿の実を食べた。味はともかく、あれほど満腹というものが素晴らしいものだと思ったことはなかった。満たされて、枕を並べて幸せな眠りについたのだが、翌朝、兄弟全員がそろって「おねしょ」（寝小便）をした。母は、裏庭でその布団を干しながら笑い、そして涙ぐんでいた。

話は飛ぶが、戦時の耐乏生活下においては、各家々に自家用の風呂などは無く、入浴は銭湯と決まっていた。しかし、父の勤めの小学校には「五右衛門風呂」が設置されていて、これを週に1回くらい沸かして教職員とその家族が使えるようになっていたらしい。

ある、月の明るい秋の夜、早めに質素な晩ご飯を食べてから、私たちは家族そろって学校の風呂をもらいに出掛け、コオロギの鳴き声を窓下に聴きながら宿直室で順番を待っていた。そのとき父は何を思ったのか、私を誘って暗い廊下を渡って音楽室に連れていったのである。音楽室に電灯は無かったように記憶している。しかし、たぶん月の光なのであろう、ピアノの鍵盤は視認できたし、父の手元も明瞭に見えていた。こんなとき、ベートーヴェンの『月光ソナタ』の冒頭でも聴こえてくれば最高だったかもしれない。だが、父の手元が発したのは軍歌調の『信濃の国』であった。前にも後にも、父のピアノを聴いたのは、そのときの1回だけである。

いつごろ『信濃の国』を覚えたのか、記憶は定かではないが、私は学校の音楽の時間や式典など、多くの場面で『信濃の国』を大声張り上げて歌った。大声で歌うにふさわしい曲であった。歌詞に魅せられたり感動させられたりしたことは一度もなかった。第一、小学校の低学年の子供には何のことだかわからない言葉だらけだった。

しかし、後になって考えて見ると、この歌は、山河名勝の地の羅列や立志出世の偉人伝のような内容を古色蒼然《そうぜん》たる詠嘆美文調でつづっただけの歌詞だからこそ、微妙な感情表現などは一切不要で、恥も外聞もなく蛮声嗄《か》れるまで大声で歌える曲になっているのかもしれない。曲の方はというと、これまた人間にとって最も素朴で共感度の高いマーチ（行進曲）の曲想だから、その快感は堪《こた》えられない。この歌を高吟すると、必ず体内の血がドッと湧き出るような高揚感を覚えたものだ。

しかし、小学校の高学年になった頃から『信濃の国』を歌う多くの場面で、私は不満を感じ始めていた。

それは、伴奏の先生のピアノに対してであった。よくあることなのだが、昔から歌い継がれている年代物の歌にはオリジナルな伴奏譜が無いものが多い。したがって伴奏する先生たちは、個々の能力に応じて伴奏用の楽譜を作成するか、一種の即興的な伴奏で臨むか、どちらかで対応するのが一般的な方法であったと思われる。

上手な先生もいたし、どうも具合の良くない先生もおられた。後者の一例を挙げれば、右手は歌と同じ旋律を弾き、左手は3種類くらいの簡単な和音を、拍を打つように弾くくらいで済ましてしまう――ということになる。終戦直後の、ピアノすら満足に配置されていない学校も多かった時代だから、音楽の先生も、せいぜい足踏み式オルガン風の伴奏しか弾けなかったのも無理はない。そんな頃の『信濃の国』伴奏の、どういうところに不満を感じていたのか、その当時の私が理屈でわかっていたわけではなかった。長じてからわかったことだが、それは、旋律が自然に要求しているはずの対旋律や和声を伴って演奏していない、ということへの不満だったのである。

『信濃の国』の旋律は、長調の音階の4番目と7番目の音が欠落した、つまり、ドレミファソラシの「ファ」と「シ」が抜け落ちた、俗称「ヨナ抜き」と呼ばれている音階でできている。ピアノの黒鍵だけを順番に弾いていくと、この音階ができあがる。結構、気持ちのいい音列である。『螢の光』や『赤とんぼ』などの名曲がこの音階でできていることは周知の事柄である。

欠落音がある音階で作られている楽曲には、潜在的に「欠落した音への回帰蘇生の願望」というものがあって、それを念頭に対旋律や和声の対応を考え、伴奏することがコツなのである。たった1回、中間部のメロディーに転じたところ、つまり「たずねまほーしき」（4番冒頭「尋ねまほしき園原や」）のところに現れる「シ」（音階の第7音）が、その一瞬を歌う者の心を、どれくらいうっとりとした情感に誘いこんでくれるかを、私たちは身をもって体感している。潜在する蘇生願望が満たされる瞬間なのである。

高度な演奏技術と音感を身につけた今日の人間が『信濃の国』の伴奏や編曲に関わる場合には、旋律の陰に潜むさまざまな事柄に留意し、原曲の持ち味を損なうことなく、趣旨や目的に合致した良質な仕事をしなくてはならないのである。

もちろん、遠い昔の父の『信濃の国』は、このようなこととは全く相容れない奇妙なものであった。ひと言でいえば、右手も左手も単に歌と同じ旋律を弾くのみで、ただ、左手は不思議なことに親指と小指によるオクターブで、手は開きっ放し。フレーズのつなぎ目や切れ目ではウンタカタッタなどといったたぐいのリズムが器用に入ったりして、どこかチンドン屋風であった。

何十年も経ってから、父に聞いたことがあった。あれは長野師範のときに○○というコワーイ教導先生から教わったのだ、と言った。少々お古い先生方は、もしかしたらみなさん、このような長野師範流ピアノ奏法をコワーイ先生からたたきこまれて現場に入り、ピアノやオルガンに向かい、子供たちの前で自ら大声を発し、懸命に『信濃の国』『螢の光』『仰げば尊し』などを教え込んでくださったものと想像し、私自身、父の演奏に接した体験も含めて懐かしく、実にほほえましく思うのである。

（信濃教育会『信濃教育』1361号〈2000年10月〉寄稿）

昂奮《こうふん》と企《くわだ》て　新しいバスを見た日のこと

私は信州安曇《あづみ》の生まれである。

生家は、当時の長野県南安曇郡南穂高村細萱《ほそがや》というところにあった。土地は借地で、上屋だけを遠い祖先が自前で建てた、と聞かされていた。その昔に、養蚕をやっていた関係で、母屋は蚕《かいこ》棚《だな》を何段も重ねて置けるような部屋とか、立って歩くと頭がつかえるような、中途半端な2階部屋などがあったりして、奇妙な造りであった。築100年以上と聞かされていたが、確かなことはわからない。

両親が亡くなり、住む者が居なくなったので、しばらく空き屋のままで放置していたが、身内にその家を継ぐ者がいないことがはっきりしたので、建物を壊し、更地にして地主に返すことにした。何代にもわたる長年の借地であったため、法律で権利金を頂戴することになった。それを資金の一部として、少し離れた山裾に弟と共同で小さな別荘を建てた。父の蔵書や家財の一部、先祖伝来の写真や生活小道具などの遺品は、その一室に納めてある。

生家が取り壊され、近隣の村々が合併し、今は安曇野市となって、当時の佇《たたず》まいは次第に風化消滅し、ずいぶんと様子が変わってしまった。生家の跡地は地主が他人手《ひとで》に譲り、そこには今風な造りの小ぶりな住宅が3戸も建った。時折自分の車で付近を通ることがあるが、うっかりすると何処《どこ》が生家の場所であったのか、わからないくらいになっている。

父は長野師範、母は松本女子師範を出て、2人ともすぐに学校の先生になった。1937（昭和12）年に結婚し、細萱の飯沼家に両養子として入り、後を継ぐことになった。翌年に私が生まれた。病弱な子で、頭や首周りなどには、いつもおできが出ていたそうである。母はそんな私を祖父母に預け、2年間ほど教員勤めを続けた後、退職して家に入った。父の初任地は長野市であったが、その後は出身地の南北安曇の小、中学校を転々とした。終戦を挟んでの窮乏の時代であったが、父の勤務する学校が変わるたびに、一家は引っ越しをくりかえし、私は中学を卒業するまでに五つの学校に転校した。

そんな中で、小学校6年生として1年間を過ごした北安曇郡大町での思い出を一つ書きとどめておきたい。

1950（昭和25）年、父は大町小学校（現・大町西小学校）の教頭で、一家は北アルプスの麓、大町（現在の長野県大町市）の郊外の大原という山際の集落に、小さな家を借りて住んでいた。慢性空腹ではあったが、これといった災いもなく、私は日々乗り物の絵などを描いてニコニコと平和に暮らしていた。日に3、4回、薄汚い木炭バスが背中の釜から白煙を吐き、あえぎながら、この山裾の集落まで通ってきた。大きな松の木のある空き地で小休止した後Uターンして、今度はスルスルと坂を下りて町へ引き返して行った。

私は、物心つく頃から乗り物の絵、とりわけ乗り合いバスの絵を描くのが大好きだったが、ボンネットバスへの興味が一層高まったのもこの頃からで、かなりマニアックな様相を呈していた。世の今昔を問わず、多くの子供たちがさまざまな乗り物に魅せられ、一時期その虜《とりこ》となるように、私の場合も全く同じことであった。

こうした幼少年期の乗り物好きという特性は、おおかたは成長と共に消滅するか、あるいは、わずかに趣味の一角にとどまる程度となるのが普通と考えられる。が、私の場合はいつまで経っても卒業できないばかりか、ますます深みにはまるばかりで、七十路《なそじ》に踏み込んだ今でもなお、おさまる気配はない。悪いことに、最近はただ単に「好き」と言うだけではもの足りなく、ヘンな理屈や史実をふりかざして、何やら「……学」的な様相まで帯びてきて、ますます趣味膏肓《こうもう》の感がある。

ただ、少しずつ興味の対象が絞られてきたということは、ある。つまり、「バス」ではあっても、それは「ボンネットバス」なのであり、しかも戦前の昭和17～18年頃から、このタイプのバスが世の中から消えて行く昭和50年代の初頭くらいまで、と守備範囲が定まってきた。かような己の風変わりな趣味について、自意識の強い若かりし頃は、事この件については、自らその幼児的性向を恥と感じ、よほど安心だと見てとらぬ限り、人さまの前で話題にしてはならないと自戒していた。従って、今こうして文章につづるなどということは、今回が初めてのことである。

その年の暮れが近づき、学校が冬休みになってすぐ、私は三つ下の弟と2人で、30余キロ離れた郡隣の村（当時の南安曇郡南穂高村）に住む祖父母を訪ねることになった。

そこは私の生家であり、祖父母が家を守って暮らしていた。屋敷は300坪ばかりで、母屋と納屋と鶏舎があり、その先は畑だった。祖父母は当時、これという仕事も持たずに、屋敷続きの畑で自給のための野菜を作りながら日々つつましく暮らしていた。祖父はかつて医師を志し、上京して幾許《いくばく》かその道の勉強をしたというが、挫折して郷里に帰り、内々に漢方の粉薬や水薬などを調合して、それを近隣や知人に分け与えてわずかな収入を得ていたらしい。

一方、祖母は屋敷の裏庭の広い鶏舎に100羽近くの鶏を飼い、明けても暮れてもその世話をしていた。松本から自転車に乗って鶏卵を集めに来る養鶏所の人に卵や鶏糞《けいふん》を売っていたから、こちらの方が幾分か商売らしかった。しかし、2人のこうした営みも、年々歳を取って尻つぼみの一途をたどり、ついには父の仕送りだけが頼みの綱となっていく。弟と2人、祖父母の家を訪ねたのは、そんな陰りが見え始めていた頃の話である。

それは多分、父の命を受けて、年末の届けものかなにかを運ぶのが目的だったかもしれない。信濃大町発、松本行きの大糸南線（現JR大糸線）の電車を柏矢町《はくやちょう》という駅で降り、30分ほどの道のりを、リュックサックを背負って2人が歩き始めたその時だった。背後から不思議なエンジン音をとどろかせながら近づき、朦々《もうもう》たる砂煙を残して走り去る1台の乗り合いバスを見た。アイボリーのボディー、中央に薄い空色の帯、裾は濃いブルーといった配色の、新塗装の新型バスである。

異様な感動が体中を走り、しばらくその場に立ちつくした。われに戻って再び歩きはじめた途端、今度は前方から、あの特徴あるエンジン音、そう、それは律動的にはポンポン船のようにノックし、音色的には大型の木魚のようであり、唸《うな》りのない、つまり高低の変化はなく、ただ回転数の変化につれて律動に濃淡の差を生ずるといった、かなり際立った特徴を持った音を発しながら、苦み走った精悍《せいかん》なフロントマスクが迫ってくるのを認めた。

私は自分の股間が収縮するのをはっきりと自覚し、胸を締め付けられるような喜悦の感情を抑えることができなかった。単に、新しいバスを見た、というだけなのに、全身の血潮が逆巻《さかま》くような、生まれて初めて感動というものを体験したのである。

私は弟の手を引いて走った。祖父母とのあいさつもそこそこに、家の前の県道の端に立って次の通過を心弾む思いで待った。

祖父母が住む私の生家は、糸魚川街道（現・国道147号）に面していて、当時は未舗装道路だったために、砂ぼこりや雨の日の泥交じりの飛沫で塀や壁などはひどい汚れであった。道路の向こう側には木の電柱があって、その中ほどに街灯が取り付けられていた。夜になると40ワット位の裸電球が、形ばかりの傘の下で陰気な光を灯《とも》すのである。

母と祖父母との間が、よくありがちな嫁と姑《しゅうとめ》の折り合いの問題で、父は単身赴任を辞めて一家を連れて引っ越すようになったが、そうなるまでは、私は母と一緒に祖父母と同居生活を送っていた。日々のつましい暮らしと夜の暗さは、幼心に一抹のわびしさを植え付けたらしく、そんな切なさの記憶のようなものが一瞬、久しぶりにこの家を訪れた私の胸をよぎるのを感じた。

しかし今、そんな家の前の道路を上り下り15～20分ごとに、新しい時代の風のような新型の乗り合いバスが行き来しているのだ。それは、それまでの、日に何本といったダイヤでは考えられないほどダイナミックな鼓動であり、その流れは、当時の質素な生活のリズムの中に突如として押し寄せて洪水のごとく、全てをその勢いの中にのみ込んでいく。時を忘れて眺め立ち尽くす私の体内に、ときめきの鼓動が転写され、爽快な気分が漲《みなぎ》るのを実感して、しばし忘我の境地であった。

祖母が家の中から何回か「お茶においで」と声をかけるので、家に入っておやつなどを食べる。が、外のことが気になって落ち着かず、すぐにまた道に出る。道路側に面した家を囲む板塀の脇に大きな石が二つ、土中に半分埋められたような形で置かれていた。格好な座り場所だった。バスが現れるのを待つ間はその石に座り、県道沿いの家並みや、時折通り過ぎる自転車や荷車などを見て過ごす。板塀の、ちょうど座っている石の横あたりに、ブリキでできた縦長の広告板がくぎ付けされていて、そこには「血のみちに効く中将湯」と書いてあったので、血の道とは何のことか……などと考えながら、バスがやって来るのを待つ。

祖母がまた「もう家に入りましょ」などと家の中から呼ぶのだが、私は一人、身を屈《かが》めるようにして寒さを耐えながら、飽くことなく通過するバスを待ち、眼前を通り過ぎる間のごく短い間にバスの姿態を素早く観察し、記憶にとどめるのである。

観察というのは、例えば全体のプロポーションと塗装の色やデザイン、側面窓の形状と枠数、乗降扉の付けられている位置、フロントとリアの形状、マーカーランプの取り付け位置と発光色、ボンネットの両サイドのデザイン、前面のラジエーターグリルのデザイン、バンパーや前照灯、フェンダーなどの形状、車体製造工場を示すエンブレムの確認など、無数のチェックポイントがあるし、それらはボディーメーカーやシャシーの大小などによって微妙に差異があるから、本当は駅前での待機車とか、車庫などに止められているのを見るのが一番いいのに決まっている。しかし、今はそんなことは言っていられない。ただ、北へ南へと走り過ぎるバスを素早く観察して頭に覚えさせるだけなのだ。


日が暮れる。星が光る。

向こう側の木の電柱に取り付けられた街灯の裸電球がともる。

夕飯が終わると、綿入れの袢纏《はんてん》と襟巻きを借りて、また表に出た。寒かったが、最終便まで見届けた。現在とは比較にならない夜の暗さ、師走の凍るような冷気をつん裂いて、淡いグリーンのマーカーランプ（標識灯）を輝かせて、北へ南へと疾駆する新しい鼓動。それらは、ともすれば息のつまりそうな山国の少年（私）に、なにか熱く、たぎりたつ思いを呼び覚ました。

その夜、私は弟の寝息を耳にしながら、こっそりと財布の中味を数え、ある計画を考えながら眠りについた。

翌日の午前中も、私はひとり県道の脇に立って観察を続けた。新しいバスの種類は民生、ニッサン、いすゞの3種でボディーメーカーはクラタ、川崎、富士、新ニッコクの4社であることがわかった。祖父母と一緒に質素な昼食を済ませ、帰りの電車の発車時刻に間に合うように家を出た。

「また、おいで」

祖母は背中をまるめて言った。

「ウン」

電車の駅には行かずに「除沢橋《よけさわ》」という停留所から「池田行き」の民生製のロマンスカーに乗った。財布の中には2人分の電車賃と、わずかな小遣い銭があるだけであった。もちろん、バス代は電車賃より高額である。したがって所持金を全部投じても、バスの終点、池田町までの分しかなかった。弟は怪訝《けげん》な面持ちで私の後をついてきた。程なくバスが来て、私と弟は運転席のすぐ横の席に並んで座り、前方のエンジンルームから伝わる熱気と、小気味よい騒音に戦慄《せんりつ》を覚えながら、いかにも田舎風の、日焼けして妙に太くて長い眉毛の運転手の表情と前方の景色とを交互に見た。心は天にも昇る思いであった。

40分くらいで池田町の車庫前終点に着き、バスを降りると、陽は既に西山の肩に傾き、冬の午後の寒気に頬が痛んだ。私と弟は、そこから10キロ以上はあろうかという遠い道のりを、大町を目指して歩き始めた。大町明科線の鄙《ひな》びた県道を、ほとんど口をきかずに、足早に歩いた。

半分を過ぎた頃に、疲れた弟が泣きだした。空腹と寒さと寂しさが私を襲った。道端の道祖神の、赤い涎《よだれ》掛けが不気味だった。幸い「ウンソー」（馬に引かせた運搬用の4輪荷馬車のことをそう呼んでいた）が後ろからやってきて、とぼとぼ歩きの2人を訝《いぶか》しげに思ったのか、声をかけてくれた。

「大町まで行くから、乗って行け」

と言われて助かった。弟は荷台の隅で寝てしまった。もう、夕闇が迫っていた。蓮華岳、爺ヶ岳などの見慣れた西山が黒い屏風《びょうぶ》のように見えていた。眠気が襲ってきたが、私は眠らずに、馬の蹄《ひづめ》の規則正しい足音に耳を傾けたり、時折、すれ違う貨物自動車、頬被りで自転車に乗る人などをぼんやりと眺めたりした。

祖父母の家を辞してから何時間かかっただろうか。

ウンソーの御者にお礼を言って、また、歩き始めた。目指す家は大町の街中から徒歩で30分ほど掛かるのである。すっかり暗くなって、ようやく家にたどり着いた。

「遅かったねえ……」

と母から問われたが、

「ウン」

と返事をしただけで話題をそらし、詳しい経緯は話さなかった。叱られたという記憶も全くない。午後遅くまで祖父母の家にとどまっていて、夕方の電車で帰って来たのだと思ったのであろう。別段、弟に口止めしたという記憶も無いが、小学校の6年生と3年生の幼い子供の、ちょっ

「ウンソー」に揺られて眠る弟の隣で、昂奮の余韻に耽る…（著者スケッチ）

とした冒険は、その後父からも咎《とが》められたという記憶も無く、小さな罪の意識も私の心の内でだんだんに消えてしまった。

時折、ふとすてきなプレゼントが舞い込んでくる。『季刊バス』という小誌である。この雑誌を編んでいる方は和田さんという方だが、私はまだ一面識もない。私は偶然にこの雑誌の存在を知り、奥付の発行者の所在を頼りに電話で購読のお願いをした。以来、いつもあたたかい字体の手紙を添えて、発刊の都度送ってくれる。私はそれを初めてのクリスマスプレゼントか、初めてのラブレターのような幸せな気分で受け取る。

この夏は、ぜひとも時間をさいて、あちこち資料を調べるつもりでいる。そして、いつか、そういう時期がきたら、ごく私的なバスの画文集を創りたいと思っている。

（音楽之友社『音楽の窓』１９８０年7月号掲載『バスの詩』＝加筆修正）

【後記】

雑誌『季節刊バス』第11号（１９８０年春号）に、《当時、日産バスのエンジンは、自社製はガソリン仕様であり、戦後急伸したディーゼル車の需要に対して、一九五〇年前後より三菱系と民生ディーゼル製のものを注文で選べるようになっていた。》と書かれている。私のあの時の記憶からして、エンジンはまさしく「民生製」であり、あの独特なエンジン音は気筒数の少ない民生製エンジン特有のサウンドであったのだ。

「バス」を見る楽しみの、もうひとつのポイントは、架装された車体の豊富な個性を観察することである。

終戦直後、石川島や川崎航空機、横浜造船など、軍用機や船舶などを製造していた大手の会社が、手持ちの豊富な資材を使ってバス車体を製造するようになった。加えて、地方の中小の関連の工場も、独立して自動車の車体製造に関わるようになったために、そうした製造元から各種各様の風貌の車が、まさに手造りの状態で生産されたのである。同じメーカーから、同じ型番で製造されたものであっても、出来上がった車体は、どこか微妙に出来具合が違っていた。こうした状況は次第に統合合併されていく過程で見られなくなるのだが、昭和30年代半ば頃まで、あちこちを走ったバスの姿というものは、実にバラエティーに富んでいたのである。

私は幼少年期から、おびただしい量のバスの精密画（今で言うイラスト風な絵）を描いては楽しんでいたので、おおかたの型式とその形状は、今でもかなり詳細に暗記している。いや、むしろ指先が記憶しているといった方がよいのかもしれない。

前述した一件は、2日にわたって仔細に観察し、一計を案じ、弟を巻き込んで決行した小事件ではあったが、「その日乗ったバス」は、後の調査でほぼ車種も車体も特定できた。調査といっても、今日のように写真で紹介されるということが極めて限られていた時代のことなので、私の観察を通して頭に納めた様々な記憶は、自分でもとても貴重なものだと思っている。

私的なバスの「画文集を出す」という夢は、昨年（２０１２年）夏に郷里松本の「郷土出版社」のご厚意で実現し、日本図書館協会から「選定図書」の指定をいただくなど、予想外の評価をいただいた。

もう、稚気童心を恥じることは止めて、授かった趣味を誇りとして、一生の楽しみとしたいと思っている。

（２０１３年11月26日）

随想Ⅱ

人・出会い

草と父

安曇野の野辺の送りに
郭公の声静かなり　早《は》や日も暮れて

父の葬儀が終わって2週間ほど経った6月の末に、生前の父と親交のあった私の親友・石敏彦君が、父をしのんで詠んだ歌6首を送ってくれた。その中の一首である。

父の病状が思わしくなく、かなり早い時期にその死を覚悟せねばならなくなった頃から、重苦しい私の心中とは裏腹に、ふるさと安曇の春はもっとも美しい装いで私を眩惑《げんわく》させた。アンズ、スモモ、モクレン……。それに、昔から見覚えがあるのに、名前さえも知らないでいた大きな木々に花が乱れ咲き、濃密な樹液が溢《あふ》れてきた。両親の同時入院による住人不在で、手入れの行き届かない生家の裏庭に、父が折りに触れて植えた数々の草花が一斉に咲き出し、植え込みには朝露を抱き込んだクモの巣が、はっとするような美しさで朝日に映えていたりした。

水を得て田植えを待つ田んぼには、周囲の景色がさかさまに映り、その目くるめく紫の色調に染まるかのようにカッコウの啼《な》き声が清々《すがすが》しく聞こえていた。

父は生前、さして広くはない屋敷内の畑を丹念に耕し、わずかな野菜を作ったが、病を得たこの1、2年は、さすがに作付けの元気もなくなり、畑にはただ雑草だけが伸びていた。これを気にした父は、尻の下に板切れをあてがい、上半身を草の中に隠すような格好で座り込み、草をむしった。草一本一本をていねいに抜き取り、根元の土を払い、草の背丈で分けながら並べていった。疲れると部屋に引き上げて横になり、また出てきて、黙々と終日、草をむしっていた。

ちょうど1年前の今頃、私も父と一緒に畑に出て、カッコウを聴きながら2日、3日と草取りを手伝ったことがある。恥ずかしい話だが、私はその作業で右手首の腱《けん》を痛めた。近くの病院にかかったが、父は私のこの様子を見て、ただ苦笑した。このときの父を写した写真が私は好きで、のちに葬儀の際の式次第の表紙にしてもらった。

草を1本ずつ抜きながら、私は妙に心が静かであった。何かをどうにかしなければ……などというケチな発想はさっぱりと消えてなくなり、鼻をつく夏草の匂いを時々意識しながら、引き抜かれた草の根のあたりにのたうつミミズの狼狽《ろうばい》をさえ、愛《いと》おしむほどの余裕の中で、草取り作業の極度に限定された視界に入る小さな石ころ一つの風情にも心通わせるほどの、まことに不思議な、全身を洗われるような静謐《せいひつ》な時を覚えたものである。輪郭はおぼろながらも、父と一緒に生きていること、あるいは生きてきたことの思いが、愉悦のような哀感をともないながら脳裏に去来したのであった。

実は、私はこの頃から父の生のあまり長くはないであろうことを予感していて、時々悲しくなったりしていたが、一方では、そんなことでおたおたするようではだらしがないではないか――と自戒するようにもなっていた。それよりも、一言でも多く父と会話し、父と同じに、この世の空気を呼吸できる一刻一瞬をしっかりと意識にとらえて過ごそうと考え、なるべく一緒の機会を持つようにしていた。父も恐らく、そんな思いではなかったかと察せられた。

80年の生を、ただ、おろおろと過ごした人間など誰一人いるはずがない。ましてや、自らの生の終焉《しゅうえん》を思わずには過ごすことのできない老境の日々にあっては、人はみな、命を得たその日からの、はるかな生を捉えなおそうとせずにはいられない。1年前のこのとき、父の胸中に、自らの死は既にある現実的形質をおびて定位されていたのではないかと思う。

父の折々の作歌のスケッチを見ても、そのことと無縁な日々はなかったのがわかる。不安とか、苦しみとか悲しみとか、幸福とか、そのようなこの世の迷いのようなものをはるかに超越して、まぎれも無い確かさで迫ってくる死を、心乱さず正視するに足る心の余裕を、父は得ようと願っていたのではないかと思う。だから、かなり衰えて息切れのする身体を畑に運び、作物の収穫とは関係の無い休耕の畑の草一本一本をいたわるように引き抜きながら、カッコウを聴き、土と草の匂いを楽しみ、自らの手で引き抜いた一本一本の草に3万日に及ぶ自らの生の記憶をよみがえらせ、確認し、整理しながら今の心と重ね合わせて並べていたのだと思う。それは、父特有の祈りの姿であったのかもしれない。

父は死の2ヵ月前に、はるか昔、アルプスから流れる雪解けの清流（農具《のうぐ》川、青木湖に発し中綱、木崎の2湖を経て大町市郊外を南に流れ、高瀬川に合流する灌漑《かんがい》用河川で、父が通ったと思われる教会はこの川からさほど離れてはいなかった）に身をつけこんで受洗したことを私たちに告げ、教会葬をしてくれるよう遺言した。その日から松本日本基督教会の及川牧師の筆舌に尽くせぬ献身的な指導をいただき、牧師の手に、その生の最後の涙をあずけて他界した。

私は妻と2人、葬儀後の最初の日曜礼拝に、生まれて初めて教会を訪れ、礼拝の中、自分の心が再びたとえようのない静けさで満たされていることに驚きながら、心優しい人々の祈りで、父は主の懐に抱かれたことを確信した。

この日もまた、カッコウが啼いていた。


（1994年7月5日）

詮無き思い

日常の、別にどうということのない諍《いさか》いはさておき、たった一度だけ、父と心を据えて言い争い、議論が激高したことがある。亡くなる2年ほど前のことで、父の体調がすぐれず、その先の身の処し方の話し合いがもつれてしまったのである。母の持病である関節症もはかばかしくなく、歩行は困難で、年相応の健忘症も出始め、それまでの両親2人だけの静かでつつましやかな生活にも、先行きの不安が漂い始めていた。

父は頑強に私の勧めを拒み、東京での私たちとの同居生活に賛同しなかった。父の反論は明瞭さを欠き、私をいら立たせたが、思うに、息子夫婦の家庭とはいえ、老醜をさらして迷惑をかけたくない、幼少、物心《ものごころ》の定かならぬ頃から養子として入り住んだ現在の家は、父の実母生誕の家でもあり、土地は借地であっても、守り通さねばならないという思いも一入《ひとしお》だったのであろう。

何にも増して、一生、精魂を傾けた教師という仕事の主な舞台であった南北安曇（当時の長野県南安曇郡と北安曇郡）の各地と、そこで培った、かけがえのない友人知己との親交、老いたりとはいえ、まだ健在の兄弟も多い父祖伝来の郷への共感が、そこを離れがたい気持ちにさせていたのだろうと思う。今にして思えば、強引に東京移住を勧めたことに心の痛みを覚えないではない。万難を排して私が故郷に戻り、父母との生活を再構築する術はなかったかと……。

感ずるところがあって、父の亡くなる年（１９９２年）の元日から「連続当用日記」をつけ始めた。父は「３年連続」を愛用していたので、私は「５年もの」にした。その日記帳の、昨年の今頃の記録に、父の最期の様子を読み取りながら、混沌《こんとん》とした想いに耽《ふけ》っているこの頃である。

まだ、なんとか会話を交わすことができていた頃のこと。次に病院に来る時、神田のナントカ（書店の名を言ったが、はっきり思い出せない。行ってみたら、それはキリスト教関係の本をそろえた書店だった）で「ヨブ記」を買って持ってきてくれ、と言うので、それを買い求めて持っていった。

そんなことがあってのち、次第に衰弱が進み、この世で発した言葉の、終わりから数えていくつ……というあたりで、父は「おまえは、まだ、ケンキュウが足りない」と、息のような声で言った。そのときの目は教師の目のようであり、何よりも、優しく潤《うる》んだ私の父の目であった。

そんなことをあれこれと思い出しつつ、最近は本屋に行くと、宗教・思想・哲学の書架のあたりで足をとめることが多くなった。

（追悼文集『風待月』寄稿、1993年5月）

F先生の傍らで…

ボクは絵が好きだ。

それも、どっちかといえば眺めるよりは描くほう――。

以前は年に何回か気が向いてぶらりとスケッチに出掛けたものだ。仕事などで何処《どこ》かへ旅をするような時にも、簡易な水彩画の道具をバッグに忍ばせて出掛けたほど。

なのに、最近はさっぱり筆が遠のいて、面倒くささが先に立つ。絵心が干からびたようで、切ない。

ボクは、小学校3年生になった年の4月に、それまでの長野県北安曇郡の池田小学校から南安曇郡の南穂高小学校に転校して、F先生のクラスに入れてもらった。父が学校の教員だったので、3年おきくらいに転任があり、そのたびにボクの一家は飼い猫などを連れて引っ越しをした。だからボクは、中学を卒業するまでに5校も転校した。

まあ、それはどうでもいいことだが……。

受け持ちのF先生は絵が大変お上手だった。というより当時、既に〝絵描きさん〟（画家）だった。校長職まで勤め上げ、退職後もずっと絵を描き続けて、何回か個展も開かれた。また、ご自身が会員だった洋画家団体「示現会」では県支部長として、県内外の美術界の活動にも尽くされた。２００７（平成19）年の春には安曇野市穂高で「卒寿記念展」が開かれたが、残念なことに、その年の秋に亡くなられた。

ボクがF先生に受け持っていただいたのは、戦後間もない１９４７（昭和22）年の新学期からで、６年生になって次の大町小学校に転校するまでの３年間である。

授業が終わって放課後になると、F先生はイーゼル（画架＝三脚）を背負って写生に出掛けられることがたびたびだった。そんな時、ボクたちのクラスの何人かが、学校の帰り支度のまま、ゾロゾロと先生の後にくっついて行き、田んぼの土手や原っぱにイーゼルを立て、周辺の家々や森、そして夕日に映える常念岳や爺ヶ岳や白馬連山などのアルプスの山々が徐々に先生の絵筆の先から描き出されていくさまをのぞき見ながら、先生の周りで飛んだり跳ねたり、寝そべったりして、先生がその日の筆を置くまで遊んで過ごしたものである。

絵が上手という一点だけで、ボクらは先生をすごく尊敬した。大好きな先生だから、朝から晩まで先生のそばに居たかった。こうして、先生の写生の現場にいつもくっついて行くのも、ひとときでも先生と離れたくなかったからだ。つまり〝先生黙認の道草〟だった。

その頃は、油絵の道具はおろか、その制作の過程などを見るなどということはめったにないことであった。

先生の画箱の中には、いろいろなものが雑然と入っていた。下塗り用のホワイトの巨大なチューブは迫力満点で、ボクたちはそいつに恐る恐る触ったり、手に載せてその重さに驚き「すげーッ！」と歓声を上げたりしたものだ。

画箱の中は、太いのや細いのが混ざり合っていたし、夥《おびただ》しい数の絵筆、それにナイフや油の小瓶やらがガチャガチャと散乱状態で、それらに油のシミなどがくっついていて、なんだか、とても汚い感じだった。

しかしボクたちは、こんなすごい道具を持ち、自由に使いこなす自分たちの受け持ちのF先生を誇りに感じ、何かにつけて自慢の種にした。隣のクラスの者には「同道拒否」などを発動して、占有欲まるだしで、先生の行くところ何処《どこ》までもついて行く、といった具合であった。

ある、うらうらと春たけなわの午後、残雪の美しい山々を遠望する安曇の平のド真ん中。田んぼには一面にレンゲの花が咲き、紫っぽい色と匂いがあたりの空気を染めていた。田んぼの土手で、先生の写生の準備が整うと、ボクらは、いつものように先生の周りに立ったり腰を下ろしたりして、10号ほどもある、大きくて真っ白なキャンバスに最初の木炭（デッサンや下描きに使う画用のもの）の先が触れる一瞬を固唾《かたず》をのんで見守った。

先生は遠くを見て、次にキャンバスに目をやり、また遠くを見る。何回となくそれを繰り返し、やがておもむろに濃淡いろいろなたくさんの縦や横の線を描きはじめる。その線は定規を当てて引いたように真っすぐだったり、くねったり、丸っこかったりして、どうしてそんなヘンな線をいっぱい描くのか、不思議だった。先生は、ときどき、それらの線の一部を人さし指とか薬指でこすったりするので、その部分に炭の薄黒い汚れのようなものが広がり、ボクはどうしてそんなことをするのか、ますます不思議だった。

サーッ、サーッと、木炭の乾いた音がしている。先生は目を細めたり、片目をつむったりしている。先生の目が風景の何処を捉え、描こうとしているかを読みとるために、ボクらは先生の目を見つめ、次にその視線の先を追い、そして画面の上を行き来する木炭の先を凝視する。しばらくして、それが分かると、ボクらはわれ先に「アッ、あっちだ!」「こっちだ!」と大声を発した。先生はそんな時にも決して「ウルサイ!」などと言わず、相変わらず目を大きく開いたり細めたりしながら、せっせとデッサンを進めた。

そのうち、飽きっぽいのが周囲でガサゴソと遊び始めても、先生は一向に気にも止めず、平然と描き続けた。

春の午後がゆっくりと動いて行く。やがて夕暮れの気配が漂うと、下塗り程度の彩色が施されたところで、先生は無造作に道具をしまいながら「おい、もう帰るぞ」とボクらを促した。長い時間、黙っていて突然に声を出したせいか、先生の声はノドの奥にタンが絡まったような、何だかとてもヘンな声だった。

次の日、ボクらは学校が終わるのをいまや遅しと待ちかねて、また先生の後について行く。先生の手が次第に忙しそうになっていく。いろんな色の絵の具を箱の中をひっかき回しながら探し出しては、パレットの上にほんのちょっぴり押し出し、そのチューブを再び箱に放りこんだりした。

筆を頻繁にとり替えたり、筆洗の液につけてかき回すようにして洗ったり、果ては画面をナイフやぼろきれで削ったりこすったりした。そんな時にはいろいろな音が出た。絵の音だ……と思った。少しばかり激しくなった先生の息の音も聞こえた。例の飽きっぽいのが、昨日と同じように奇声を発しながら周りで盛んにはしゃぎまわっている。でも、先生は黙々と製作を続けた。時折、先生の傍らに並んで座って、じっと見ているボクに視線を向けて、何も言わずにわずかにほほ笑んだりした。ボクもただニッとほほ笑みかえした。

そのようにして、次の日も、また次の日も、絵が仕上がるまで何日かが過ぎて行き、制作に費やす全ての日々の先生の作業を、ボクは飽くことなく見届けた。

先生の目と手は、まるで魔法のようだった。小学生のボクらにとって、何と言っても「遠くのもの」は「遠くにある」ように、ちゃんと描かれている……それがすごかった。驚異であった。パレットの上や横の隅々に盛られているたくさんの色の絵の具が、何のためらいもなく、すごい速さで選ばれて混ぜ合わされ、次々と不思議な魅惑的な新しい色が創られていくのを見ていると、背中がぞくぞくするほど面白かった。

描かれつつある景色が、画面上で自在にズームアップされたり、色合い一つで画面が泣いたり笑ったりするほど感情の変化を起こすものだということもわかった。目の前に広がる雄大な自然の景色、その中のどんな小さな一角であっても、いったん描かれる対象として捉えられると、そこには「絵になる」事物がちゃんと現れてきて、形も色も空気も匂いも、そして、その日その時の気温さえもが鮮やかに画面によみがえってくるので、先生の目と手は、ますます魔法のように思われてくるのだった。

ボクが生まれたときからこれまで、毎日、何の気なしに見続けて来た周囲の景色が、完成に近づきつつあるF先生の絵のなかで、いま初めて見るようなものがいっぱいあるのだということに気付いて、ボクはますます先生の手の虜《とりこ》になっていた。

先生の絵が出来上がっていく過程を見ることで、これまで漫然と見たり聞いたりしていた対象の中に潜んでいるいろいろなものを発見したり、予感したりすることを教えられたのである。

ボクは信州の真ん中の安曇平で生まれ、育った。

山紫水明の地に生を受け、多感な頃を、その豊かな自然の揺りかごに抱かれて過ごした。それがどんなに幸せなことであるか、計り知れない。四季折々の風や光が、その地の人々の質素で、もの静かな暮らしを包み込み、日々、人々の謙虚な営みに寄り添い、生きる力の礎となっているように感じられた。そんな環境にあって、さらにF先生のおかげで、ボクは絵を描くことに興味を持つことができた。

絵筆をとるときの、あの妙に静かで、しっとりした時間の流れがたまらなく好きになり、だか

降籏廣光画『田植えの頃』（油彩 P10）。「降籏廣光画集　安曇野を描き続けて70年」（2007年）より

らゆえに今日まで、下手ながら絵を描き続けることができた。それは、まさしくF先生の傍らで、先生の制作の過程を何回も何回もつぶさに見せてもらった遠い日の3年間があったからこそだ。さらに、描く対象としての風景や静物や人物を観察することを通じて、もっともっと深くものを見、感じ取ることの面白さと悦《よろこ》びを、理屈でなく教えてもらったのだ。そして、そのことは後々、ボクの音楽創出との関わりにおいて、極めて重要な意味を持つことにつながった。

F先生は、毎日見慣れた景色を、それでもなお、じっと見つめておられた。見ている時間の方が描いている時間より長いくらいであった。そのようにして仕上げられていく先生の絵は、どれもおおらかで柔らかく、対象は誇張のない確かな構図の中におさまり、洗練された色調と品格のあるマチエール（絵画作品の画面の肌理とか材質感）によって、見る人の心を和ませてくれる。

F先生は10年前にお亡くなりになったが、彼岸でも絵筆を動かしておられることだろう。お亡くなりになる数年前、あの頃のゾロゾロ組の仲間3人で先生のアトリエをお訪ねして、絵を見せていただき、先生自ら打たれた手打ちそばをごちそうになったことがある。

その時の仲間で、お墓参りを兼ねて、先生が好んで絵に描いた安曇の地をゆっくりと巡りたいものだ。

ボクの絵心の回復のためにも……。

——ウン、そうしよう。

（音楽之友社『バンドジャーナル』1991年1月号＝2017年改稿）

田舎のモーツァルト

尾崎喜八さん（1892〜1974年）の詩に『田舎のモーツァルト』という一篇がある。

中学の音楽室でピアノが鳴っている。
生徒たちは　男も女も
両手を膝に、目をすえて、
きらめくような、流れるような、
音の造形に聴き入っている。
そとは秋晴れの安曇平《あずみだいら》、
青い常念《じょうねん》と黄ばんだアカシア。
自然にも形成と傾聴のあるこの田舎で、
新任の若い女の先生が孜々《しし》として
モーツァルトのみごとなロンドを弾いている。

（尾崎喜八詩文集10『冬の雅歌』、創文社、1975年より）

『孜々として　安曇野・穂高町の人物群像』（穂高中学校・穂高町教育委員会編、2000年）

の中で、喜八さんの長女・榮子さんは《詩人尾崎喜八は昭和三十八（1963）年にこの詩を作りました。》と述べている。さらに、詩に詠まれている事柄や風景は、詩人が長野県大町市に住む友人に誘われて穂高町付近の有名な山葵田《わさびだ》を見学した帰り「或る中学校（傍点筆者）を参観したときの情景を詩にしたものである」とのことが詩人自身の述懐として付記されている。

この「或る中学校」というのは、当時の穂高町立穂高中学校（今は安曇野市立となり、東西2校に分割されている）である――というのが定説とされているようである。が、実は、私の知る限り、関連するどの資料を調べても、詩人はあくまでも「或る中学校」という表記以外の記述はしておらず、具体的な校名を特定していない。だとすれば「穂高中学校である」とする論拠はどこに在るか、おそらくは穂高中学校の当時の学校日誌か何かに詩人の来校記録が残されているのではあるまいか、それを根拠としているのではないか、と想像するしかない。

私は、これまでの検証過程で当該校の「学校日誌」には当たっていないので、これは単なる想像でしかないのだが……。

現に、穂高中学校（現在の穂高東中学校）の正門右側には、1985（昭和60）年に同校同窓会の手で『田舎のモーツァルト』の詩碑が建てられている。また、同校では、生徒会が中心となって企画する「田舎のモーツァルト音楽祭」という校内音楽会（地域にも公開されている）が毎年催されている。私自身も10年ほど前、数年にわたってこの音楽祭に招かれ、短い講演や招待演奏家の人選、ミニ・コンサートのプログラムの立案などを手伝ったことがある。榮子さんにもそのような催しで何回かご一緒させていただき、詩人・尾崎喜八の人柄や周辺のお話を聞かせていただいた。

こうした事実から、いまや「或る中学校」とは「穂高中学校」であるとする説は不動の見解となっていて、まったく疑う余地はないし、私もそのことに異を挟むつもりは毛頭ないのだが……。


さて、これまた誠に奇妙なことなのだが――

以下に述べるような私個人の体験と記憶から、「或る中学校」は、もしや「或る小学校」でなかったろうか？　そして音楽室で生徒を前に「孜々として」モーツァルトを演奏している「新任の若い女の先生」というのは、私が小学生の時に教わった、あの音楽の先生のことではないだろうか？　そうに違いない、という、はなはだ身勝手で我田引水なのだが、そう思い込んでしまう事柄が在るのである。

と言うのも、かなりの裏付けが可能な事実、すなわち、新任の若い女の教師、その教師が演奏している楽曲、さらには、広い校庭の回りに植えられたアカシア、その背後に聳《そび》える常念や大天井《おてんしょ》、有明山などの山々の風景などから、私にはそれがまるで、その時に私自身が演奏を聴いている生徒の一人であったのではないか、という、奇妙な一致を思わずにはいられないのである。

私自身の持つ、忘れることのできないほど鮮明な記憶のために、『田舎のモーツァルト』が話題に上るときは必ず、私の内心でこの体験が髣髴《ほうふつ》とし、私にとっては、この記憶こそ『田舎のモーツァルト』の詩の舞台なのだと思わずにはいられないのである。

以下、記憶を基に、その体験をつづってみようと思う。

私の父母はともに学校の教員であった。

縁あって当時の南穂高村細萱（現・安曇野市豊科南穂高）の飯沼家に両養子として迎えられ、私は1938（昭和13）年に弟妹3人の長男として、その家に生まれた。母は私を出産して間もなく職を離れたが、父は三郷中学校（現・安曇野市立三郷中学校）の校長としての最後の勤めを終えるまで、生涯教職一筋を貫き通した。40年に及ばんとする長い教員生活の常として、その間、多くの学校に転任を繰り返し、そのたびに私ども一家は引っ越しと転校を余儀なくされ、私の場合、その数は中学校を卒業するまでに5校を数えた。

私の小学校入学は終戦の年の1945（昭和20）年4月、北安曇郡の池田小学校（当時は国民学校）だった。3年生になったとき、父の転任で私は生誕の地、南安曇郡の南穂高小学校に転校し、3年間在籍したのだが、その間、音楽の授業を教わったのは「松岡きぬ」というお名前の若くて美しい女の先生だった。

きぬ先生は、校時の合間の休み時間に職員室には戻らずに、授業の児童が入れ替わる15分ほどの休み時間、音楽室で熱心にピアノを弾き通しておられた。そのときの曲の一つにモーツァルトの「ピアノソナタ　イ長調K331」の終楽章、『トルコ行進曲』の名で親しまれている、あの名曲があったのだ。

何年生のときであったのか、記憶が定かでないが、ある日、前の授業が終わって、次の音楽の授業のために2棟の木造校舎のちょうど真ん中に独立した格好で建てられていた平屋（公使室や宿直室、音楽室、物置などがあった）の音楽室に向かって級友たちとぞろぞろ移動していたとき、

1949(昭和24)年頃の旧・南穂高小中学校校舎の全景。中央平屋棟の音楽室で松岡先生の弾くモーツァルトを聴いた

音楽室から妙なるピアノの音が聴こえてきたのである。教室に足を踏み入れた私たち児童はみんな押し黙り、一心にピアノを弾く先生を注視し、初めて耳にする流麗可憐《かれん》な音楽の刺激を全身に受け止めながら、先生の見事な手さばきを呆然《ぼうぜん》と見つめていた。その体験は痛烈で、いまだに私にとって忘れられない光景なのである。

音楽の授業が始まってすぐ、私たちは、あらためて先生に「今の曲、もう一度弾いて！」とお願いし、先生はその求めに応えて演奏してくれた。私たちは全員、気持ちの高ぶりの中で一音も聴き逃すまいと、真剣に、それこそ詩に書かれているように『両手を膝に、目をすえて、きらめくような、流れるような音の造形に聴き入っ』たのであった。

そのことがあってから以後、私たちは音楽の時間になると毎回いち早く音楽室に駆けつけ、職員室には戻らないきぬ先生にピアノの演奏をおねだりし続けた。最初のうちは曲名が分からなかったので「あの、速・い・の、弾・い・て・！」としか言えなかったが、先生は一度も嫌と言わずに、授業に入るまでのわずかな休み時間中、機嫌よく弾いてくれた。そんなとき、私たちは先生の背後や横に立って、白く細い先生の美しい指先を見ながら胸を躍らせてその演奏に聴き入った。

曲の冒頭が好きだった。

なにか、胸に突き刺さるようなキラキラした宝石のように輝くメロディーだ。曲が進むと、先生の右手の親指と小指の間がいっぱい（オクターブ）に開いて、左手の鼓笛のリズムに乗って行進曲調のカッコいいメロディーが出てくる。手の動きと音楽の展開が、まるで夢のような場面を想起させるので、私たちは、もう、ただただ無我夢中の境地に連れ込まれていく。

さらに、そのすぐ後で先生の手は最初の時のように握り拳のように小さくなり、鍵盤の奥の方に少しだけ移動して、たくさんの黒鍵に触れるところが出てくる。盛り上がった黒い鍵盤は、先生の白く細い指をより鮮明に浮き立たせ、その動きはますます魅惑的になって、私たちの耳目をときめかせた。ロンド形式で作られているこの曲の始まりはイ短調なので、指先は最初のうち専ら白鍵を行き来するのだが、途中から嬰へ短調に転調するので、そのために黒鍵に触れることが急に多くなるのだ。

もちろん、そんな理屈は当時の私たちにわかるはずもない。ただ、魔術のような先生の両手の早業と共に、ワクワクするような音楽の流れが一瞬のよどみも停滞もなく次々に連なって現れてくる。さらに演奏が進むと、再び先生の右手の親指と小指がいっぱいに開いたままとなり、力強く堂々とした行進曲調の部分が再現し、そこが過ぎると、もう一度冒頭のところが戻ってくる。やがて、また行進曲調の高まりが来て、最後の和音が高らかに奏されて曲が閉じられると、その得も言われぬ興奮状態のまま、私たちは手のひらが痛くなるほどの大きな拍手をして、「すげえーっ」と叫ぶのだった。

尾崎喜八の詩『田舎のモーツァルト』の舞台となった「或る中学校」とは、本当に穂高中学校であったのだろうか。

詩碑が立ち、学校行事としての音楽祭が定着した今日に至っていても、私には今もってその疑問が吹っ切れることなく心のうちに想起されるのは、一体どうしてなのだろう。詩人が訪れた学校の名前や時期については、前述の通り前掲の書物をはじめ、関連の資料を調べても明確な記述は見当たらない。

私は、この詩を初めて読んだときから、詩人が訪れたのは「中学校」ではなく「小学校」で、その学校は「穂高中学校」ではなく「南穂高小学校」だったのではないか——と勝手に想像するようになってしまった。それは確信に近いまでに思いつめた想像であった。詩のシチュエーションがあまりにも私の体験とそっくりであったからである。

私のこの体験は、小学校に入学した1945（昭和20）年4月から起算すると、47年からほぼ3年の間の出来事なのであるから、先に示した『田舎のモーツァルト』が書かれた年代の想定としては十分に該当するように思える。というのは、榮子さんが述べた通り、この詩が書かれたのが「昭和三十八年」であったとしても、だからといって詩に描かれた情景がその年とか、詩人にとって直近の出来事であるとは限らないし、詩人は過去の記憶をたどって詩を書くことだってないとは言えない。

私の体験に照準を合わせて考えれば、もし、この詩の舞台となった出来事が、私が遭遇した「当時のそのこと」であると仮定すると、詩人は当時50歳代後半に達していたことになる。さらに1946（昭和21）年から7年間、詩人は妻子を伴って長野県諏訪郡富士見町に移り住んでおり、その間、信州各地を巡ったり、山に登ったりして多くの詩や随筆を書いた時代なのである。

詩のもう一方の主役である「新任の若い女の先生」が「松岡きぬ先生」ではないか、と私が思い込んだ点についても、できる限り調べてみようと思い立った。

そこで、これまで長年のお付き合いを頂いている臼井孝先生に、思い切って私の体験と思いをお話したところ、先生は「わかりました」と私の願いをお聞きくださり、出来る限り調べてくださる旨、ご快諾をいただいた。

臼井先生は生涯を教職にささげられ、多くの学校に赴任され、校長職を最後に退職され、今は安曇野市三郷明盛のご自宅にお住まいである。ご自身は音楽の専科であられたので、もしや松岡先生のことをご存じかも知れないとおうかがいしたところ、お名前については特段の記憶は無いが、あれこれ手を尽くして調べてみましょう、とのことで、先生自らあちこちに出向かれたり、お知り合いの方々にお尋ね頂いたり、当時の「職員録」などの文献にあたっていただくなど、実に多大なお力添えをいただくことになった。

そのお力添えのお陰で以下のような事柄が明らかになった。

すなわち「松岡きぬ先生」は当時の南安曇郡温村《ゆたか》（現・安曇野市三郷）下長尾《しもながお》のご出身で、1954（昭和29）年の町村合併で三郷村が誕生したときの初代村長・松岡定一氏の五女であることがわかった。25（大正14）年7月生まれとのことなので、私が南穂高小でピアノを聴いたとき、先生は20歳代前半だったことになる。まさに「新任の若い女の先生」という記述にふさわしいではないか。

さらに調べていただいた資料によると、「きぬ先生」は1942（昭和17）年3月、松本高等家政女学校（現・松本美須々ヶ丘高校）を卒業して同校専攻科に進み、44年3月に卒業後、下伊那郡箕輪国民学校で助教、同校訓導を経て47年4月から教諭として南安曇郡南穂高小学校に赴任されたことがわかった。50年4月には長野市東部中学校に転出され、以後、53年に梓村倭《やまと》村組合立中学校（現・梓川中）に至る間に、長野市柳町中学校、上水内郡柳原中学校の講師を務められたこともわかった。53年からは「佐々木」姓になっているので、このころに結婚されたのであろう。お相手は東京出身の方で、当時、長野市に在住の教員佐々木先生、との記録がある。

さらに、臼井先生による調査で「きぬ先生」のお姉さまという方の所在が明らかになり、直接お電話でお話をお聞きすることができたという、まことに貴重な展開となった。

それによると、妹さん（きぬ先生）のピアノとの出会いは不明、また指導を受けた先生のこともわからないとのこと。このことで、私がとても興味深く思ったのは、戦後間もない当時に、決して易しくはない、あの『トルコ行進曲』を弾きこなす演奏の技量を、きぬ先生はどこで、どのように身につけられたのだろう、ということである。

お父様が村長まで務められた松岡家だから、相応の家柄であったのであろう。当時、田舎でピアノを所有している家など、ほとんど無かったはずである。おそらくご実家にはピアノがあり、幼少時からそれに触れていたのではないか……と私は想像してしまうのだが、お姉さまの記憶には、そのあたりのご記憶がないとのことである。

また、南穂高小学校へは家庭科の専科教員として奉職されたのではないか、とのお話もたらされたと言う。そして、きぬ先生は２００１（平成13）年に横浜でお亡くなりになったという。享年76歳ということであった。

ここまでの調査と資料から、いくつかの推察が可能になる。

きぬ先生が喜八の詩『田舎のモーツァルト』の中で「新任の若い女の先生」として描かれるためには、先生が赴任された南穂高小の頃までとするのが適切だろう。先生の履歴をたどれば、少なくとも昭和20年代に先生が穂高中への赴任の事実は無いので、舞台があくまで穂高中だとするならば、それは別の先生ということになる。

詩人の「新任の若い女の先生」という文言を基に据えて考えれば、詩の舞台は南穂高小でなければはならない。先生が演奏し、子供を夢中にさせた楽曲は紛れもなくモーツァルトの『トルコ行進曲』であり、南穂高小の校舎の西側の広いグラウンドも、その周りに植えられたアカシアも、そして常念岳を中心とした西の山並みの景色、それらのどれ一つとして詩に描かれた情景と違《たが》うものはないからである。唯一、異なるのは詩人が「或る中学校」と語ったというその一点であり、これが「或る小学校」であれば、まさしく疑いの余地なく私の想像通りということになるのだが……。

私は、ここで『田舎のモーツァルト』に描かれた事柄や情景をただ単に実証したいと考えたわけではない。ただ、はるか遠い日の私の身を突き刺さんばかりに鮮烈に襲った松岡きぬ先生のピアノ演奏が、あまりにも『田舎のモーツァルト』という詩のシチュエーションと酷似しているので、その不思議さを思いつつ、この体験がまさしく私のその後の音楽家としての生き方に直結したのだということと考え合わせるとき、ただただ胸が熱くなる――ということを書き残しておきたいと願っただけのことである。また、かなうことなら、先生が尚ご存命（想定上では２０１７年には92歳）でおられることを信じ、何を押してでも是非お目にかかってお話をお聞きし、心からの感謝を申し上げたかった。しかし、その願いは潰《つい》えた。

後日談になるが、私はご縁を頂いて１９７０（昭和45）年3月に制定された、当時の長野県安曇村（現・松本市）の「安曇小中学校校歌」を作曲したが、この校歌の作詞が晩年の尾崎喜八さんであった。尾崎さんは当時78歳であったが実に矍鑠《かくしゃく》として、語調にも力が漲《みなぎ》っておられた。

梓《あずさ》の谷のひらけるところ
安曇の空のあけゆく朝を

――と始まる歌詞の、詩人手書きの原稿用紙が、「作曲者用」と赤インクによる別記が添えられて、風格のある独特な字体そのままに私の手元に残っている。制定の日の学校の控室で、印刷されたばかりの真新しい楽譜の表紙の左下に、次のように書いてくださった。


私は飯沼信義さんの作曲に成るこの校歌の歌われた美しいこの日のことを永久に忘れないでしょう。

尾崎喜八。一九七〇年三月十四日

もちろん、この楽譜も私のファイルに大切に保存されている。

もし、私がこの時に『田舎のモーツァルト』という詩を知っていて、その詩に書かれている事柄について、私自身の体験も含めて詩人に直接お話を伺うことができていたら、どのような展開になっていたのだろうか……。

もっと早く気づいていればよかったのに――。

悔やむ事柄が、老境にはあれこれと出てくるものである。


(2017年4月5日)

一念氏の語りと文

『すそののくも』(「夕雲会」会報)の春木様から、曾宮一念《そみやいちねん》氏の録音を聴いた感想を中心に一文を寄せるように、とのお誘いをいただいた。お身内や、ごく親しくお付き合いされた方々が大勢おられるのに、一介の愛好者・読者にすぎない私ごときが文章を書かせていただくのは身に余る光栄とうれしく思う一方で、これはかなり勇気のいることでもあり、大いに緊張した。

これまで、一念氏については、勤務していた大学などで何回か話をした経緯もあり、わずかながらそのための資料の蓄えもあったので、暫時考えさせてもらった末に引き受けることにした。

ところが、一念氏のお名前を文中にどう記したものか、初めから悩んでしまった。私自身は「一念先生」と書かせていただくのが一番気持ちにぴったりする。あるいは渾身《こんしん》の親しみを込めて「一念さん」と書きたいという思いもあり、それらが混在して迷っていたのである。

考えてみれば、直接お話をうかがったり、ご指導にあずかったりしたわけでもないのに「先生」とするのは、多くのお弟子さんの中にいきなり加えていただくようで気が引ける。ましてや「さん」付けなど失礼千万。いっそ、バッハ、ベートーヴェンなどのように、最大の敬意をこめて「敬称略」としようかとも考えたが、これも納得しかねて、結局は平凡極まりない「氏」付けで書き進めることにした。

敬愛してやまない画家・曾宮一念氏が生前、１９８７（昭和62）年の94歳ころから継続的にご自身の肉声で遺《のこ》された貴重な講義、講演、自伝、思い出話、などを内容とする膨大な録音資料（ＣＤ70枚）を、夕見《ゆみ》さん（一念氏の長女）はじめ夕雲会の方々のご厚意で、丸ごと聴かせてもらうことができた。いま、この場で、要旨や感想を短文にまとめることは、私の筆力ではとてもできることではない。が、とにかく驚異的な記憶力、論理的な筋道、格調がありながら人懐っこさの溢《あふ》れた話しぶりなど、その中身の濃さ、多彩さに驚かされ、あらためて一念氏の存在感に圧倒されてしまった。

《一日中ラジオをつけておられ、芸人の芸なし、名士面の長口舌などには、毎日、律儀に腹を立ててておられた》（週刊朝日１９６１年9月8日号）という、その痛快で的確な批評眼と明快な論旨は、この録音においてもいよいよ健在で、思わず快哉《かいさい》を叫びたくなる。氏を慕い、氏の晩年に寄り添って、このような貴重な企画を完成させた関係の方々のご偉業に、心から敬意を表したい。畑は異なっていても、私自身、創作の仕事に身を置く者の一人として、また一念氏を知ってからのこの十余年、画業や著作を通して、その魅力にますますとりつかれている私にとって、これほど素晴らしい「音（肉声）の恵み」は思いもよらぬことであった。

一念氏の語りは、内容の奥深さは当然ながら、音声のトーン、テンポ、間……など、どれを取ってみても、まさに第一級の「話芸」である。聴き手に向かってあくまで礼儀正しく、気遣いと節度をもって、親しく、優しく、そして面白おかしく語られる。

少年の頃から美術学校時代にかけての思い出は、多くの友人知己との交友や紀行などの精確な記憶の採録と共に、当時の各地の風情や情緒をも彷彿《ほうふつ》とさせる。画法や絵の具についての講義からは、画家の気概や思想信条が聴き取れる。一念氏が唄《うた》う民謡や俗謡、また、幼い日に覚えたという数々の「うた」を聴いていると、氏が朋友・雨田光平氏（１８９３～１９８５年。彫刻家、箏曲家、ハープ奏者）の琴と歌に「咽《むせ》んだ」（『吉野以後』）ように、私の心は揺れ、うっすらと涙さえにじんでくる。

一念氏の録音の背後に聞こえてくる音たち、すなわち、犬の鳴き声や御用聞きの声、電話の応答、勝手場からのまな板の音、また、ご家族との何気ない会話、お誕生日のにぎやかな会食のシーンなどは、この録音の聴き手に、まるで、その場への同席を許されているような錯覚を覚えさせられる。一念氏にとって「文章を書くこと」や「語ること」は、共に本業としての画家の営み――すなわち、その根源的な創造への意志や喜びと同義同質であり、一体不可分のものであることを、つくづく考えさせられるのである。

私が初めて「曾宮一念」という名前に接したのは、１９９４（平成６）年11月29日、旅先の宇都宮のホテルで偶然に見たテレビ番組（ＮＨＫ総合『プライム・イレブン』）によってであった。その番組の中で、１０１歳の一念氏はベッドに身を預けながら「風景」について語った。「風」と「景」について……。

のちに、ふとしたきっかけで一念氏のご長女の夕見さんとお近づきになる機会を頂戴した。夕見さんを通じて一念氏が若い頃から独自の風景論を持論とされていたことを教えていただき、放映された番組の録画テープを含め、関わりのある資料もいただいた。番組での一念氏の話の内容と、ご送付いただいた一念氏の著作『風景画の技法』（1949年、美術出版社発行「洋画技法講座」収録）は、音楽（作曲）を本業とする私にとって実に味わい深く、また示唆に富んだ大切な宝物となっている。一念氏が説く「風」と「景」の意味は、そのまま音楽における「演」と「奏」に置き換えることができるからである。

その詳細をここで書き連ねることは本稿の趣旨から逸《そ》れるので省くが、以来、私の勤務校であった桐朋学園大学での講義をはじめ、多くの場面で、私はこのことを語ってきた。また、一念氏に関する多くのことを調べ、画業のみならず、氏の多くの著作や、他者による作家論などを通じて、その人格の全像に触れようと心がけてきた。

私は「一介の愛好者・読者」と前述したが、実は一つだけ不思議なご縁というか、接点というか、一念氏との「交点」とも言わせていただけそうな事柄を所有している。

一念氏はお若い頃に、東京・池袋の成蹊中学校で教鞭《きょうべん》をとられていたと書かれている。この成蹊中という学校は多分、現在、武蔵野市にキャンパスを置く私立の名門、学校法人成蹊学園のことであると思う。だとすれば、私も一念氏の後輩として、芸大（音楽学部）を卒業直後しばらくの間、この学校（中高）で教えていたことがあり、そんなことが、私にとって一念氏をより身近に感じる一因ともなっている。

話は戻るが、この70枚のCDを聴かせていただいて以降、私は氏の著作の全てを手元に置きたいという願望をさらに募らせるようになった。それまでに何回となく図書館に足を運んでは一念氏の著作を借り出し、許される範囲のページを複写してはファイルに大切に保管してきたが、こうした方法にも限度がある。また、神田の古本屋に行くときは必ず足を棒にして探し回るのだが、手に入れたいと思っている氏の著作をついぞ一冊も見つけ出すことができずにいる。

古書店の店主によると「めったに出ません。出てもすぐに買い手がついて買われてしまう」との返答だった。展覧会には機会あるごとに出掛けているし、その際の冊子や図録、パンフレットの類いも数点手元にあるので、折に触れて作品を鑑賞させてはもらえるのだが、場所や時間を選ばずに、いつでも一念氏の文章に触れられるようにしておきたいという願望は近年、かなりの頻度で私を襲うのである。枕辺にいつも置いておきたいのである。

幸田文《あや》全集（岩波書店版、1996年）の第15巻に「曾宮一念著『泥鰌《どじょう》のわた』」という一文がある。

《先生の文章は簡潔で、気取りのあとや余計ごとなどはひとつもなく、運びはさらさらと滞りがない。だが、この泥鰌《どじょう》のわたの章は、私はさらさらとは読み進めなかった。ひっかかってばかりいた》

——とあり、その先では

《私はうれしいのだか、悲しいのだか、感動して本を伏せずにいられなかった》

――と書かれている。

文壇きっての名文家である幸田をして、このように言わしめる一念氏の文章。その魅力にとりつかれると、一日たりともそこから離れられなくなる。いつも手の届くところに置いておきたい、どこへでも持ち歩きたいような気分にさせられてしまうのだ。

一念氏の夥《おびただ》しい著述、とりわけ1959（昭和34）年以降――つまり、右目の失明から1971（昭和46）年の両目の失明による画家廃業宣言、そして、それから亡くなられる間に世に出された、詩や短歌を含む多くの著作には、運命の苦境を乗り越えられた強靭な精神と、そこからにじみ出るおおらかさ、優しさ、おかしさ、悲しさ……などが無尽に書き連ねられていて、本業が乗り移った別のかたちの画業なのだと思わずにはいられない。

ご自身は、もともとは誰か別人から与えられたという〝日曜随筆家〟という呼称を気に入っておられた様子で、《日曜がつくから、日曜画家のように喜んで書く》（『日曜随筆家』創文社刊）とおっしゃり、《……画は本業とはいいながら少年の日曜画家時代がなつかしく、且《か》つ、その頃の気持ちをわすれたくない》（同あとがき）と述べておられる。また、《手こずったり、消したり、いやになったり、がっかりしたり、そんなことを積み重ねてもね。油絵は一番最後の筆がのこっているんですからね。それまでの手こずりなど見えません》（大沢健一『火の山巡礼』あとがき）

と述懐もされている。

作品の制作のさなかにあって、常に画家の脳裏を駆け巡ったであろう激しい自問や葛藤、さまざまな観察と思索、処世観など、換言すれば、その「手こずり」の生々しい内実、さらには、塗りつぶされ、消し去られたであろう制作の過程の、それらを巡るありとあらゆる思考が、一念氏の大きな悟りの懐で温められ、語りや文章の中にしみじみと、絵筆の輝きそのままによみがえっているのである。

心ある方々の手によって、いつの日か「曾宮一念著作全集」が世に出ることを熱望するのは、私一人ではないと思うのである。

（夕雲会『すそののくも』第14号寄稿、2007年4月）

悲しみという原質

《男の顔は履歴書で女の顔は勘定書だという名言は大宅壮一だったと思う。》

——と作家の開高健氏が書いている（『一言半句の戦場』集英社、2008年）。

勘定書の方は、無粋な私に語る資格はないが、顔は男にとって世間に出て他人様《ひとさま》とやり合う大事な道具の一つでもあるので、髭《ひげ》をそったり乳液《ローション》などこすりつけたりして、人並みに手入れをしてきた。しかし、一向に彫りは深まらない。生まれてからずっと、一日中日当たりのいい、真っ昼間の正午のような平板な面《つら》を保持している。

そこへいくと、作曲家の故・平吉毅州《ひらよしたけくに》さんは、なかなかの〝道具の保持者（＝イケメン）〟だったから、ワイワイ、ムンムンと花盛りのするようなところに連れ立って行こうものなら、勘定書が一斉に平吉さんの風に煽《あお》られて舞い上がり、こちら側は凪《なぎ》状態で、手持ち無沙汰になってしまう。一世を風靡《ふうび》した、あの「緑芝玉ころがし」（ゴルフ）のジャック・ニクラウスのようだ、とか、ある角度から眺めると帝王カラヤンそっくりだ……とかいう話も、しばしば出た。書いた作品の数だけ苦み走った男のテイストが弥増《いやま》して、ますます履歴書に箔《はく》がつく。しょせん太刀打ちはできない。太刀打とう！などとは端《はな》から思ったこともないが……。

その平吉さんは尾高賞作品『交響変奏曲』（1969年）について《私が原質として持っているらしい「悲しみ」のようなものを感じながら筆を進めた》と述べている（CD解説書）。

この作品の開始部の美しさは初演のとき以来、忘れられない。木管群の柔らかな音塊（クラスター）の中に沈められた「A《アー》」（ラの音）は、地底の悪霊に呪《のろ》われたが如《ごと》く下底部に向かって内部亀裂を起こし、膨大な音の増殖を伴って奈落へと瓦解《がかい》する……。そういう音の様相がスコアの最初のページに書かれている。次に、奈落の渦巻く低音層の間隙《かんげき》を縫ってチェロのフレーズが立ち上がる。そのようにスコアに書かれている。

余談になるが、このチェロのフレーズが単に親しみやすくメロディックだという理由から、これを変奏曲の主題だと言った某評論家がいたが、私は全く同意できない。これに関しては別のところ（『水平線上の静と動』２５６ページ）に私見を書いたので詳述を避けるが、要旨はこうである。

――高い音域で静止した裸形の直線「A」（ラ）が、宿命としての「動」を予感した瞬間から、自己（つまり「A」）の内部で解体が始まる。「A」は自らの内でいつまでも「A」であり続けたいと希求している。そう祈れば祈るほど無限の音を聴いてしまう。こうした背理とその相克こそが、この作品の主題であり想念ではないのか。平吉さんはこの不条理と対決しながら厳しい筆を運んでいたはずだ。――

なんだか面倒な文章になってしまったが、私が言いたいのは、在りし日の平吉さんの人懐っこいしぐさや口調、また、書かれた作品の全てに彼自身が言うところの「原質のような悲しみ」を探り、それを感じ取りたいと願う――ということである。

平吉さんは、自分の心の一番深いところ、それは感性の核がむき出しになっているような、もっとも敏感なところに「かなしみ」の原形質を保持していて、その痛覚を自ら呼び起こすことができた人なのである。

だが、そのような実体は現実ではなかなか表面に見えてこない。一見にぎやかなことが大好きで、陽性で活発な性格の人だったから、そんな繊細な部分で自らを見つめていた人だなどと、周辺にはあるいは思われていなかったかもしれない。しかし、少なくとも私には、長く親密な付き合いを通じて、彼の言う「原質としての悲しみ」が、彼自身の佇《たたず》まいににじみ出るのをひそかに、しっかりと見ていた――と自負できるのである。

「悲しみ」の知覚というものは、人間の最も高邁《こうまい》で研ぎ澄まされた、天下一品の貴重な痛覚であると、私は思っている。悲しい時だけが悲しいのではなく、楽しいときも、笑っているときも、ご飯を食べているときも、いつも悲しいのである。毎日「生きている」ことをしっかりと思いつめている人間にだけ、与えられる至福の痛覚なのである。そして、それは、前触れもなく不意に覚知されたりするのである。

一つだけ例を挙げてみる。

モーツァルトの「ヴァイオリンソナタ　K３０４」の第2楽章中間部に置かれた、あの無音の1小節（１１１小節目）を思い出してほしい。息を殺して、気付かれるのを待っている、あの白い無音の一瞬。本当に天才だからこそ、このような一瞬を描き出すことができたのだと思う。この作品の、この部分にくると、私はいつも胸の奥をかきまわされるような感動に襲われ、言葉を失う。それと同じような質の痛覚を、私はこれまで平吉さんの手書きの楽譜やピアノ演奏の中に、幾たび聴き取ってきたことだろう。

平吉さんの筆は流麗多彩で、どんなジャンルの音楽にも精通していたから、彼の筆先から紡ぎ出される音楽は人々を幸せにし、そして生きることのうれしさ、せつなさを知らしめ、元気づけてくれる。求心的な味わいのレント（ゆっくりな音楽）にあっては「悲歌（エレジー）」の神髄を、また彼がこよなく愛したポピュラースタイルの、心地よいサウンドに自らを躍らせながら書き上げられたと思われるような作品では隠喩（メタファー）として、私もまた平吉さんの基層に「原質の悲しみ」を聴く一人である。

思い出したことがある。
季節は夏の終わりか秋の頃か。
ある晴れた日、夕暮れに突然に電話がかかって……

あのナ、いまナ、
いま窓開けて夕方の空眺めながらナ、
風呂はいっとるんや。
気持ちええでェ。
なんや、こう、悲しゅうなるワ。
オマハンもすぐ風呂はいり！

そのあと、私がそうしたかどうか、
したような、しなかったような……。忘れた。

（「平吉毅州の世界」没後10年メモリアルコンサートに寄せて、２００８年７月）

ただ、ひたすらに「うたう」こと

―畏友・平吉毅州さんを偲びつつ

作曲家・平吉毅州《ひらよしたけくに》さんは１９９８（平成10）年5月28日、61歳という働き盛りで他界されてしまった。ますます円熟の時期に入ろうという矢先、残念の一語に尽きる。

各地各界に知己友人も多く、平吉さんの周辺はいつもにぎやかだった。私事で恐縮だが、私自身も多くの平吉さんの友人の一人として、長年にわたって親密なお付き合いをさせていただいた。

彼の手の及んだ、さまざまなジャンルの作品には、その人懐っこく温厚な人となりが底流していると思う。とりわけ、厳格かつ愛情こまやかな態度で書き下ろされた合唱の作品には、平吉さんの体温が宿っていて、歌い、あるいは聴く者を惹《ひ》きつけずにはおかない。

平吉さんと一緒に合唱作品を書く仕事をするようになったのは昭和40年代後半くらいからと記憶している。

中高生のための〝新しい感覚の合唱作品〟の創出に意欲的に取り組んでおられた教育現場の先生方のグループに加えてもらったのが始まりだった。以来30年、多くの作曲の機会を与えられ、結果的に平吉さんも私も、自作の中で合唱作品が占める割合がかなり大きくなった。平吉さんは『ひとつの朝』『わが里程標』『気球に乗ってどこまでも』などのヒット作を含め、多くの優れた作品を世に送り出した。これらが合唱愛好家の大事なレパートリーとして定着していることは、周知の通りである。

これまで、さまざまな場面でご一緒させていただいたが、そんな中でもひときわ楽しく、思い出深い仕事に「日本の名歌名曲五十曲の合唱編曲」(東芝EMI)があった。既に発売になっているCDとともに、カワイ出版から楽譜が出版されることになり、あらためて今は亡き平吉さんとの関わりが鮮明に思い出され、懐かしさと寂しさがこみ上げてくる。企画側から示された、編曲のための50曲のリストを眺めながら、分担を決める段階になったとき、曲の奪い合いになったりして、もめるかな?とも思ったが、案外さらりと決着した。しかし、音の収録と出版用の最終的な楽譜の完成までには、ほぼ2年もかかってしまった。

CDが出来上がってから、平吉さんは、その日の仕事を終えた後などに、お互いの編曲の出来具合などを肴《さかな》に一杯やりながらこれを聴いていたようで、「これ、いい仕事だったよなあ。あんたと一緒で楽しかったよ」などと、深夜しんみりと電話してくるのだった。私はそんなとき、とてつもなくうれしく、幸せであった。

この編曲を進めているとき、よく2人で話し合ったことは「奇を衒《てら》うことはよそう。原曲の姿形を大切にしよう」ということであった。

合唱という衣装をまとっていても、原曲は万人の宝である素朴な「うた」そのものなのである。もし、声の技巧というものが必要だというのであれば、それは、ただ、ひたすら「うたうこと」にのみ捧《ささ》げられるべきだと思う。

楽譜に記されたさまざまな約束ごとや指示なども「おおらかな歌ごころ」「おおらかな幅」の中で解釈されるべきであろう。楽譜やCDの出版が、これを歌い、あるいは聴いてくださる多くの方々の楽しみと心の安らぎにつながるならば、それに勝る喜びはない。

平吉さんも、あっちで、きっとそう思っておられるに相違ない。

（カワイ出版『混声合唱による日本の四季』あとがき、1999年5月）

雨の夕暮れに、もういちど君のシューベルトを…

——楽友・太田直樹君を偲ぶ

昨夜来の糠雨《こぬかあめ》が、午後になって止んだ。

梅雨の時季の重く澱《よど》んだ大気がほんの少し動いたようで、雲の下がわずかに明るくなった。

書斎の窓越しの狭い植え込みの先を、窄《すぼ》めた傘を手に、小太りのご老体がおぼつかない足取りでゆっくりと通り過ぎる。すると今度は就学前の女の子だろうか、自分と同じくらいの大きな犬のリードを握りながら、2本の雨傘を持った母親を追ったり抜いたりしながら行き過ぎた。

——太田君のことをどう書き始めたものか……。

と、思案にふける私の手先は、そんな情景をぽかんと見つめたまま、さっきから一文字も書き始めることができずに、この憂鬱《ゆううつ》な雨季の午後の粘液質な大気にのみ込まれて動かぬままだ。6月下旬の締め切りを控えて、この一文と向かい合っている。

先ほどの小太りのご老体の散歩姿は、このごろよく見かける。まだ夕暮れには程遠い午後の真っただ中に、覇気を失ったようにふわふわと歩く様子からは、どこか一抹の哀感がにじみ出ている。昔日の充実と現在《いま》の虚ろとが背中合わせに紙一重でくっついているように見える。老境を包む寂寥《せきりょう》というものはまことに複雑奇怪なもので、曰《いわ》く言い難く、その幾重にももつれて絡まった実相の糸を解きほぐすすべもない。悲しみはただただたまるばかり……。

——太田君があっちへ逝ってもう1年近くなろうとしている。

その面影にとらわれることも以前よりは少なくなったが、それでも、ふいに彼の姿が目に浮かび、亡くなる数日前に病院のベッドの脇で交わした話などを思い出し、切なくなる。ああ、そうだ、君はもういないのだ——と現実を承知しつつも、よみがえる幻の声に私自身が君の住む彼岸に誘《おび》き寄せられるような錯覚に陥ってしまう。

しかし、そんなひとときの知覚の混濁はけっこう魅惑的なものなので、こちらの意識はその漠とした状態にとどまっていたいという願望を抱え込んだまま、しばし、彼岸の君と話したり笑ったりする。私は、そのような摩訶《まか》不思議な非現実的現実を勝手に「不在の在」と命名し、ひとときの瞑想《めいそう》を楽しむことにしている。

近年、私自身、この歳を背負って多くの知己友人との永訣《えいけつ》に直面するのだが、そんな中、正直言って去年の今頃は内心穏やかではなかった。

君の病が重篤なものであることは重々承知しつつも、7月のリサイタルの案内状なども来たので、治療の結果が少しずつ好転に向かっているものと信じていた。8月の長野県塩尻市での「島崎光正さんを偲《しの》ぶ」企画にも出演し、私の歌曲作品を歌ってもらえるものと思っていた。天羽明恵さん、花岡千春さんとの三者共演によるヴォルフ『イタリア歌曲集』の全曲公演（7月20日）は鬼気迫る絶唱だった。

しかし、それはまさに文字通りこの世における歌い収めとなって、それ以後の君の身体は桁を外された橋のように音を立てて崩れ、あっという間に召され去ってしまった。

――太田君の馥郁《ふくいく》たる香り、高貴な品位品格をたたえた歌唱は比類のないものだった。

自己の才を他者と分かち合わねばならぬオペラへの出演や制作にも君は熱心だったが、君の神髄は何と言っても歌曲の歌唱にあった、と私は思っている。歌曲は知性と孤独によって醸成される。しかし、それは恵まれた資質あってこそのことであり、君のその原資はまだまだ無限の可能性を有していて、まさにこれからだというときだったのに、なんということか！　真に惜しい人を失ったものだ。痛恨の思いは時を経てますます募るばかりである。

いつしか、またしとしとと雨が降り出した。書斎の外は人通りも絶え、重く鬱《ふさ》いだ夕暮れの深い静寂に覆われている。こんな時こそ、君のシューベルトが聴きたくなる。

（2018年6月）

論攷Ⅰ

小論

旧道上高地線

1951（昭和26）年から52年にかけての1年半を、教員だった父の勤務の関係で、私は長野県安曇村大野川（現・松本市）に住んだ。信州松本から飛驒の高山に通じる国道158号を梓川の渓谷に沿って山中深く分け入り、前川渡《まえかわど》というところで乗鞍高原の方向に分岐して3キロ程のところである。

人の暮らしに便利と考えられる地形とはおよそ縁遠い、〝擂《す》り鉢の底〟のような地形の一郭に板葺《いたぶ》きの屋根に石を載せた30～40戸あまりの家々が、思い思いの位置を確保しつつ集落をなしている。山の中腹を抉《えぐ》り取った、猫の額ほどの土地に建つ小中一緒の学校には運動場が無く、はるか下を流れる川の対岸にある河川敷の平らで広い場所がグラウンドということになっていた。運動会とかスキー大会など、特別の行事の時には児童生徒はそこまで歩いて行くのである。集落には3軒の雑貨屋、農協の支所と駐在所、赴任した学校の先生方のための住宅が10戸余、それに「福島屋」という1軒の旅館のほかには何もなかった。床屋が無いので、子供たちの頭髪は、男も女も、親がバリカンやハサミで整えた。

周囲をすっぽりと山に包《くる》まれたような地形では、夏の日長《ひなが》の季節でも日照時間はごく短く、午後の3時を過ぎる頃には太陽が山の背に隠れてしまう。そそり立つ山の肩の先に、空はわずかしか仰げなかった。冬季には「越冬米」が運び込まれ、交通は雪でしばしば途絶した。

当時中学生になったばかりの私にとって、何の娯楽もない隔絶された山間へき地での生活は、寂しくなかったといえば嘘《うそ》になる。だが半面、わびしさの中で日々思い切り山谷を駆け巡り、四季の移ろいを目の当たりにしながら、風に向かって吼《ほ》える樹木の叫び、崩落する岩石の衝撃音、冬の雪崩の鈍い響き、時には鳥や獣の奇怪な鳴き声などの「自然の音」を聴くことを覚え、やがて、それを自分の「内なる音」につなげていくことを学び得た、かけがえのない体験となった。

この深い谷を縫って、日に2、3本の乗り合いバスが通ってきた。農協の建物と加藤商店という雑貨屋、民家と変わらない佇《たたず》まいの公民館などに囲まれた、ちょっとした広場がバスの停留所であった。その一角には、山壁の割れ目から湧き出る清流を引き込んだ貯水槽があり、冷たくてうまい水が年中溢《あふ》れていた。

バスはここで小休止する。貯水槽の水で過熱したエンジンに冷却水を補給し、運転手が車外でたばこに火を付けて一服する間、乗客もまた車外で背伸びをし、商店の脇の粗末な便所に並んで用を足す。ガソリンの甘い香りが辺りに漂い、懐かしい「人の声」がひとときのにぎわいを現出する。やがてバスは再びエンジンを高鳴らせて急坂を登り、崖の向こうにその後ろ姿を消してしまうと、うつろな静寂が先刻にもまして胸中深く迫り来るのであった。

大野川での生活は単調この上なかったが、年に数回、家族と連れだってバスに乗り、「町」に出るのが何よりの喜びであった。「町」とは松本市街のことで、大野川の人々はそう呼んでいた。集落のバス停から小一時間で谷の出口にある島々《しましま》駅に着く。駅舎はまぶしく輝いて見えた。ここから松本電鉄島々線（１９５５年「上高地線」と改名）の電車に乗り換えて40分ほどで松本駅に着く。買い物や食事などを済ませ、再び山奥深く引き返すときは往路のような心のときめきは萎《な》え、一見垢《あか》ぬけしたモダンな島々駅舎は妙にしらじらしく、見も知らぬ他人の一瞥《いちべつ》のように冷たく感じられたものである。

この集落での2年目の夏が終わり、中学2年生の2学期を迎える時期になると、私は一人家族の元を離れ、松本市の北に広がる安曇の平地、南安曇郡豊科町郊外に住む祖父母の家から、町村合併で新しく建てられたばかりの大規模な中学校に通うことになった。高校受験に備えるための転校だった。

山奥の学校の同級生二十数名とは、まるで兄弟のような感覚で親しく過ごしていたが、そのほとんどは、中学を卒業するとすぐに家事の手伝いや、親元を離れて就職をする者ばかりで、高校に進学する者はほんのわずかしかいなかった。希望の高校に入るためには、どうしても競争相手の多い学校での受験勉強が必要だという両親の勧めで、気の進まない中でそう決意したのである。

そして、そのことがあってから間もなく、私は極度のホームシック、〝望郷ノイローゼ〟に陥った。身の置き所がなくなり、受験勉強は手につかず、毎日、母に手紙を書くような始末であった。土日には自転車で山奥の家族の住む方角に向かって黙々と遠乗りもした。そんな鬱々《うつうつ》とした日々を過ごすうち、秋の農事休みが来て、待ちに待った親元に帰れる日がやってきた。

谷の入り口の「島々駅」は大正の頃からアルプス登山の玄関口として重要な拠点であり、シー

1950(昭和25)年当時の冬の大野川集落風景。自著の画文集『懐かしの思い出バス 120 景』より

ズンには遠来の登山客で大いににぎわう要衝である。その駅前から山奥の集落に向かうバスに乗る。定員30人ほどの小さなバスである。車掌はなぜか男性の場合が多かった。発車するとすぐに右に曲がって新渕橋《しんえんばし》を渡る。ホッとするような陽だまりのある大野田集落を過ぎて、やがて安曇村役場のある「島々宿《しゅく》」の集落を抜けると、急坂のカーブをいくつも曲がりながら谷を上っていく。「おやっ」と思うようなところに1軒だけ家があり、バスはその家の軒先をかすめるように通り抜けると、また上りカーブの連続である。稲核橋《いねこき》を渡って稲核集落を過ぎ、サイホン式貯水池を右下に見ながら、絶景の鵬雲崎《ほううんざき》を目指してバスはあえぎながら急坂を上る。

鵬雲崎からは、小さな発電所がある奈川渡《ながわど》に向かって、バスは延々と下り坂を滑るように走る。乗客たちは、この急激な高度差のために耳に痛覚を覚え、一瞬音を失って、車体の微動と前方の視界に目まぐるしく左右する光の交錯だけを感じながら、車内の不思議な静寂に身を委ねるのである。地の底のような奈川渡を過ぎると、梓川の渓谷に沿って、バスは山襞《やまひだ》を這《は》うように、無数のカーブに従順に鼻を振りながら、川の流れに沿って緩やかに上って行く。

「親子滝」という、数条の滝が流れ落ちる場所があった。

このあたり、無風の好日でさえ、人の頭ほどもあろうという大きな落石が道路の中央に転がっていることがあった。落石の多い危険なところで、冬には雪崩の多発する場所だった。一刻も早く家族の元に帰り着きたいという思いから、大野川に行くバスの発車まで待つことができず、先発の白骨温泉行きのバスに乗り、奈川渡の次の停留所「前川渡」でバスを降り、集落までの小一時間を歩くことにする。

つま先上がりの荒れたバス道には、山肌からにじみ出る湧水が谷川に流れ落ちる小さな水筋が何本も横切っていて、その細い水辺には、短い秋の午後だというのに、目を見張るような巨大なアゲハチョウが何匹も乱舞する光景を見た。深い谷の上部のわずかな空に向かって得体の知れない「山の音」が鳴っていた。その音はうなりや怒号のようでもあり、老婆のすすり泣きのようにも聴こえた。

荒々しい岩や石がむき出しの奇怪な渓谷を急流が牙をむいて流れ、その飛沫に小さな虹が立っていた。いくつもの川筋が道路を侵食し、一瞬道と川の境界が分からなくなるような景色が展開する。そんな様子を一つ一つ胸にしまいこみながら、誰にも会わず一人とぼとぼと小一時間を歩き、やがて、母の待つ山奥の家にたどり着く。

するとその日から、もう数日先の別離のことが胸を締め付け、つらさばかりが募ってくる。その寂しさを紛らわせるために、私は数日間の休暇の日々を山のあちこちを駆け巡ったり、好きな絵を描いたり、耐えることのない川の瀬音と、時折、それを劈《つんざ》いて響く鳥の鳴き声や、荒れた山肌を転がり落ちる岩石の音などに聞き耳を立てながら、夕闇が迫るころまで何をするでもなしに散策したりした。そして、やがて離別の時が来て、青菜に塩のような心境で再び祖父母の元に戻ったものである。

昭和30年代になると、梓川渓谷に電力資源の開発計画が持ち上がり、奈川渡ダムを筆頭に水殿《みどの》、稲核の「安曇三ダム」の大規模な建設工事が始まった。それに伴って、国道158号は徐々にその姿を変え、特に稲核から沢渡《さわんど》にかけては、そのほとんどがダムの湖底に没した。拡幅され、直線化された高規格の舗装道路をデラックスな大型バスが走るようになり、集落間の移動時間は著しく短縮された。人々は時間と距離の感覚を改めさせられ、隔絶の地という意識は払拭《ふっしょく》された。あの峻嶮《しゅんけん》な谷あいを黙々とたどり、途轍《とてつ》もなく深い自然の奥に分け入らぬ限り耳にすることのできない貴重な「音」も消えうせた。

しかし、多感な少年の一時期、山奥で過ごした日々の生活のわびしさと、その過程で図らずも訪れた家族との離別という、二重の哀しみの体験は、私の感性の形成に極めて大切な〝何ものか〟を残すことにつながった。「哀しみの知覚」という、人間にとって最も素晴らしい痛覚を植え付けられたからである。その原点の地ともいえる大野川の集落は、昭和50年代に入って住民の全てが乗鞍高原の番所《ばんどころ》に移住し、いまは跡形も無く消滅してしまったが、私の記憶は逆に鮮度が高まり、今だに、その感慨は輝きを失っていない。

ときどき、あのときの「山の音」を聴きたくなって、私は自分の記憶の中の旧道上高地線をたどり、山奥深くわけ入りたい衝動にかられる。

（社団法人北陸建設弘済会『けんせつ・ほくりく』１９８８年４月号寄稿）

私の音楽の原風景

安曇の人と風と光のなかに

どんなことがきっかけで作曲などという奇妙なことを始めたのですか――。

時々こう訊《たず》ねられる。そのたびに返答に窮し、呂律《ろれつ》がしどろもどろになってしまう。実際のところ、自分でもよくわからないのである。苦し紛れにいろいろと思い出して、例えば、小学校の時の音楽の先生が大変美しい方で（これは事実でした。今でも当時の南穂高小学校で教わった松岡先生、大町小学校の時の深尾先生など、はっきりとお姿を思い出せます）そのためにひそかに音楽家を夢見た、とか、親戚に手風琴があって、いじって鳴らしているうちにブルブルッと来て興奮して作曲家になる！と決めた、などと言ってはみたが、みんなウソである。……いや、それらはまんざらの作り話ではなく、そのようなこともあるいは一因と言えるかもしれない。

それよりも私にとって強烈なショックだったのは、私が高校3年の時、いよいよ進路（進学すべき大学）を決めなくてはならなくなって、「音楽！」「音大！」と言い出したときに、父や母が「歌舞音曲、男児一生の仕事にあらず」と嘆き、切ながったことである。

大声で一喝、反対されたわけではなかったが、何年かしてから周辺から聞いた話では、父が、親しい人にがっかり落胆してぼやいていた、とか、当時信州大学の教授だった某先生をこっそりお訪ねして、音楽家の将来に希望はあるのか、息子に適性はあるのだろうか、学費はどのくらいかかるのか、などと訊ねたりなど、困惑の態であちこち動き回っていたという。それらを知ったときは、正直言って「心配をかけた……」と両親にすまなく思ったものである。

父の心配には無理からぬところがあった。私は幼児の頃からラジオで流行歌を聴くのが大好きで、岡晴夫や田端義夫、竹山逸郎、真木不二夫らが特に気に入っていた。高校生になってますます興が乗ってきた感があり、喉をふるわせて毎日歌いまくっていた。それを知っている父は、息子もいよいよ芸人として〝流しの歌うたいの道〟へのめり込んでいくのかと思ったに違いない。

私は今でも、いわゆる流行歌を含めて大衆歌謡の類いは大好きある。興味も十分あり、できれば作曲もしてみたいと思っている。

……脱線のついでに白状してしまうが、実は私の作品の中には流行歌もある。三田明と三善英史（敬称略）が歌ってくれた〝戦国武将もの〟で、これはれっきとしたレーベルのレコード会社がその年の芸術祭参加として企画しており、クラシック畑のかなり名の売れていた作曲家が数名、新作の委嘱を受けていた。恐らくは何らかのアクシデントでそのうちの一人の代役として私のような者にお鉢が回ってきたものと思う。そんな経緯から私の氏名は伏せられ、いわゆるゴーストライターのを務めたわけだが、作曲はもちろん、邦楽畑の尺八や琴、囃子《はやし》方など、ぜいたくな編成のオーケストラの編曲まで百パーセント私のオリジナルである。

レコードは華々しく世に送り出されたが、残念ながらヒットにも受賞もならず、期待していた〝巨万の富〟造成の夢は脆《もろ》くもついえ、親戚などに宣伝して何枚か買ってもらい、印税の分け前を127円くらい頂戴し、それっきりとなった。

話を戻して、ええっと……。

　私が音楽の道に進むようになったきっかけは、コレコレこういうことがあったからです――などと、誇らしげに語る音楽家が多いのは、それだけ衝撃的な音楽芸術への開眼につながる何事かの出会いがあったということである。

　だがしかし、私には、そのような強烈な感動を覚えた演奏体験とか、決定的な影響を受けた音楽家の存在など、自分自身の生涯の仕事を音楽と決定づけるに至らしめるような明確な事件との遭遇というべきものは、なに一つない。なぜか静かに、じわじわと、潮が満ちてくるような確かさで作曲への志念が押し寄せてきたように思う。

　このあたりの説明が実に難しく、困ってしまう。あえて恐れずに言えば、その「潮の満ちて来るような確かさ」というのは、演奏とか人物とか、あるいは名曲名作に時間をかけてじっくりと接したとか、そうした音楽とじかにつながったものとは全く無縁のものであった。それは、故郷・安曇の自然が授けてくれたのではないか……と思うのである。こういう飛躍を言ったり書いたりしなくてはならないので困ってしまう。できるだけわかってもらうように説明しなくてはならないのだが……。

　終戦直後、慢性空腹の身ではあったが、安曇の地に四季の風と光は満ちていたし、両親をはじめ、人々は明るく生き生きと働き、多くの人々の口元や、にぎわう街角のスピーカーからは、明るい歌の数々が溢《あふ》れていた。

　私の旧南穂高村細萱の生家（今はもう無くなってしまった）の近くには、堂々の水量を誇る川が流れ、その両岸には、むせ返る緑の木立が立ち並び、葉裏にチョウの卵を抱きながら風に揺れていた。皆が毎日ごく当たり前に眺めていた全ての風景と、その中から響いてくるさまざまな音たちの姿態を、私はまるで酔いが回っているような至福な気分でとらえていたように思う。そして、それらは私の内側の熱線に確実に触れ、何か・を・創・り・だ・さ・な・け・れ・ば・な・ら・な・いという思いが、興奮と共に日々増殖していったように思えて仕方がない。音楽が私を招き入れたのではなく、私の内に、オンガクのようなものが自噴したのだと思えて仕方がない。

だからどうした……と言われると、またまた困ってしまう。つまり物事に敏感で、ちょっとした出来ごとにブルブルッとくる多感な時代を、私は安曇の人々と自然に抱かれて、やがて直面するであろう、人間とは？　生きるとは？　神とは？　愛とは？……。とは？とは？といった、その頃の青二才にはどうにもならない根源的な思索への端緒につくことができたということ。そのことが、いま、この歳に至って、あらためて生業《なりわい》としての創作を考えるとき、何という豊かな恵みを受けたことかとしみじみ思い、感謝の思いに満たされるのである。

いまでも、私は既存の名作とか同時代の才知に長《た》けた同業者などからの刺激によって自分の創作を考えることはしない。そのような、ある種の競争心や対抗意識を抱くことには抵抗感があり、潔《いさぎよ》しとしない性格なのである。

そんなことよりも、自然との対峙《たいじ》とか、人々の生きざまとか、文学や絵画などとの無言の対話などを契機に、自らを思索の深淵《しんえん》に沈潜させることから私自身の創意を予知予感することの方が、はるかに自分にふさわしい方法《やりかた》だと感じ、また幸せな時間であることを実感するからである。そこには、遠い昔の、あの「何かを創り出さなければならない」という興奮が、あの頃そのままの純度で存在しているように思えるからである。

西に立つ有明山や
裾めぐる中房川と
松原と、みのる稲田と、
よく人のはたらく里に
われらみな生命をうけてここにあり…

務台理作《むたいりさく》先生の詩による穂高北小学校校歌の一節をお借りして、この稿の筆を置くことにする。

（安曇野塾十周年記念誌『安曇野のいまと未来』寄稿、1998年）

作曲と私　音の形質をみつめて

この3ヵ月ばかり『遠景—Ⅱ』という曲名の邦楽四重奏（尺八と三面の箏《こと》）のための作品を書

き続けて、ようやく脱稿できた。いつものことながら、筆は思うようには進まず、かなり乱雑なスケッチから曲《ま》がりなりにも15分あまりの音楽的持続を作り出すのに梃子摺《てこず》ってしまった。

最終的な記譜の段階で十分に意を尽くしきったとは言いきれず、約束の期限にも遅れてしまった。演奏の方々には、恐らく多大なご苦労をおかけすることになるのだろう……と恐縮している。

私事にわたって恐縮だが、この作品とにらみ合っていた時期、本来の作曲の仕事の周辺で公私にわたる極めて多忙な状況とぶつかってしまい、その中で私は疲労困憊《こんぱい》し、集中力の持続と情緒の安定を失いがちであった。「作曲」するにふさわしい状態ではない——とは自分で感じていたが、約束の上でのことでもあり、また、妙な負けん気も手伝って、少なくとも毎日なにがしかの断片だけでも中断なく書きしるすことを続けることで、その焦りといら立ちの気分を紛らわせていた。

ふと耳元に、あの「囁《ささや》き」のような誘惑と慄《おのの》きを伴って聴こえてくる音の断片を、ただ無反省にそのまま書き続けて、スケッチだけはかなりの量になってしまったのだが、その整理と構成に手間取り、なんとか納得のいく「かたち」にまでまとめるのに大変な苦痛を味わった。がむしゃらなスケッチを書きためることで己の不安をかき消そうとした祟《たた》りである。

だがしかし、この思いつくままの「断片」を、ただひたすら書きとどめながら過ぎて行った日々は、一方では私にとってある安らぎの時間でもあった。それは、「問い直し」や「再考」といった、本来もっとも厳しくあらねばならない峻別《しゅんべつ》の作業を傍らに放置したまま、耳をくすぐるわがまま勝手な音たちと自由に戯れているフラグメンタルな時間なのであり、もし、作曲と言う営みに喜びや楽しさがあるとするならば、この段階はまさにそのようなハッピーな過程と言える。厳格な作業に至る前の、かなり幸福な気分の中に身を置いているのであるから、それは当然と言うべきかもしれない。

思えば、この「耳をくすぐる音たち」の存在に目覚め、気づかされたのは、ほかでもない、私の生まれ育った安曇の自然や風土からの示唆であり、そこでの生活の質素であるがゆえに静謐《せいひつ》であり得た貴重な日々と、その内省的な時間の恩恵であると思っている。多感な青春の日々、私は私の身近な人々の謙虚でひたむきな生活の営みを思い、四季折々の自然が語りかける豊かなメッセージに耳を傾け、その圧倒的な饒舌《じょうぜつ》に自らの内にときめきの鼓動を実感していたように思う。

雪の夜の、吸い込まれるような恐怖の沈黙、新雪が描き出すまろやかな曲線、芽吹きの頃の真綿のような淡いグリーンのピアニッシモ……。濃密な花の香りと目眩《めくるめ》く5月の紫の陽光、水田に影を落とす周囲の山々の、その鏡像形のアラベスク。雨が降り、カエルが鳴き、蒼穹《そうきゅう》の夏空に息づく積乱雲のフーガ。稲が実り、スズメ追いの空砲が野にこだまし、強い南風にゆれる刈り入れ間近な黄色の稲田の波状運動のシークエンス……。

そんな自然のいとなみを、私はなぜか異様な興奮を感じながら視覚にとらえ、それらの囁《ささや》きを耳元に感じて戦慄《せんりつ》した。風が立ち、霜が降り、月が冴《さ》えわたる。晩秋の早朝、熟《う》れ過ぎて腐りかけた渋柿の実の、しっとりと湿気をはらんだ坪庭の土に落下する鈍い音を耳にしたとき、私は心の中に小さな爆発を覚えて、単純にも作曲への意志を固めてしまった。

しかし、このような、いわば、とりとめもない情緒的思索や感覚的喜悦の中に聴く実体のない音たちを追いまわすだけでは、生命感を持つほんの小さなフレーズのかけらさえも生成することができないのだということを、今度の仕事でまたしても思い知らされた。

アイデアの世界に遊び、耳をくすぐる「囁き」や「予感」の中に聴こえていた音たちは、五線への定位定着のプロセスに至って、再び脈打つことのないまま私に背を向けて雲散霧消する。そして、全ての感情の衣装を剥ぎ取られた醜い骨格だけが、辛うじて鼓動の片鱗《へんりん》を保ちつつ蘇生と再構成のためのマテリアルと化して、その奇態を曝《さら》けだすのである。

いったい、身を焦がす感動の渦の中に同化できる作曲という行為など、果たしてあり得るのであろうか。当初、私の耳元に聴こえた、あの喜悦に満ちた音たちや至福の響きは、私の思考回路をかけめぐり、張り巡らされた意識の網目の中で解体され変質され、音楽構造という硬質な自律的時間の形成という命題を背負わされて呻吟《しんぎん》し、変色され、形質化されていく。

私の内に執拗《しつよう》に住みついている知と情のせめぎあいという宿痾《しゅくあ》の体質は、どうやら常に「知への傾斜」に結果することが多いのではないかと、苦々しくも自認せざるを得ないのである。「知への傾斜」とは、外在する造形の原理に多くを委ねて安心を得ることであり、引き換えに自らの内に芽生えた初期的な「感動のふるえ」をこの段階で見失うということである。

できることなら、こうした意識の呪縛から解き放たれ、作意の虜とならずに、知情一体の自然体で筆を運べるようになりたいものだと願っている。自分の耳元に聴こえる多くの音たちの、勝手気ままな囁きのなかに身を横たえながら、その自由な飛翔と展開のための道筋を自由に記譜することができたら……と希《こいねが》う。

しかしながら、これら喜悦の音たちがそのままの姿形で作品の生命力の約束に足る存在に成りえないこともまた自明のこと。それらは、いわば私にとって、作品構築のための直接的なエネルギーを有する素材を新しく培養するための土壌のようなものであり、その土壌に萌芽《ほうが》を見るためのGL（グランドライン）の下方向に伸びて行く根の如き「負の存在」なのだ。『遠景―Ⅱ』の初演は、私にとってまた多くの教訓と示唆とを投げかけてくることであろう。その現場に静かに身を置き、よみがえる音たちと謙虚に対峙しなくてはならない。

それにしても、この、冬から春への、おだやかな気流の気配は、またしても私の耳元にただならぬざわめきを呼び覚《さま》す。果たして、これがまた、私の次の仕事の何かの意図につながるというのであろうか。しばらく、この甘美な陶酔のなかに身をうずめていたい。

（信濃毎日新聞1980年3月26日付夕刊）

私を誘《いざな》うもの

リゲティ（Gzörgy Ligeti・1923年〜、ルーマニア生まれの現代音楽作曲家）の『ピアノのためのエチュード』（練習曲）は、第1巻（6曲）が1986年にショット社から出版され、続く第2巻も1998年に出されたが、このシリーズはまだ作曲が続けられていると聞く（筆者注＝これは本小論を書いていた2005年当時の状況。作曲者が2006年に死去したため、第3巻は4曲のみをもって未完のまま終結となった）。

作曲者は「己《おの》れのピアノ技術の欠落意識の産物」と述べているが、この曲集にはリゲティ自身のピアノ音楽への憧れと、その表出のあらゆる形姿を模索する作者の意欲が漲《みなぎ》っており、私はこれを聴くたびに勇気づけられ、元気をもらってきた。

第1巻の6曲目、『ワルシャワの秋』と題された4分半ばかりの曲では、Presto《プレスト》（急速）な流れの中に、常に複数の異なるテンポが聞こえるように仕組まれていたり、下降する性格の旋律モチーフには一定比率（3：4：5：7）を厳守しながら縮小・拡大を伴う不断の変容が意図されているなど、これ以上はない厳格で緻密な書法を見ることができる。これら頭脳的、論理的で超複雑な様相を、ピアニストが両手10本の指で、作曲者の指示である「歌うように、きわめてリズミカルで柔軟に」（cantabile molto ritmico e flessibile）を守って演奏することは容易なことではない。

この難曲に挑む多くのピアニストは、怜悧《れいり》な譜面の前で身も心もこわばらせ、ガチガチに硬直した表現を余儀なくされてしまうのだが、名手の手にかかると、そうした作曲者の厳格な企《たくら》みは見事に背後に身を顰《ひそ》め、表面には何ものにも呪縛されない自由気ままな音たちの戯れが柔らかく浮かび上がり、文句なしに美しい音空間が生まれてくる。それは数理の厳密な掟《おきて》に従い、強靱《きょうじん》な創意から生み出された書法の果てにのみ約束される、至福の美しさなのである。作曲者の明晰《めいせき》な頭脳に羨望《せんぼう》を感じ、脱帽させられる。

このような作品を音楽の授業で中高生に聴かせ、その仕組みを分析しながらわかりやすく話し、時間における造形の原理とその無限の敷衍《ふえん》について、関連する多くの作例を紹介したらどうであろうか。私がそのような授業を受ける生徒の一人であったら、さぞ強烈なショックと感動とを覚え、もしかしたら、自分もそうした作品を創り出すような創造的な人間になりたい、と本気で思うかもしれない。

この稿は、私が音楽の道を歩むことになったきっかけと経緯、および今日の音楽教育に望むことについて書くように――との要請に基づくものであるが、私には、自分が音楽（作曲）に心惹《ひ》かれ、志を傾けるようになった時期やきっかけについて、すぐに理解してもらえるような明確な答えを持ち合わせていないのである。問われるたびに、少なからず戸惑い、かつ、胸中深く一抹の疼《うず》きのようなものを感じてしまう。自分の生き方、一生の関わりとしての仕事の選択……、そんな重大な決断には、それなりの動機とか理由というものがあって当然ということだろうが、私にはそれが実に曖昧なのである。

このあたりのことは、これまで何回か言ったり書いたりしてきたので、重複をお許し願うしかないが、誰それの演奏に甚《いた》く感動したとか、ある作品——例えば冒頭に示したリゲティの作品のような——に夢中になり、その虜《とりこ》になったとか……、なにやかやと、もっともな動機があれば、ここはそれらを誇らしげに叙述したい場面なのであるが、そのようなことが一つもないのである。それどころか、いつも決まって思い出してしまうのは、確たる動機もない上に、また、当然のことながら自信や勝算など全く無いままに、突如、音大受験を言い出した私に「歌舞音曲、男児一生の仕事にあらず」と、苦悶《くもん》の表情で異を唱《とな》えた父親の落胆の姿が脳裏をかすめ、胸が疼くのである。

家系のどこを探しても芸事を生業《なりわい》とした人間など見当たらず、人さまに抜きんでて天賦の才を発揮した変わり種がいたわけでもない。私自身、信州の片田舎で高校を終えるまで、音楽的な学習環境は皆無であった。楽器といえば木琴とか笛などの、子供の遊び道具の類《たぐ》いだけであった。日夜、汗を流して世のため人のために働き、誠実に、つつましく生きることが子供に対する両親の期待であったとすれば、私の選択はいかにも幼稚で鼻持ちならない独り善《よ》がりと受けとめられたとしても無理はない。

私自身、自分の強弁の裏側には「歌舞音曲」に象徴されるような芸事の世界への志向を罪悪視する気持ちも強くあって、その背反に苦しむことも少なくなかった。今日、この歳になるまで、曲がりなりにも自分のやりたいことをさせてもらって、いまさらわが来し方に一片の不満もあるわけではないが、なにゆえ音楽（作曲）を……と問われて、いつも狼狽《ろうばい》してしまうことだけは、いまも変わっていない。

とは言え、何かが私を導いたことは確かなのだから、あえてその辺りに探りを入れれば、以下のようなことになるかと思う。

それは、その全てが「音楽そのもの」であったり、「音楽と関わるような事柄」とは無縁なものばかりある。それは、物思いに耽《ふけ》りがちな私の青春の日々の、何気ない生活を見つめながらの自問と思索なのであり、そんな中から紡ぎ出した自らの憧れのようなものだ、と言えるだろう。だから、それが何故《なぜ》、音楽への志につながったのかという問いに対する明確な答えにはなりにくいのである。それを承知の上で書き進めなくてはならない。

誰もがそうであるように、私も10代後半まで、小中高それぞれの学校で〝凄《すご》い先生〟とめぐり会い、さまざまな〝凄い驚きと感動〟を体験した。

まず、特に中高の授業で教わった何人かの先生との出会いと感動体験である。

二、三の例を紹介する。

最初は高校の数学（幾何）のU先生。先生は黒板に半径30センチの円を正確無比に素早く書ける方だった。先生の書かれた円の半径を生徒が実測すると、円心と決められた一点から円周上のどの位置を計測しても、まさに30センチ！　また、黒板の左から右へフリーハンドで長い直線を、定規を当てがったように一気に引くことができた。さらには数々の比例関係を次々に作図して見せてくれた。さすがに幾何を教えるプロの先生であった。私は心躍らせてその先生の授業に出た。肝心な問題を解くことよりも、その作図の見事さ、美しさに気を取られ、尊敬の念を抱いた。

もう一つ紹介すると、中学校時代に、コワーイ体育のO先生の指示の下、みんなで一緒に難しい計算をして、荒れた校庭に石灰でトラックを描き、そこに6本だったか7本だったかのセパレートコースを設定し、自らそれを走った時のスリルや、やがて一点に収斂《しゅうれん》する走者たちの美しい動線に心震わせて観察した時の記憶も忘れられない。ここにも時間と動態が生みだす造形の不思議な美しさがあり、こうした体験は生涯の記憶として常に輝きを失っていない。

また、あるときは、折しも梅雨の長雨のさなか、その日の気分そのままに、教科書にあった荷風（＝永井荷風、1879〜1959年）の『花より雨に』という随筆を、しっとりとした情感をそえて朗読し解説してくれた、もの静かで知性に溢《あふ》れた国語の先生、などである。

こうして、思春期に出会う先生というものは、子どもたちに限りなく大きな感化を与えるものであり、そのことは、時にその子どもの生涯を左右するほどの影響を及ぼすことにもなるのである。

そして、私を音楽の道に誘い続けた最も大切な要因と考えられるものについて、どうしても付け加えておかなければならない。

それは、私の生まれ故郷、信州安曇の四季折々の自然と、そこに暮らす人々のつつましやかな生活の姿なのであった。それらも音楽とは直接関係のないものであったが、私にとっては何故か己の最も深いところに浸潤し、自分の生き方を探るための大切な自問の拠りどころとなっていたのであった。西と東の山々に囲まれた肥沃《ひよく》な安曇平。晴雨にかまわず稲田や畑に出て、日がな一日黙々と農事に励む人々の姿を見て、人間が生きて働くということの意味、学問とは何か、芸術とは……など、言い尽くせないさまざまな思索に駆られ、厳しい自問を突きつけられるのであった。

郷里安曇の自然はミラクルな感動を私に与え続けてくれた。

秋――。稲穂を撫《な》でる風のシークエンス（同型反復）、強風に唸《うな》る大木の乱姿、交錯する光のアラベスク（文様・模様）、戦慄《せんりつ》を覚えた漆黒の闇、雪の夜の無音の恐怖……。これらは私に、一つの原理から無限の変容が生まれることや、音楽の造形に関わる極めて重要な量的感覚を身につけさせてくれたのである。そして、それらは私の音楽開眼に確実に道筋をつけ、音楽に深く関わって生きていくという決断に誘ってくれた、かけがえのない動機たちなのである。

こう書くと、前述のように動機不明確のままに踏み込んだ音楽の世界に、自分で納得のできる理由を無理やり与えようとしているように理解されかねないが、これはすべて真実なのである。そして、この時期、私が「音楽そのものから音楽を学んでいないこと」を、逆に私の密《ひそ》やかな誇りとさえ思っているのである。

さて、音楽とは、音楽教育とは、果たして何なのであろうか――。

私たちは、それらを原点に立ち返って考えることを忘れがちである。もう、わかっていることだ、との驕《おご》りの中にわが身を安住させていはしないだろうか。

昨今、教育現場で交わされる音楽教育をめぐる論点には、人間の本来の感性に寄り添い、その器量を培いつつ、音楽に潜む感動の源泉を自ら汲《く》み出す力を一生にわたって己のものにするための大きな教育視野が影を潜めているように思える。目の前の、日々の教育現場での指導法のような、いわば目先の事柄に観点が注がれ、施されるべき教育の理念や構想を描き出すための素地《そじ》、あるいはキャンバスといったものがいかようなものでなくてはならないのか、という点に関する視点が矮小《わいしょう》化してきているのではないだろうか。

指導要領などを見るにつけても、子供たちに音を授け、開眼させ、生涯、喜びをもって音楽に接することができるように導くための思念が過度にマニュアル化しているように思う。それに呪縛されることで現場の先生方に息苦しさが生じ、先生方自身の研究意欲を減退させていはしないだろうか。

音や音楽を、深くて、不思議で、一生捨て置けない存在として捉え、知覚してもらうための感性を育てる大切な原野を、私たちは自らの手で区画整理し、立ち入り制限を加え過ぎてはいけない。子どもたちが、どこからでも入ることができ、どこへでも自由に走って行けるような肥沃な音楽原野の開拓こそが肝要なのである。

それは、おそらくは生も死も抱きかかえた、森羅万象、ものごと全てが泰然と横たわる壮大な原っぱでなくてはならないはずだ。そして、日々教壇に立つ私たち教師には、子どもたちをいつでもそのような原野に連れ出すことのできる勇気と技量を身につけることが求められているのだ、といことを肝に銘じ続けなくてはいけないのだ……と痛切に思う。

人は生まれながらに音楽（あるいは音楽的なもの）を好み、誰もが自力で興味を切り拓《ひら》いていく資質を持っている（と、私は信じている）。教育の要《かなめ》は動機付けの技術であり、関心を深めさせるための上手な道案内人となれるかが問われているのだと思う。

音楽は幅広い教養と思索の中に知覚され、深められていくものである。上辺《うわべ》の技術やマニュアルに囚《とら》われて視線を曇らせてはいけない。

前述の通り、私自身、自らが音楽に傾斜し、誘われていった過程を思い起こすとき、そこには直接の音楽との出会いというものはほとんど無かった。むしろ、それよりも広く、それよりも多く、多感な少年の日の無垢な心に響いた感動の慄きは、自然や人々の日々の営みそのものの内に在った。遠い日、両親を悲しませてこの道に飛び込んだが、それゆえに全霊を傾けて自分の在《あ》り様《よう》を自問しつつ、今日まで歩み続けられたことは、ひたすら自然との対峙《たいじ》と〝ものを想うこと〟への沈潜の故であり、こうしたことを可能たらしめたすべての事柄に、ただ感謝あるのみである。

同時に、その歩みの中で、自らの作品を書くことと並んで、教育の現場に立つことを誇りとすることもできた。そして、日々、学生たちの前に立つ者としての自分に、自己探求者としての魅力がなければ、彼らの心の開扉など促せるはずはないと自戒して、多くを読み、聴き、語り合い、考え、試みる貪欲な日常を心がけてきた。

茶道の修業段階を言ったことばに「守破離《しゅはり》」というのがある。「守」は師の教えを守ること、「破」は教えられたところに新しい創意や工夫を付加しながら自律的な学習を進める段階、そして「離」は「守破」を通り越して自由自在の表現が許される段階を言うのだそうである（笠井哲著『千利休の修行論』）。

かつて、私にゾクゾクするような興奮を与えてくれた魅力いっぱいの「凄い先生たち」の言動や、冒頭に紹介したリゲティの作品のような、「離」に及んだ人々が書き遺《のこ》した見事な作品から、私たちの「守」を学ぶ第一歩が始まる。そのために必要な心のゆとりと意欲を失うことなく、自己研鑽《けんさん》の継続に務めたいものである。

蛇足ながら、最近の私の座右の銘は《自分の感受性くらい　自分で守れ　ばかものよ》（茨木のり子著『自分の感受性くらい』花神社）である。《ぱさぱさに乾いてゆく心を他人や時代環境のせいにするな、というこの叱咤《しった》が、昔も今も読者の共感を得ているのは嬉しい》と大岡信《まこと》氏も述べている（朝日新聞2004年10月6日付『折々のうた』）。

（教育芸術社『音楽教育 Vent』Vol.6　2005年5月）

講義雑感

はじめに

大学を出て、まだ、ろくに覚悟も定まらないうちに、私は音大（桐朋学園大学音楽学部）の教壇に立つことになった。もともと「教えること」は嫌いではない性質《たち》なので、日々楽しく学生たちとつき合いながら今日まできてしまった。

先年、教授会の席上で「永年勤続表彰」なるものを受けて大いに困惑した。というのは、ただ長く勤めればいいというものではなく、その間の「中身」が、果たして自分自身の研究者、教育者としての実績の積み重ねと学生の教育に資することにつながってきたのかどうか、心もとないところもあったからである。

自分が担当している講義や演習について、あれこれ感じていることを、これを機会に一度、自分なりに整理しておく必要があると思っていたところへ、『渓声』（長野県音楽教育学会機関誌）からお声がかかり、寄稿の要請をいただいた。要請は実は昨年であったが、年内締め切りの約束を果たすことができず、1年先送りにしてもらった。本年はぜひ――と再び声をかけていただいたので、あらためて自己評価風な視点で稿を起こす次第である。

多くの方々から厳しいご批評やご助言をいただき、今後の指針とさせていただければと願うところである。

和声学・和声法・作品分析

大学3、4年生を対象とする「アナリーゼ」（楽曲分析）の実習クラスで、この2、3年間はブラームスの室内楽作品を中心に「構造研究」を行っている。しかし、学生たちの「和声」に関する基本的な理解力がいま一つ不足しているので、思うように効果を上げられないのが実情である。

ここ1ヵ月ほどは作品40の「トリオ」（ホルン、ヴァイオリン、ピアノ）を取り扱っているが、例えば第1楽章のソナタ形式によらない、自由でゆるやかな調関係の構図を見通したり、それらに微妙な陰影を添えているカデンツ（終止法）の諸相を指摘したりすることが、彼らにはどうも苦手のようである。彼らは、少なくともこのクラスの受講以前に、いわゆる「和声法」の勉強を一通り終えているはずなのだが、どうも、その勉強の過程に問題があるのではないかと思われる。

和声法というと、学生たちはとかく四声体書法の約束ごとを、まるで六法全書を丸暗記するように覚え込み、そこから逸脱することのないように細心の注意を傾けながら、与えられた課題に恐る恐る音を添えることだけが唯一の実習と思い込んでいる節がある。作曲科の学生たちが「書法」（ecriture《エクリチュール》）の熟達を目的に、これらの技術を深めようと取り組むのは当然だが、演奏学科の学生たちを対象とし、楽譜読解や作品解釈の力をつけるための基礎理論としての和声法においては、従来の書法中心に偏した進め方は大いに考え直す必要があるのではないか、と考えている。

例えば「ナポリⅡ」の和音（短調のⅡの和音＝減三和音の根音を半音低めて長三和音とした和

音。長調においても借用されることがある）について、四声体書法上のいくつかの約束ごと（禁則）を教えると、彼らは「変位」を受けた根音の処理法とか、重複すべき音を指折り数えて確認するとか、散々苦労して、何とかこれらをカデンツの構造に取り込むことができるようになるまでに、かなりの時間を要してしまう。また、仮に、これらができるようになったとしても、実はその先、実作品において、より大切な検証や考察に役立てられなければ意味がなく、最終的に、学んだ事柄を自分の演奏に有効に応用できるか――が問題なのである。

小学生でも演奏する、ハイドンのハ長調のピアノソナタ（Hb.16-35）第1楽章の展開部（第98小節）に一度だけ現れる場合のような、小さな終止形の中の最も分かりやすい実例をはじめとして、ベートーヴェン『月光ソナタ』第1楽章や終楽章での用いられ方の綿密な観察、果てはショパンのト短調バラード（Op.23）の冒頭部分の興味深い開始方法、同じくショパン『エチュード』変イ長調（Op.25-1）の後半、第24～25小節で何気なく示されるナポリ調（この場合は異名同音的な解釈でA-dur＝イ長調で書かれている）への身の寄せ方などが、これらの作品の構造をどう支えているか……等々を考察するのに役立つ力となり、身に付かないといけないのである。

例示した作品は、いずれも学生たちが日常親しく接している作品ばかりなのであるが、これらの作例をいろいろな方法で要約させてみたり、様式模倣させてみたりしながら、音楽的持続を生成する和声の諸相を学習させることが重要なことだと思う。また、学生たちにとっても、こうした実例に触れることは、和声法の有効な理解につながるはずである。

そのためにも、こうした授業は、あくまで「実習」と位置づけられなければならないのだが、音大の中には「和声学概論」「作品分析法」などの講座名で、通り一遍の講義だけで終わらせているケースもあると聞く。カリキュラムやシラバスを工夫するなどして、学生たちにとって実感度の高い授業にしていかなくてはならない。座学として、単に話を聞くだけでは、どだい身につくものではないのだから、四声体書法の課題への解答だけではなく、時に模倣実習や演奏などを交えて、飽くことなく反復学習させる必要がある。学生たちがやがて、音楽作品の解読のための重要な手だてとして、自らの手のうちに確実に収まるまで、常に実例の観察を傍らに添えながら、根気よく指導に当たることが大切であると考えている。

もう一つ、学生の中には幼少時からある程度の音楽的訓練、いわゆる早期教育を受けて育った者が少なからずいるが、そのような学生は、とかく「教わる、教え込まれる」ことを当然として、常に受け身の姿勢で勉強する習慣を身につけてしまっている。このような受動的な学習の習慣は、いつか適切な時期に適切な方法で逆転させる必要がある。そのために指導者は、彼ら自身に「何が」「どのように」身についているかを自ら確かめ、本人の意志でその先の取り組むべき課題を察知することのできるプログラムを示唆、あるいは用意する必要がある。

先日、高校1年から大学1年にかけての4年間、継続して担当する私の和声のクラスで、その2年目、すなわち高校2年生15人の生徒に、既習の「和音」を用いて何か小品を作ってみるよう指示し、集まった作品をクラス内のメンバーで試演を行った。編成は、クラスに所属する生徒の顔ぶれから、ヴァイオリン、クラリネット、ピアノによる「トリオ」としたのだが、予想に反して彼らの反応は非常に積極的で、それぞれの苦心作を持ち寄って、ワイワイ言いながら試演したところ、雑然として未整理な状態ではあるものの、彼らの生き生きとしたリアリティーに胸を打たれるものがあり、深く感じ入ってしまった。幼い時から、耳や身体を通して感覚的に培われた、ある種の「確かさ」が、そこに在るのである。

和声の対応では、例えば正座すべきところで足を投げ出したり、質素な骨格にそぐわない華麗な装飾を施したりといった類いの行儀の悪さや可笑《おか》しさもあるが、それはこの際問わないとすれば、総じて、彼らの描こうとする音楽の運びは必要不可欠なステップを踏んでおり、時間を音楽的に組み立てるための基本的なデッサン力は、みな一様に心得ているように見受けられるのである。

生徒の持つ潜在的な力と、指導する側が勝手に判断している生徒の到達度あるいは理解力の間には、時として大きな誤解が生まれかねず、こうした「ズレ」を放置して授業を進めていくと、往々にして彼らに難しさや停滞感を与えることにつながってしまう。そのことにあらためて気づかされた一幕であった。現在、このクラスでは、個々の生徒の今日までの体験的、潜在的力量といったものを知的に整理し直す作業を通じて、現時点までの到達度を自らに確認させ、さらに一段先の洞察力の開発につなげていくことを目標に、授業を進めているところである。

さて、冒頭のアナリーゼの話に戻るが、音大に学ぶ演奏学科の学生たちが、自らの音楽の営みへの自発的、積極的な関わりとして、授業で取り上げられているブラームスの室内楽作品のスコアのそれぞれのページに、各自の目と耳を通して積極的に仮説を立て、大いなる好奇心をもって、それらを検証し、それぞれの演奏解釈力の涵養《かんよう》につなげていけるようなエネルギッシュな学生になってほしいと願っている。

そのためにも、教師自らが毎年同じ教材や講義ノートによる授業に甘んずることなく、常に新味のあるトピックスや課題を工夫し、魅力ある授業を実践していかなければならないと、教師歴もかなり長くなった自分に言い聞かせているこの頃である。

聴音・初見視唱奏・ソルフェージュ

3、4歳の頃から、いわゆる「音感教育」を受けて育った学生たちの全てそうだと言う訳ではないが、中には本当にびっくりするほど耳の確かな学生がいるのも事実である。

私は、私の勤める音大に併設されている付属研究機関「子どものための音楽教室」で、音感育成を中心とするソルフェージュの早期教育を受け、その後、音高、音大に進学してきた学生たちのクラスを受け持っている。週2コマの授業で彼らと顔を合わせるが、グレードの高いこのクラスのための dictation《ディクテーション》（書き取り）や hearing《ヒアリング》（聴音）の課題を毎週欠かさず制作するのが一苦労なのである。

この20年余り、ソルフェージュの授業で用いる課題は全て自作のものを使用することに決めて、今日までせっせと課題作曲を続けてきたが、特に上級のクラス用のものの作曲となると結構大変な仕事で、1曲を制作するのに2日も3日も費やしてしまうことさえ珍しくない。先日は、多忙のために課題の制作が間に合わず、やむなくバルトークの『ミクロコスモス』の中から数曲を選んで dictation をさせたが、彼らの速記力にはいつもながら驚嘆してしまった。私がピアノを弾き始めると、静まりかえった教室にコツコツ、サラサラと鉛筆の走る音が聞こえ、数回の演奏でほとんどの学生が曲をほぼ正確に書きとってしまう。小さい時からの訓練で、耳に聴こえる音を瞬時に記録するという、反射的な作業に熟達しているのである。

しかしながら、彼らにもウイークポイントがないわけではない。例えば、ずばぬけた速記力で教師の演奏をコピーできる優れた力量を持っている半面、楽曲の「形態把握」や「音像」(例えば声部の概念とかモチーフの組み立て)などが、筆記と同時に認識できているかというと必ずしもそうではなく、書き上げてケロッとしている学生に、例えば「今の曲に何回の転調があったか?」とか「テーマの反行形(ひっくりかえした形)に気付いたか?」などと質問をしてみると、返答に窮してしまうことが多いのである。

また、dictation で教師が課題楽曲を演奏する際に、テンポを多少揺らして、つまりアゴーギクを加えて演奏すると、学生は申し合わせたように不快そうな表情をして、書けなくなってしまう。機械的な正確さで拍取りをする習慣が災いし、楽曲のフィギュールやフレーズに自然な形で内在する「息づかい」、すなわち「時間のゆれ」に対応できないのである。

こうした、いわば〝木を見て森を見ず〟的な欠落を補うために、私は「全曲暗譜」に力を注ぐべきだと考えている。すなわち「考えること」「理解すること」という段階の前に、単純反射的にサラサラと鉛筆を運ばせることを禁じ、集中力をもって音や音楽を総体的に把握させ、その結果を「書く」ことによって報告させる――という授業を多くしていかなければならない、と考えている。

このような訓練の結果は「初見奏《しょけんそう》」によっても確かめることが可能である。例えば、まず、決して難しくはない数小節ほどのフレーズを数回聴かせる。そのあとで記憶をたどって弾かせたり、歌わせたりする――。そうするだけで、その学生のその時点における把握力や理解力のあらましを知ることができる。なぜならば初見（与えられた楽譜を見てすぐに演奏すること）は、その場で物の形の総体を一瞬で把握したり、予感したりする力がなければ対処できないからである。

初見課題を与えることは、その学生のその時点での総合的理解力や把握力の到達度を見るには最適の方法である。その結果を見れば、その学生に今必要とされる訓練がいかなるものであるかを把握できるからである。部分から全体を予見し、全体から部分を解きほぐす複眼的な読譜力の涵養が、こうした実習の大きな目的なのである。

二重奏ソナタ・室内楽アンサンブル実習

勤務する大学では、専攻実技科目のカリキュラムを見直し、数年前から学生の専攻する楽器の実技レッスンに加えて、選択制で任意のチームによる室内楽の実習を新設した。

これは、学生たちがアンサンブルの相手を自由に選び、指導を受けたい作品を自分たちで決め、指導を希望する教師（時には学外者も認められるケースもある）に受講願を提出し、認められた場合は、その教師の下で年間2期、半期10回程度のレッスンを受けた後、「単位認定試験」に臨むという仕組みである。

この試みは、学生たちの自主的な学習意欲の喚起に結びついてたちまち人気が高まり、受講希望チーム数が年々増加、単位認定試験は3~4日間にも及び、しかも連日数時間という大変な盛況を呈している。指導には演奏家の教授のみならず、作曲科や音楽学の教授も関わることが可能なので、学生側からは理論的な面からのアドバイスを求め、こうした領域の教授への指導希望も多くなっている。

指導する側にとっても、指導する作品の綿密な研究が必要になるし、パフォーマンスにかかわる学生たちの人間的な面に直接触れることができるので、計り知れない収穫があり、まさに「教えながら学ぶ」ということを実感できる場となっている。

本年度は以下のような曲目を引っさげて、幾組かの学生たちが私の元にやって来た。

▼ピアノ・デュオ

ラフマニノフ／ファンタジー Op.5

サンサーンス／ベートーヴェンの主題による変奏曲 Op.35

ドビュッシー／白と黒で

ブラームス／ソナタ へ短調 Op.34-b

間宮芳生《まみやみちお》／ディヴェルティメント

モーツァルト／ソナタ ニ長調 Kv.448

▼**その他**

モーツァルト／ヴァイオリンソナタ ホ短調　Kv.304
ベートーヴェン／ヴァイオリンソナタ 変ホ長調　Op.12-3
ベートーヴェン／弦楽四重奏曲 Op.59-1（ラズモフスキー第1番）
ブラームス／ヴァイオリンソナタ 全3曲
ブラームス／ピアノ三重奏曲 ロ長調 Op.8
フランク／ヴァイオリンソナタ イ長調

学生たちは自主的に事前練習をし、レッスンを受けにやってくる。おおむね真剣かつ熱心だが、教えることは多々あるので、単位認定試験までもっていくのは大変である。ただ日頃、理論系の教師による授業は講義や演習中心で、学生たちの演奏の現場とはどうしても離れがちになる。その距離を埋めるためにも、学生たちが理論系の授業で得た知的な理解が現場（演奏）でどう生かされ、実体化されるのかがこうした機会に確認できるので、理論系教師の演奏現場への進出は有意義であり、私にとっても楽しいレッスンとなっている。

学生側からも、いつもは彼ら自身が師事する担任教授から、主として技術面での厳しいトレーニングを求められ、常に技術の安定度を高めることを要求されるレッスンを受けるのに比べると、作曲家や音楽学系の指導者から、音楽の総体や構造などに関連した、やや異なった観点からの演奏指導を受けることが新鮮な体験らしく、有益との感想が多く聞かれ、想像以上の教育的成果につながっているという確信が持てるのである。

何にもまして、それはアンサンブルなのであり、複数の奏者は「一つの楽曲」の在るべき演奏の姿を追いつつ、そこに「個」の全てを注ぎこむ。自分の奏するパートにいかなる意味が付与されているかを、相手が提示する音楽とじかに関わりつつ体験できるわけであるから、こうした室内楽の実習こそ、カリキュラム上で必修化すべきではないか、と考えている。

作曲専攻実技レッスン

私の担当する作曲専攻の学生は現在6名である。さまざまな理由で途中で担当が変わる場合もあるが、原則として、在学中は1人の教師が主任指導教員として単独で指導に当たる。作曲専攻実技レッスンの内容は大別すると、書法、実作、それに作品研究ということになる。毎年の年度末と卒業時に作品の提出が課せられ、作曲理論科所属の全教員による譜面審査を経て単位が認定される。優秀作品は、大学が主催する演奏会などで取り上げられることになる。

さて、作曲専攻生の指導であるが、ハーモニー（和声）や対位法やスタイル・イミテーション（様式模倣）などの基礎的段階は何とか通過できても、その先で求められる「実作指導」の場では6者6様の音楽に個別に付き合わなければならず、個々の学生の能力を判断しつつ、創意を涵養し、オリジナリティーが少しでも顕現されるような方向づけをしなければならない。真似事《まねごと》ではない、自己の表現の発露につなげていかなければならないので、これはなかなか厄介で難しい。

学生の書いた断片的な譜面から、彼らが何を、どう表現しようとしているのかを推察し、その思索や考察に役立つ会話が欠かせない。美学的な問題をはじめとして、文学、思想、哲学、さらには多くの文献や資料の紹介など、学生の創意の源泉を刺激する話を持ちかけることも必要である。毎週の個人レッスンで疲れ、私自身がメタメタになってしまうのが日常なのである。書ける者、書けない者、抱えている現実も複雑多岐。とにかく、彼ら一人一人が自分の内なる深みに沈潜し、粘り強く、また時に身を焦がすほどの激しさで自身を鼓舞してくれなければ、どうにもならないのである。

私にできることは、日々、学生個々の取り組みに対してなにがしかの「励まし」を与えることくらいなのである。もっと極言してしまえば、作曲そのものを「教える」などということは不可能ではないか……ということである。

レッスンを終えた日は、なるべく早く帰宅して中1の息子とふざけ合って遊んだり、時には都はるみの歌や、志ん生や文楽の噺《はなし》をレコードで聴いたり、あるいは画材を取り出して、好きな乗り合いバス（昔のボンネット・タイプのもの）の絵などを描き始めたりするので、往々にして家族の顰蹙《ひんしゅく》を買う。なにしろ専攻実技のレッスン日ほど、私自身のストレスが高まる日はないのである。「躁《そう》」的な気分の中に身をおいて、ストレスを発散解消し、泥のように深く眠りたいがための涙ぐましい努力なのである。

教科教育法演習・教材編作法

法令の改正で、教育実習をはじめとする教職関連科目と配当単位数が見直され、授業のコマ数が大幅に増大した。義務教育に関わる教員の質的向上が叫ばれている今日、在学中から学生の意識を高め、教員の人材育成に力を注ぐよう、大学にカリキュラムの改定が求められたのである。

私の勤務する大学は創立以来、専らプロの演奏家育成を主眼としてきた。入学してくる学生もプロの演奏家を目指す者がほとんどである。従って、在学中に教員免許を取得し、将来、教員として世に出ようと考える学生も極めて少なかった。そんなわけで、大学としても、これまで最小限度の講座と教員配置で対応していたのだが、先の改正でにわかに講座増設と教員配当が必要になり、私もそのスタッフの一人として、昨年度から表記の授業を担当することになったのである。

思えば私自身、大学で履修した教職科目は「教育原理」「教育心理」「憲法」「教科教育法」「教育実習」等々であったと記憶するが、その中身に関してはほとんど覚えていない。恥ずかしながら単位取得のためのギリギリの消極的な受講だった。教育実習などは、指名された代表の実習を1回だけ見学するだけでよかった。音大に学ぶ学生にとって、教員資格の取得が主要な目的ではなく、関連科目を履修する者も「将来何かの役に立つかもしれない」程度の認識だから、受講の熱意も低いのである。そもそも教員志望の学生は、一般大学の教育学部などに進学するというのが主流であったと思う。

それが、時代の変化と共に、音大卒の学生がプロとして独り立ちし、その道一本で生活していくこと自体が困難な状況となり、教員の道に就職を考える学生が次第に増え始めてきたのも事実である。音大卒業後、都道府県の教員採用試験を受ける学生も年々増加傾向にある。とはいえ、先述の通り、教職科目を受講する学生の大半は、今後のために取りあえずは教員免許を取得しておこう……くらいの考えなので、当該科目の受講にもあまり熱が入らず、受講生の多い座学系の講義ではサボる学生も多いのが現状である。

私の担当クラスでは、個々の学生が代わる代わる模擬授業を行うという形での実習、演習を中心に据えている。いざ教師として現場に出たときに、即応力を発揮して、活力のある授業ができるように——と、多角的なプログラムを検討し展開しているが、まだまだ軌道に乗っているわけではない。受講生たちには、編曲法、移調訓練を中心とするピアノ伴奏法、指揮法、それに合唱作品の作品分析や紹介、試唱、クラス・シミュレーションなど、いろいろやってもらっている。中には、性格が明るく、話しぶりも分かりやすく、説得力もあり、また、自身がよく勉強し、サービス精神も旺盛で、これは将来立派な先生になる……とひそかに期待していた学生もいたが、卒業早々に結婚して海外に行ってしまった。

余談はさておき、今日の教育論争、現場環境や実態などを考えるとき、この領域の授業には、私としても大いに力を注がなければならないと自覚している。毎年、全国各地の小中学校に教育実習生の受け入れをお願いし、私も指導担当として、そのうちの何校かに出掛けて、学生の授業ぶりを参観し、現場の先生方との研究授業に出ることにしているが、実習校における学生たちには、音楽の面ばかりではなく、ベーシックな力量が不足している上に、何にもまして、心を開いて目の前の子供たちに投げかけるメッセージの量も少なく、語りかける言葉や表情にも魅力や創意の乏しさが散見されるので、当惑してしまう。教員経験ゼロの実習生だから、仕方ない部分は当然ある。しかし、大学4年ともなればいっぱしの大人であり、それなりの人間力を持ち合わせていてしかるべきであると考えたいところなのだが、音大に学ぶ学生には、他の大学で学ぶ学生に比べてそのあたりの力量の不足が目立ち、指導教師として大いに反省させられるのである。音楽大学という高等専門教育機関それ自体が持つ、教育内容の閉鎖性とか偏向性を思わずにはいられなくなる。

音楽大学が、その基層に充実した教養科目をしっかりと据えなければ、教員志向の学生のみならず、一個の音楽家としての人格形成にも大きな欠落を作りかねないという懸念である。技術指導偏重の是正が必要と思うのだが、一家言ある演奏家を指導陣に抱える音大の実態を、そのように改造することは一朝一夕には不可能である。

指導案の作成方法や授業マニュアルを教えるだけで済むことではない。例えば核化した家庭、慢性満腹志向の生活感覚、物質第一主義の社会構造、薄氷を踏むようにハラハラする日常の脆《ぜい》弱《じゃく》な人間関係などが、現代の風土の特質だと言い得るなら、幼少期からこのような環境に育った学生たちが、大学を出て、いずれまた、次の世代の子供たちの教育に携わるかもしれないその時に備えて、いま、私どもの講義や演習に集まってきているのだ。

その認識に立てば、われわれ教師の仕事も、ただ単に机上の指導法をなぞるだけでは済まされず、人間とその歴史、日々の生き方、社会と個との基本的な関わり合いなど、倫理や道徳をも含めた広い領域を対象としながら、学生たちとの対話を重ねる必要があり、学生たちの人間としての自己確立を涵養する、深みのある授業を形成していかなければならない、と気を引き締めているところである。

最近の義務教育の現場には、「電子黒板」などをはじめとして、さまざまなＩＴ機器が盛んに導入されていると聞く。教師が話す代わりに、機器そのものが子供たちに話しかけ、教師は機器をコントロールするだけ……というような話さえある。むかし教師が、10の話をしなければならなかった授業は、やがてその半分以下で済むようなことになるのではないか、とも……。喋《しゃべ》らない先生、黒板に字を書かない先生が増えていくことになるのだろうか。子供たちは、先生の情感や体温をともなった肉声とか、チョークの音を耳にしながら、先生の板書の文字に触れることから次第に遠のき、例えばコンピューターと無言で付き合うような授業風景も生まれかねない。音楽の授業で、この先まさか機器に歌わせて済ますような歌唱指導が出てくるようなことはないだろう、とは思うが……。

私の講座では、電子式発音楽器の操作法などは絶対に扱わないつもりである。ことは「音楽」なのである。無人格にインプットされた、到底良質とは言えない加工音を、ゲームのように引っ張り出して、それらを遊戯のように貼り付けるだけの創作指導とか、安易な編曲レシピの試行のような空虚な内容のために大切な時間を浪費したくはない。想起する音も、演奏の場で引き出す音も、人間の心の内に懐胎され、その人間の肉体のしぐさによって誕生してくるものでなくてはならない。

音楽教師の役割は、あくまで教師本人の歌唱力や演奏力を核とする、魅力ある教育現場の現出にある。教師は、己が身の身体性を伴った歌唱、演奏、語りかけを通して子供たちに接しなければいけない。それらは、まぶしいほどに純白で、うらやましい程直截《ちょくせつ》な反応力を秘めた、無垢《むく》なる子供の心に、風となって、波となって伝わり、感性の襞《ひだ》に浸透するものでなくてはならない――と考えるからである。


（長野県音楽教育学会誌『渓声』第33号寄稿、1984年12月）

近況・心境

『安曇野塾』の20周年をお祝い申し上げます。

第一回安曇野大賞を頂戴した身に余る光栄を思いますにつけ、以後、よくも今まで、何のお手伝いもせぬままに過ごせたものだ……と、悔恨の気持ちをも抱き続けております。昨年3月、42年に及ぶ大学の仕事から解放され、それからは比較的多く郷里安曇を訪れる機会ができて喜んでおります。

これまで「創作」と「教えること」の二足の草鞋《わらじ》を履いて生きて参りましたが、果たせるかな、本筋である創作への没頭は十分とは言えず、結果（＝作品）も貧しいものばかりで、恥じ入るばかりです。

片方の仕事を終えたことで、「いよいよ創作に没頭ですね」などと言われるのですが、元来の怠け者の性分に加え、気力も体力も以前のようには行かず、「間に合わない！」（生きている間にやらねばならないことが……という意味）という焦りのようなものを感じているこの頃です。皆さまの英気に触れて蘇生したいものだと願っております。

ご指導のほど、お願い申し上げます。

（『安曇野塾』20周年記念誌寄稿、2007年4月）

ゆとりの懐に抱かれて…　日本の名歌をうたうよろこび

音楽、とりわけ作曲を専門とする人間に共通の悪癖は数多いのですが、その一つをご紹介すると、まず『我《が》』の強さ。楽譜上に付された小さな「点」一つにまで、こまごまと講釈をたれて悦に入っているようなところがあります。時には人さまの欠伸《あくび》にまで口を挟み、口の開け方がどうの、息が浅いだの、表情が乏しいなどと、実に押し付けがましいことを言っては顰蹙《ひんしゅく》を買います。発声法のレッスンじゃあ、あるまいし……。私だけ？　いや、亡くなった平吉《ひらよし》さん（作曲家・平吉毅州氏、１９３６〜１９９８年）にも、そんな一面が大いにありました。

それはそれ、幼年時から「耳」で覚え、「歌って」覚えた歌の数々。楽譜などは見たこともなく、水や空気と同じように、ごく当たり前の日常の中で慣れ親しんできた日本の名歌たち――。それらを合唱曲に編曲するにあたって、あらためてじっくりと耳を傾けて味わっていると、時代を超えて愛慕される作品というものは、第一、とてつもなく寛容で、控えめで、聴き方や歌い方について「これしか無い！」などと、決めつけたり押しつけたりはしないものだ、ということを思い知らされました。


一つの歌は、始め（前奏）にも、つなぎ目（間奏）にも、納め（後奏）にも、それに接する人々に、その時々の気ままな楽想の挿入を許容してくれるように思えますし、万人に自由なイメージを喚《よ》び起こし、それぞれの変奏を楽しませてくれます。

また、和音や和声などにしましても、一定の枠の中で、その膨らみや陰影に多様な対応を容赦してくれるのです。

さらには、フォルテでもピアニッシモでも、そのフレーズは輝き、脈動し、いかように歌っても、万感こころに迫るように出来上がっているのです。幾代にもわたって、質素で何の変哲もない庭石ひとつ置くだけで隣家との境界を定めて往来自由。お互いの日々をゆるやかに見つめ、四季の移ろい、風や光の中に響く音の鼓動を聴きながら、すべての時空を共有しあっている日本の原風景のようです。絶妙な隙間や余白とでも言うべき「ゆとり」が随所におかれていまして、それらが泰然と、ゆたかに、静かな面持ちで作品の基層を支えていてくれるのです。

その懐に抱かれることで、人々は心に安らぎを覚えるのだ……ということを識《し》らされました。

楽譜（という「不自由」）から最大限の自由と開放を引き出して演奏していただきたいと願う所以《ゆえん》であります。


（カワイ出版『混声合唱による日本の四季』出版に寄せて、１９９９年5月）

論攷Ⅱ

音楽論・講演録

水平線上の静と動

1　まえがき

このところ縁あって越中・富山市に往《い》き帰りすることが多くなった。仕事が何日かに及ぶこともあって、数日滞在することもある。

縁というものは、ふいに降って湧いたように偶然に遭遇するものと、ある程度の因果、成り行きなどによって、緩やかに、半ば宿命的に出来上がるものがあるようだ。今回の富山往還は、さて、どちらなのか。多分後者のケースだろうと思う。

というのは、かれこれ三十数年もの長きにわたって勤務している大学が、誘致を受けて同市に大学院（修士課程）を創設することになり、それは話の発端からさまざまな紆余《うよ》曲折を経て到達した苦渋の結論であったのだが、その波乱含みの検討過程に、時を同じく身を置いていたことがそもそもの縁の始まりで、一進一退の論議に自分なりの見解を述べるなどして臨んでいたのであった。

賛否の渦の中、なんとか開学を視野に入れた具体的な準備段階を迎えるまでに至ったのだが、その任務遂行の責任者の立場に立たされるなど、思いもよらぬことであった。まさに青天の霹靂《へきれき》。それからというもの、大学での講義・演習時間などは最低限にとどめ、与えられた校舎の片隅の一室で専従の事務職員1名と共に日々資料の渉猟、設置申請に必要な諸規定などの関連書類作り、肝心要《かなめ》のカリキュラムの素案作成、人事の構想、現地出張や外部関係機関との折衝などに明け暮れることとなった。

講義を通して自分の研究に励むのが仕事であるはずの身を、こうして専ら事務的な業務に専従せねばならないなど、これは、まさに「降って湧いた縁」と言うしかない巡り合わせであった。

かような経緯で、以後の数年間の私の生活は大きく様変わりした。自分の創作活動への集中もままならぬ状況となり、ひたすら押し寄せる多事難題と向き合う、追いつめられた毎日となった。実務遂行という硬直した業務のかじ取り役という、何とも潤いの無い日々が始まったのである。

それは、自分の性格や思惟《しい》の性向とは全く相入れない、まるで別世界に投げ出されたような困惑と暗鬱《あんうつ》との対決であった。

国や行政、法律や慣習、それらを取り巻くいろいろな機関や組織がさまざまに交叉《こうさ》する世の中の仕組みと、仕組みは語るけれども決して己を語ることはしない（できない？）、いわゆる〝お役所的組織人〟との折衝や協議の場では、私自身の言動が相手に対して常にある種の闘争的、攻撃的、功利的な態度となっていくことに自ら気付き、自己嫌悪を覚えたものだ。

思えば、創作という閉鎖的で、かつ孤立的な仕事場と、大学という、これまた特異な限定的空間にのみ身を置いて来たこれまでの自分なのだから、社会の実体としての側面に直接関わって事に当たるという経験は皆無であったし、それに、喧噪《けんそう》で、かつエネルギッシュで、非精神的な世相の動態の中に投げ出され、無為も瞑想《めいそう》も沈黙も許されない、現実が求める時々刻々の課題に疑いを挟む余地もなく、日々、労働者というメンタリティーをもって臨まなければにっちもさっちも行かない状況に放り出されてしまったのは、正直に言って辛《つら》く、情けなく、憂鬱《ゆううつ》極まりないことであった。

心身を取り囲む環境がとげとげしく騒ぎ立ち、自身の創作の基盤が大揺れになっていくことに、私は重大な危惧を覚えていた。避けて通れない縁が、己の求めるところと異なり、その中で自分の本心の置き所を忘れ、本業を放擲《ほうてき》するようなことにでもなれば、それは敗北である。

私は、私が立ち戻るべき地平、真新《まっさら》で無垢《むく》な一本の水平線を探すことから始めなければならなかった。

2 日本海へ

東京郊外の国立市に居を構えて30年が経った。

その自宅から富山市への移動手段は三つ——飛行機、列車、それに自家用車である。荷物が多い時や、滞在が長くなるときなどは、便利を優先して自分の車で移動するのだが、そうでないときには列車を多く利用している。飛行機は、列車での移動と比べ、結果的にさほどの時間差がないし、何しろ空港までの道のり、搭乗までの手続き、現地から市内への移動などで結構時間のロスもある。そもそも機内での時間は正味1時間ほどなので、落ち着かない。

その点、列車は乗車時間も適度に長く、車内で過ごす時間にゆとりが感じられる。予約で、好みの車両と座席を確保しておけば、読んだり書いたり食べたり眠ったり……と思いのままに過ごせるから、私の性分に合っている。

上越新幹線を越後湯沢で降り、金沢行きの特急に乗り継ぐ。開通後間もない「ほくほく線」に乗り入れている金沢行きの特急「はくたか」は車両も新しく、揺れも少なく、快適なスピードで山間部を突き抜け、40分ちょっとで日本海沿岸に出てしまう。

直江津を過ぎるあたりから、右手に海の水平線が目に飛び込んでくる。季節ごとの海面の微妙な色相や、空と雲と水とが織りなすさまざまな構図を楽しむために、しばし書物から目を転じ、書きものの手を休めるのが毎回の習わしになった。個人的な好みを言えば、全てのものがくっきりと見えてしまう快晴の日よりも、鈍色《にびいろ》の、朝とも夕暮れとも判じ難いような光景が見られる曇天の日の方がいい。日本海にお似合いのトーンだ、と勝手に思っている。

両目に収まりきれないほどのはるかな海の広がりを眺めていると、ほっとして心の安らぎを覚え、知らずしらず深い息をついてしまう。水平なものが人間に静の脳波を呼びさます――ということなのであろうか。

3　水平線

19世紀末から世紀を跨《また》ぎ、抽象絵画の先駆として活躍した画家カンディンスキー（Vasily Kandinsky・1866〜1944年）は自著『点・線・面』（カンディンスキー著作集第2巻、美術出版社、西田秀穂訳）の中で、《直線のなかで最も単純な形態をもつものは水平線である。》《人間の観念にある水平線とは、人間がその上で立ったり動いたりする線乃至平面。したがって

水平線は、さまざまな方向へ平坦に拡がりゆく（中略）基線である。（中略）無限の運動性を表わす、もっとも簡潔な形態、と呼ぶことができる。》と述べている。

直線に加えられるさまざまな加重、例えば水平に対する垂直の、あるいは下方からの突き上げ、また、それらの複合による無限のストレス模様は、やがて「斜め」への方位を探り、「角《かく》」を発生させ、波状の加圧を受けて「曲線」の誕生へとつながっていく。それらは連続し、切断され、絡み、うねり、再び連なったりしながら、原生動物の細胞分裂のように時間軸上をのたうち、生命的な運動を開始する。そうした動態の予感は、表現を志す者の造形への創意をくすぐり、また鑑賞者の感情をも刺激する。

カンディンスキーは、こうした理論を抽象絵画の礎とし、造形上の定理公式として説いた。事実、一本の水平な直線（作曲を生業とする私の場合は「五線」ということになろうか）を眺めていると、たしかに、その線上に生起するドラマが見え隠れして、創意を刺激されるのである。

越後湯沢駅から富山・金沢方面に向かう特急「はくたか」が糸魚

郵便はがき

料金受取人払郵便

長野中央局
承認

9432

差出有効期限
2021年9月30
日まで

切手不要

3808790

044

長野市南県町六五七

信濃毎日新聞社

出版部 行

あなたの お名まえ	男・女
〒 ご住所	TEL　　　(　　　)
学校名学年 または職業	
	年齢　　　歳
ご購読の新聞・雑誌名（　　　）	

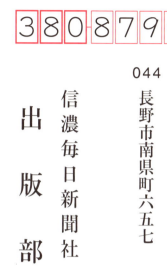

愛読者カード

このたびは小社の本をお求めいただきありがとうございました。お手数ですが、今後の参考にさせていただきますので、下記の項目についてお知らせください。

〔書　名〕

◆ 本書についてのご感想・ご意見、刊行を希望される書物等についてお書きください。

◇ この本を何でお知りになりましたか。

1．信濃毎日新聞の広告

2．書店・売店で見て　　3．人にすすめられて

4．書評・紹介記事を見て（新聞・雑誌名　　　　　　　　　）

5．インターネットで見て（サイト名　　　　　　　　　）

◇ ご感想は小社ホームページ・広告に匿名で掲載することがあります。

購入申込書

このハガキは、小社刊行物のご注文にご利用ください。

ご注文の本は、宅配便あるいはメール便でお届けします。

（送料は別。代金引換の場合は別途手数料も必要です）

長野県内にお住まいで信濃毎日新聞をご購読の方は、信毎販売店からのお届けもできます（送料無料）。

ご注文内容確認のため、お電話させていただく場合があります。

個人情報は発送事務以外に利用することはありません。

書　名	定　価	部 数

ttps://shop.shinmai.co.jp/books/　　E-mail shuppanbu@shinmai.co.jp

川駅を過ぎ、長いトンネルを出ると、レールの継ぎ目の関係なのだろうか、車輪の音が小刻みな振動を伴って騒々しくなる。海面にそそり立つような急峻《きゅうしゅん》な山肌を縫うように、幾多のトンネルを穿《うが》って敷設された北陸本線・親不知《おやしらず》駅付近の難所にかかると、レールの継ぎ目を通過する車輪の忙《せわ》しげな音や、目まぐるしい視界の変化のためか、乗っている人間に異様な興奮をもたらす。

トンネルを出たり入ったりするので、せっかくの海の水平線も見え隠れし、突然、海上にまで迫《せ》りした高速道路の支柱の怪奇な光景などが目に飛び込んだりもするので、それまで視界にあった安らぎの水平線上に、目と耳の両方から杭を打ち込まれるような胸騒ぎと慄《おのの》きの心境がわき起こってくる。安堵の感情が、次第に対極のそれ、すなわち、ある種の焦燥、いら立ちの感情に引き込まれるのだ。

水平な直線、あるいは平面がもたらす静の、あるいは停止とか帰結とか終焉《しゅうえん》とかの感情は、一転して、怯《おび》え慄く動のそれへと変質されていく。別な言い方をするならば、基幹としての水平な直線や平面が揺さぶられることによって、この線上、あるいは平面上で何かが起こる、何かを起こさねばならない……、そういった焦燥に連れ込まれるのである。

それは叩《たた》かれ、打ち下ろされ、突き上げられる感情である。打ちこまれる杭《くい》の、つまり闘争的、加虐的、攻撃的な「垂直の感情」なのである。

カンディンスキーはさらに言う。《感情的には水平線は冷、垂直線は暖である。》と……。

「暖」は「動」とも「生」とも「混沌《こんとん》」とも言える。

とすれば、それは、情知の宿命的な葛藤の予感であり、カンディンスキーの言に添って解釈を広げれば「冷」（それは「静」的で「理性」的な状態とも言えよう）としての水平なY軸に対するX軸（すなわち「暖」「動」「生」「情念」）の介入であり、そのようにして創意の形質化のための座標が呼吸を始め、整えられていくことになる。

4　水平と垂直がもたらすもの

話題は変わるが……。海と人と遊びの大好きな友人がいた。作曲家の故・平吉毅州《ひらよしたけくに》氏である。彼は1年前に病に倒れて、あっという間に亡くなってしまった。長い間、親密な付き合いを続けた無二の親友だった。寂しさ、悔しさは表しようもない。

「海と人と遊びが好き」ということは、作曲家、創作家としての彼の身の置き方や思惟の在りようが、一般にこの種の仕事を生業とする者にありがちな、孤高で閉鎖的、厭人《えんじん》的な、遮蔽された空間を志向する人間ではないということ、また、現世の世俗的混沌や、もろもろの煩わしさを遠ざけるといった性質の人間ではないということを物語っている。

それはむしろ逆なのである。凡庸でエネルギッシュな俗世の実態というものは、いわば、彼の創意を生み育む、広大でvividな原野なのであり、自然と人間とが演じ合うあらゆる混沌や雑然は、彼の格好な観察対象であり、自己投影のグラウンドなのであり、自問と思索のための原っぱである――ということを証《あらわ》しているということなのである。

彼が創意を巡らす水平な線や面には、ありとあらゆる雑草が生い茂り、人間の生の、飾らない現実が騒然と風を巻き上げている。それは彼にとっての「生きた道場」なのである。彼のパレットにはいつも多くの絵の具が盛られ、キャンバスには基調となる色彩が下塗りされており、それ自体が常に脈動しているのである。

その陽性で動的なフィールドの中に身を泳がせながら、彼は自らの感性の深部に眠る《原質としての悲しみ》（後述）という痛覚を覚知するのである。

しからば、その原質とは、悲しみとは、なにか——。

5 悲しみについて

平吉氏は自作の『交響変奏曲』（1969年作曲・初演、第18回尾高賞）について《私が原質として持っているらしい悲しみのようなもの（傍点筆者）を感じながら筆をすすめていた》と打ち明けている（CD解説文より）。

この短い文言は、軽々に読み過ごしてはならないと思う。作家が、何故《なにゆえ》にこのような告白とも受け取れる言葉を発したのか。作意と不可分の情動の知覚をあえて文言にしたということは、この作品の聴き手に対して、作家自身が拠《よ》って立つ、深くて重い根源的な認識や思念そのものについてまでも、なにがしかの批評を求めた証左なのではないか。そして、さらには「変奏曲」という、最も普遍的で厳格な土俵での表出を自らが選択したことの真意を暗に伝えようとしたのではないか……と、私には思えるのである。

音楽作品の創出（作曲）において、人間の持つさまざまな感情、例えば、万人が等しく抱く喜怒哀楽の多様な情動が、なにがしかの音像となって表出され、それが聴き手にとっても同質の共感として伝わる……などと、一般に信じられているとすれば、いま、私がここで述べようとしていることは、かなりへそ曲がりで独りよがりの考え方と言われるかもしれない。

そもそも「音楽」と「感情」とは、あまりにも接近し過ぎた間柄であるがために、両者の間には常に裁きがたい狂信や誤解、曲解がうごめいているのである。

音楽は舞踊や戦いや労働や祈祷《きとう》といった世俗の日常の営為に寄り添う形で生まれ、進化してきた。そのことを思えば、そうしたさまざまな場面で人間が体験し共有する感情というものが、身体に固有の所作やしぐさを生ませたように、音楽の表出においても何らかの共通な形や約束を創り出すことにつながったとしても、それは当然のこととして了解できることである。

事実、音運動に、ある種の感情表出の典型（モデル）と据えるべき表現法が発明され、それを共通の語法やエートスとするなど、さまざまな感情表出の様式を創り出してきたということも、音楽史をひもとけば明らかである。特定の感情の共有や共感が、ある「手がかり」となる「かたち」あるいは「シグナル」といった、いわば象徴的な意味合いを付与されたツールを介在させることに拠って、作出する側と享受する側での、より親和的な理解が可能となり、それらが感情共有のための書法として定着してきたのである。

これらの、いわば約束や取り決めは、純音楽的な領域にのみとどまるものではなく、広く世俗的、実用的な音楽においても、ごく当たり前のこととして、飽くことなく繰り返し用いられていることは言うまでもない。

とはいえ、そうした書法を周到に用いたとしても、人間の感情の在り様をすべて描出することが可能になるなどとは、とても言い切れるものではない。こうした認識を傍らにおきながら、人間の基本感情である「喜怒哀楽」の音楽における表出を考えてみる。

喜怒哀楽のうち、喜、怒、楽については、その状態を響きやメロディーやテンポやリズムといった音楽の諸要素と関連付けることは、さして困難ではない。それらの様態を音楽表現として顕在化させることは比較的容易でさえあるとも言えそうだ。

しかし、こと「哀」すなわち「悲しみ」という情動に関しては、これをかたちにすることは、極めて難しい。難しいどころか、ほとんど不可能に近いであろう、と私は考える。

重く沈んだ、憂《うれ》いに満ちた旋律や和音が、一見、それを思わせるような素振《そぶ》りを見せたとしても、それは人間の感受力の深みで呼び覚まされる、ひたすらな悲しみの形質を描出するには、あまりにも役不足であろう。多くは、前述した類いの慣習的な約束事としての「悲しみ」の虚態に触れて喚起される観念的知覚にすぎない。

ドラマの中に初めから悲しみの筋書きを用意し、約束事とか仕掛けというツールを用いつつ、さまざまな相対の中にその筋書きが求める悲しみ（の場面）を図式的に描くことはそれなりに可能であろうが、それはあまりにも浅薄で、おざなりな手法であることくらい、誰もが知っていることであり、体験していることである。平吉氏も、そんなことは百も承知のことであったろう。

「悲しみ」という情動は、時として眩《まばゆ》いばかりの真夏の明るさ、祭りの華やかな狂乱、競技の勝利の歓声、幸せな家族だんらんの夕餉《ゆうげ》の食卓……などのさなかに突然に知覚される。さらには

《空の青さや海の匂いのように、万葉の歌人がその使用法をよく知っていた「かなし」という言葉のようにかなしい。》（小林秀雄『モオツアルト』）のように、文学的表現のなかにおいても間々見ることができる。「悲しみ」の感覚は、茫漠《ぼうばく》とした無形の闇から立ち上がり、虚《きょ》を突かれたように感知されるのである。

なぜ？……

幾重にも幾重にも、「問う」ことしかできないという永遠の「問い」、根拠の不明なことだけが根拠ともいえるような、人間の本性に刻印されている原罪のごとき「悲しみ」のトレモロを、いったい楽譜上にどのように書き表し得るというのだろうか……。

私がここで平吉氏の口にした《原質としての悲しみのようなもの》というフレーズについて、「この短い文言は決して軽々に読み過ごしてはならないと思う」と付記したのは、作家自身の言葉にとらわれて、聴き手がこの作品の総譜《スコア》の表面に、前述の如き様式的かつ観念的な「悲しみ」の虚態を探したり聴き取ろうとしたり、あるいは、彼の言う《悲しみのようなもの》を象徴する何らかの筆跡を追い求めるようなことがあってはならないと危惧するからなのである。平吉氏の言わんとしたことは、そういうことではないのである。

これは、なかなか言葉にするのが難しいところなのだが、《悲しみ（のようなもの）》とは、それが作品に直接反映して、音の表面になにがしか顕現するのではないか——などという推測につながるような単層な問題なのではなく、作家の魂の在りかの問題、思惟の基層に刻印された潜在的な基質（作家の言葉で言えば「原質」）の問題なのである。

だから、決して表面に何らかの形となって滲出《しんしゅつ》するようなものではないのだ。楽譜のどこかに、あるいは演奏の途中に「悲しみ」の姿形や様相を示す楽句などを見つけ出そうとすることなど、実に愚かなことなのである。

私は、人間にとって、最も高貴で上質な精神の働きは「悲しみの覚知」にある、と信じている。「悲しみ」は外在しない。ただ、その人間の内にのみ存在する。「悲しみ」とは、悲しい時にだけ悲しいのではなく、常に悲しいのだという、本性的な原質なのである。人間を含めた全ての生命が有限であり、生まれ落ちたこと自体を原罪と知り、死を捉え、そのことに思いを巡らせながら日々を生きる者にのみ与えられる至福の痛覚なのである。生きる目的は死である……といえば、これは些《いささ》か乱暴な言い方になるのだが、これらのことを自らの思惟の根底におくことのできる人間のみに与えられる、最も人間的な知覚なのだと思う。平吉氏の《私が原質としてもっているらしい悲しみのようなもの》という表現も、そのような思惟を常に自らの創作の基層に置く人間の発語として理解されなくてはならない。

そういえば、何をしていても悲しい……、そんな会話を生前の平吉氏とよく交わしたものであった。それが彼の「悲しみ」の実体なのである。個の内部深くに潜む、その至福の痛覚を覚醒できるのは、そういう知力を付与された、研ぎ澄まされた感性の持ち主にのみ許されるのである。

6　変奏曲

平吉氏の『交響変奏曲』が初演された直後、この作品への評価は必ずしも良いものではなく、彼はそのことをひどく悔しがり、また憤慨していた。私も某新聞紙上に高名な批評家Y氏が寄せた記事を読んだが、それは誠に空疎で貧しい中身であったように記憶している。

おそらくは、事前に総譜に目を通すなどの下準備などせずに、ただ1回の演奏を聴取しただけの印象批評の域を出るものではなく、新鮮味も問題提起もない、まさに通り一遍の凡庸なものであった。『交響変奏曲』という曲名からして創意に古臭さを感じる、といったようなことまで書かれていたことを思い出す。

たった今書き下ろされたばかりの、当代気鋭の作家の新作初演の批評を書くのであれば、事前の総譜の確認はいうに及ばず、作家へのインタビュー、さらに、作家の日頃の営為や思想などについての論考に及ぶくらいの気迫で当該作品に接近してほしいものだ。その上で、評者の率直な論評を真摯《しんし》に開陳するものでなければ、誠実な批評とは言えまい。平吉氏の憤慨もそのあたりにあるのだと思う。「変奏曲」という表現方法、あるいは形式を、何故に古臭いと感じるのだろうか。これ程、作家の真実を語りうる表現形式はないのに！

言うまでもないが、変奏曲の作曲においては、作曲家はたった一つの主題に基本想念を潜ませ、それを、先々の変奏において、あらゆる相克、つまり、生死、愛憎、聖俗、知情、静動、明暗などの葛藤を描いて見せるのであり、その想到とメチエが問われるのである。音楽表現の永劫不滅の可能性は変奏曲とフーガにのみ存在する――と語ったのは誰であったか、とっさに思い出せないが、確かにバッハにはるかに先んじる時代から今日に至るまで、変奏曲が書かれなかった時代は無く、また、変奏曲を書かない作曲家もいなかったのである。

平吉氏もまた、その視座に立ち、不変の命題に自らの作家的信条を傾注し、渾身の筆致でこの深遠なる課題に取り組んでいる。書法が古典的だとか語法に新味が無いなどと、あまり本質的でない的の外れた論評は、作曲者にとっては隔靴《かくか》掻痒《そうよう》というものである。

それならば、この作品の「主題」(あるいは「基本想念」)とは、いかようなものか、それを考察していかなければならない。

この作品の冒頭(開始)部分は、いつ聴いても感動的である。真綿《まわた》のような柔らかい木管群のピアニッシモのクラスター(音塊)に包まれ、恥じらうように身を沈めている一本の水平線(A=ラの音)は、やがて地底の悪霊に呪われたかのように下方向(低音域)に引っ張られ、内部亀裂を起こし、膨大な音の増殖を伴いながら奈落へと崩れ散る。その先で、闇間を一瞬切り開くようにチェロの歌が聞こえる――という設計なのだが、このチェロのフレーズが単に旋律的であるという理由から、これをこの作品の主題だとし、前述した冒頭からの数小節を、主題を誘い出すための「序句」である、とする解釈(他者によるCD解説文)があるが、果たしてそうであろうか? 私には大いに異論のあるところである。

変奏曲における主題というものは、一般的な楽式論では「外形的に明確な姿形をもち、論理的で堅固な骨格を有するものでなくてはならない」とされている。なぜならば、主題は提示後の何回もの解体と再構築に耐えるものでなくてはならないからであり、さらに、おのおのの変奏では、その外形や想念を聴き手が元型に照らしながら想起できるよう、常に主題との相関に配意しつつ書き進めなければならないとされているからである。

フォリア（folia）、シャコンヌ（chaconne）、パッサカリア（passacaglia）などと呼ばれる古い時代の器楽作品が、主題がさまざまに姿を変え、装飾され、展開される楽しみを味わうための曲趣を持つが故に、変奏曲のカテゴリーに組み入れられていることも納得できることである。J・S・バッハを経て、さらに時代が下ってモーツァルトやベートーヴェンを中心とする古典の時代に書かれた多くのバリエーション（変奏曲）の名作が、常に主題の姿形を見失うことのない位置（あるいは主題との距離といってもよい）で、その関係性を想起できることを主眼として書かれていることも周知のことがらである。

冒頭に提示される主題と、曲中の各変奏とは有機的、客観的な関係に置かれているものであることが理解でき、その相関を、それほどの困難を伴うことなく聴取できるものでなくてはならないとされていて、そのことが、これらの時代の変奏曲が「客観的変奏」などとも言われている由縁でもある。

しかしながら、やがて歴史の過程に啓蒙の波が押し寄せ、精神の自由、思惟の自律をモットーに、人間そのものを主役と据え、その存在の意味と生き方を問う人文的思潮が浸透し始めると、あらたな価値観と秩序の下で、芸術における思念とその表出の手法も大きく進化変貌を遂げることになる。

音楽とは何か――という根源的な自問は、変奏曲を創作する作曲家にとって、もはや主題の単純な変形や着せ替えの時代ではなくなり、己の内部に、深く、その思惟思想を問われる表現形式として位置づけられていく。これまでの「客観的変奏」に対する「主観的変奏」という概念が、あらたな書法の追及と共に、変奏曲の地平を拓《ひら》いて行くことになるのである。

ひとつの主題（基本想念）への肉薄、追及によって初めて見えてくる、あるいは、そのことによってしか見えてこない「変容の実体」をつかみ取り、それを表現することが変奏曲の作曲の本義である。無限の変容は一点凝視によってのみ見えてくる。凝視されるべき一点、すなわち「主題」に《原質としての悲しみ》という、無形の思惟を据えること、あるいは形而上《けいじじょう》的な知覚そのものを設定するということが、そのような観点において可能となるのである。

従前の定義、すなわち旋律や和声や外形の構造などという、目に見え、耳に聴こえる客観的な姿形を有するもののみが変奏曲の主題であるとする、極めて頑固で保守的な目線には、この作品（交響変奏曲）の主題が、冒頭部に姿を見せるチェロの旋律（の中に仕組まれた音列に、ある種の仕掛けがあるとする見方を根拠として）によって提示されている――という解釈以外に、主題の存在を見つけ出すことはできないであろう。そこが問題なのである。

個々の変奏が、冒頭に提示された主題の変形や修飾や展開であるという相関を、客観的に察知できることを主眼に据えた、かつての「客観的変奏」における主題提示の意味は、ここに至って全くその使命や様相を異にする。主題そのものが作曲者の人間観や思念の告白であるというように。極めて主観性、主情性を内在させたものになっていることを理解しなければならないのである。そうなれば、そのような性格の主題に対して応答を迫られる各変奏もまた、外形の単なる変形や装飾にとどまることなど、あり得るはずがないということも、おのずから明らかになるのである。

このような観点から眺めれば、変奏はむしろ「変容」（metamorphose）、あるいは「昇華」（sublimination）、あるいは「止揚」（Aufheben）といった概念に傾いたのだと言うべきかもしれない。「人間が生きるということ」を思うこと、それこそが人間探究の最大の命題なのであり、すなわち変奏曲の主題なのであり、命題を追う営みそのものが個々の変奏なのであるという考え方に立った時、この作品への接し方に新たな感動がもたらされるのだと思う。

作品が聴き手に語りかけようとしているものは、その主題の音像に内包された作家の極めて主観的、思想的、哲学的な問いかけ（自問）と、それに対する模索（自答）の様態だと言えるかもしれない。問題は、その創出の内実であり、作家の自問自答が、一曲の厳正な音楽作品という姿形に到達したかどうか、そこが聴き手に投げかけられている最大の問いなのである。

無論、現代の書法を用いて古典的な変奏曲を創出する作曲家がいないわけではないし、そうした意図で生み出された現代の変奏曲にも、幾多の名作があることは等しく知るところではある。

しかし一方、今日、変奏曲という表現形式を用いる作曲家の取り組み（前述の如き観点に立っての主題の設定と、その多義性、多層性を個々の変奏に投影させながら、楽曲の全体像を紡ぎ出していくという仕事）は、まるで分厚な長編小説を書き進めるがごとき複雑にして凄絶《せいぜつ》な作業であることがわかり、そうした作業が古来の器に新たな創意を盛るという営みであることがわかる。その創出に取り組む作家の営為の足跡をたどることで、聴き手もまた作家の創意の原質と、その顕現に向けた筆法の理解が許され、徐々にその作品の全像に近づくことが可能となるのである。

7 主題について

平吉氏の『交響変奏曲』について、具体的に見てみよう。

裸形の一本の水平な直線、それが聴こえるのは「真綿に包まれたような濁たる響きの中」なのである。ということは、既にそこには「明確に聴き取れるもの＝直線で奏される単音A」と、「霧か靄《もや》のように実態が不明瞭な濁たる響き＝木管群によるクラスター」という、根本的に対立する音像概念が対置されているということがわかる。そして、さらにこの二者は開始当初において、ともに「静止」（一定時間、同じ状態で持続すること）という状況を共有しているということも、見逃してはならない。つまり両者は共に、与えられた音高と音響を保持しつつ、水平の状態に留め置かれているということに注目しておかなければならない。

しかし次の瞬間、この二者に与えられる新たな概念の提示は「静」から「動」への変質――すなわち「安定」から「崩壊」に向かう時間的経過であり、そのことによって知覚される「解体の予感」なのである。

「静止」は「死者」にのみ与えられる永遠の状態である。生命の在るものに永遠の「静止」は無い。生者における「静」的状態は常に宿命的に「動」と向き合わされ、そちら側に誘惑され、引きずられる宿命にある。冒頭に「明確なもの」と「不明確なもの」という二者対置のかたちで示された主題は、両者一体のまま、同時に次に宿命としての「動」の予感に導かれ、見る見るうちに自己の内部で解体に晒《さら》され、瓦解《がかい》し、崩落を運命づけられる。

この二つの基本的な想念こそが作者にとっての主題そのものであり、その提示であると考えるべきではないだろうか。そのような状態の直後に、暗雲の切れ目から一瞬、顔をのぞかせるチェロの微小なフレーズ……。それは確かに初めて姿を見せる旋律的な形態を示してはいるのだが、その短小な姿形の内部に、主題にふさわしい想念が秘められているとは、とても思えない。われわれは、これまでクラシック音楽との長い触れ合いを通じ、ともすれば観念的、慣習的な理解を自らの内部に評価基準として烙印《らくいん》されてしまっているのではないか。

変奏曲のテーマが、常に変奏の可能性を約束する合理的、客観的な骨格（和声や旋律や律動上の）とともに、外形的にも認知しやすい姿形を有していなければならない、とする教科書的な理論に呪縛されたままでこの作品を受け止めようとすれば、その冒頭から「主題」を見つけられずに困惑するだけである。この作品が自らに問いかけようとしているのは、本来「かたち」に描き得ない無形の感情、それは、作曲者が自ら言葉で《私が原質として持っているらしい悲しみのようなものを感じながら筆をすすめていた》と述べているような、原初的情念の描出なのである。

そうであるならば、それは極めて実存的であり、個体的身体的な基盤に立つ表出なのである。主題はもちろんのこと、曲中のあらゆる場面において「背理背反」とか「相克」などの思惟の深層に濃密にすり合わせつつ、作家の「個」の側面への近接を試みることなしには、より深い理解や共感に至ることは難しくなる。

作品の中身に触れながら進めよう。

この作品の冒頭に示されるテーマ（想念）は物質的で形骸的な変化を追うための目的で創出されてはいない。前述した通り、それは終焉《しゅうえん》（静＝死）に向かって伸びる一本の水平線と、その線上で無限に繰り返される動的な「生」への凝視であり、問いかけである。テーマは「そのこと自体」なのである。平吉氏の提示は以下のごときものである。

A（ラの音）。木管群の、真綿のようなやわらかなクラスター（音塊）に包まれて、恥じらうように身を沈めた一本の水平線。それは永遠の静（死）の暗示であり、希求である。AはAで在りつづけたい、そう祈れば祈るほど、そう願えば願うほど、無限の音を聴いてしまう（生者の耳は、俗世のざわめきや戯言《たわごと》や汚れた雑音を遮蔽できない）。その不条理は悲憤の塊となり、凄絶悲壮な音の溶解と増殖を誘発し、低音のひしめく泥沼の音響世界へと崩落する。地底からの脱出と崩落との足掻《あが》きの様相は、４分余りの主題提示の間に何回か繰り返される。その何回かの崩落の泥海に溺れ、もがくチェロの断片的な音形（それは引きずり降ろされたＡの悲痛な姿形なのだろうか……）が、混沌から這《は》い上がろうとでもするかのように呻吟《しんぎん》するのである。

繰り返しになって恐縮だが、このチェロに与えられたフレーズが、知覚しやすい旋律的な姿形であること、また、その骨格に音列的な配列の意図が読み取れたとしても、そのことを理由に「だからこれが主題なのだ」と決めつけるのはあまりにも単純で、衒学《げんがく》的な見方だ——とする私の主張の根拠はお分かりいただけるであろうか。

既にに述べてきたように、この作品は壮大なオーケストラのための変奏曲なのであり、単にチェロで示された音列の秩序や姿形の変遷を追うような微視的な鑑賞を求めている作品ではない。オーケストラという巨大な表出空間でこそ可能となる〝人間存在の本質的な問いの姿〟を、その響きの中に聴き取るべき凄惨《せいさん》な作品なのである。

このように聴いていくと、身を焦がすほどの苦悶《くもん》狂乱の末に、曲尾に再びあのA（それは、亡霊のように低音部にティンパニで示されるのだが）その長いAの持続に身も心も釘付けされてしまう。

一即多——ひとつの想念が無限の変容を孕《はら》む。
多即一——無限の変容はひとつの想念に帰す。

これは変奏の永劫不変の摂理なのである。

8　杭打ち

ここまで、平吉氏作曲の『交響変奏曲』という特定の作品に光を当てて、作曲者の創意を忖度《そんたく》し、その冒頭部（主題部）に描かれている「動」と「静」の描出に絡めた筆者の省察を述べてきた。

対照的な概念や形象を、崩し、掘り下げ、対置し、再構築する——という取り組みは、音楽作品においてはもちろんのこと、全ての芸術的創造の営みの基本的な姿勢であり、方法である。

以下、平吉作品を巡る考察から離れて、ほかの二、三の例にも触れておきたい。

私の恩師で、先年亡くなられた作曲家・石桁眞礼生《いしけたまれお》先生（1916～1996年）に『ヴァイオリンとピアノによる黙示』（1975年）という作品がある。昨夏の没後10年の追悼演奏会で再演された。今、また、その時の録音を聴いたところである。

初演を聴いただけで、以後ずっと遠ざかっていた作品ではあるが、そうした距離をおいた時点で静かに聴き直してみると、これもまた、絶対的静への希求や祈りの表出なのではないか、という思いに駆られる。定点を探すように小刻みに震え、反転するために跳躍し、飛翔するために微小な音程で何回も喘《あえ》ぎ、苦吟する独特な旋律形。その自問の末は、やはり動への呪縛から解放された〝一本の静止線への帰着〟である。

それは老域に達した母親の緩やかな歌にも似て、聴くものをカタルシスへと誘う。日頃から「外在」と「内在」への観照の姿勢を、平易かつ「直撃力のある言葉」で学生たちに説いた石桁先生の、これもまた広義の変奏曲、あるいはメタモルフォーゼ（変容）というべき作品なのではないか、と私は思っている。

「直撃力」と書いたが、これは「詩とは何か……」と問われて、詩人の北村太郎氏（1922〜1992年）が使った言葉である。氏は『ぼくの現代詩入門』の中で、以下のように述べている。

ぼくは昔、詩とは「直撃力」だと書いたことがあります……（中略）。ようするに過激、ラディカル、そんな言葉で言いたい装置が多少とも備わっている言語芸術を詩と呼びたいわけです……

——『北村太郎の仕事③』思潮社より

「街のひと」とあだ名されたほどに、詩人・北村は生活の拠点であった横浜、川崎、鎌倉の、自らの寓居《ぐうきょ》の周辺や近郊の街の中をさまよい、抑制の利いた沈着な自己観照のうちに詩想を探った。逍遥《しょうよう》の耳を過《よ》ぎる群衆の会話や叫び声、笑いや怒りのありさまを全身でとらえ、雨の音、風の音、物体が発する全ての奇音、雑音、騒音など、ありとあらゆる偶然や混沌《こんとん》に身を寄せ、自身の想いとすり合わせながら思索の日々を過ごすことが、詩人・北村の慣《な》らいであった。

それは、さながら、詩人の知覚のパレットとしての「一本の水平線」から眺めるさまざまな「動」の観察を意味している。その線上に、あたかも多様なアーティキュレーションが記譜されるかのように、逍遙する詩人の知覚がさまざまな振幅をもつ波形として表現されていくのである。知覚は「動」であり、垂直に撃ち込まれる「杭《くい》」である。生の目的が死であることを思慮する作家にとって、その表現の地平は本質的に悲しみの色相を帯びるものだ。全ての表現は、そうした性質を帯びた基線上で捉えられる。

詩人・北村の基線からの観察や思索が、本業の詩はもとより、論文、エッセイから小文、散文の類いを含めた全ての著作に「悲しみ」という微香が漂い、そのことが文体の特性として一貫しているように感じながら、私はこの詩人の著作をこよなく愛し、読む。多くの読み手が、北村の著作から平易さ、おおらかさ、温かさ、人懐っこさといったものを与えられるように感じるのは、常に「死」を自らに引き寄せて対峙《たいじ》する生き方と、「死」を思想することが可能なのは人間だけだ――という、どこか気概ともいえるような自覚が作家にあるからではないか。読み手が同様に、その線上で同質の思惟を共有できたとき、その交感は最も深く、重く、滋味に富むものとなるのである。

北村の言語や文体には、平吉氏の言う《私が原質として持っているらしい悲しみのようなもの》と相通じるものがあるのである。北村の言葉や表現は、急進的でも破壊的でもない。北村のいう《ラディカル》とは、あくまでも作家の内部の思惟の問題なのであって、外部に露出する表現の様相を指すものではない。この点も平吉氏の『交響変奏曲』の書法と同じである。読み手や聴き手にぐさりと響く「直撃力」とは、「静」の平原に撃ち込まれる一瞬の、しかもめったに遭遇できない直覚的な痛覚なのであって、送り手（表現者）と受け手（受容者）の交点にのみ訪れる、稀有《けう》で至福の瞬間をいうのである。

もう一例。

蓑笠《みのがさ》を庵《いおり》として、自らの足で基軸上を彷徨《ほうこう》し、その線上で遭遇する全ての事象を表出の対象と捉えつつ、旅に果てた俳人・松尾芭蕉（1644〜1694年）であったが、生涯一所不在、不断の自問の末に達した俳諧の極みは「高悟帰俗《こうごきぞく》」であったといわれている。

悟りを拓《ひら》くべく俗世の安住を捨て、自らにふさわしい静思の場所を求めて隠遁《いんとん》彷徨に身を窶《やつ》すことは、古来、多くの賢者の例に示されている。郷関を出て、人と隔絶し、異郷における清貧と寂寥《せきりょう》を糧として己《おの》が感性を磨こうとする営為は、表現者たろうとする人間に負わされた精神的十字架と言えるかもしれない。

しかし、芭蕉の場合は身を隠すわけではなかった。むしろ、俗世の日常に自らの身を晒《さら》し、歩き、語り、遊び、詠み、そしてまた歩いた。「俗」のもつ巨大な凡庸から逃げ出すことなく、その実態の中から自らの詩語を見つけて詠み歌うことが、俗的平原をさまようことの意味であった。詩人北村、作曲家平吉とも相通ずる生き方といえよう。

「静」は外側の状態を指すのではなく、表現者の内部の思考の内に創出される心的状況を言う。「俗」とは時代や風習や人間の凡庸なる感性の総体であり、常に騒然たる様相を呈し、混沌として活力に満ち満ちたものである。高く悟るためにこそ、その騒然たる俗に身を置くのである。感情の趣《おもむ》くままに多弁し、歌い、奏でるのである。それらは誰もが認めざるを得ない自己解放のトポスなのである。

再び詩人・北村太郎の言を引く。

人間の肉体に死があると同じく、人間の精神には必ず退廃がある

そして、死について深く考えることが人の知性を富ますと同様に、頽廃にひたることが人の感性を豊かにすることも、間違いのない事実なのである。

——『北村太郎の仕事③』思潮社

「俗」がすなわち頽廃《たいはい》であるとは言わないまでも、その圧倒的なパワー、この豊満巨大な俗的水禍を泳ぐことで、逍遙の詩人（北村）も旅する俳人（芭蕉）も、そして、遊びの好きだった親友の作曲家（平吉氏）も、また、新たな言葉と出会い、音に出会い、それぞれの作品を書いた。多食多弁の喧噪のなかに、ふと、平吉氏の言う《悲しみ》の覚知があったとすれば、それは貴重な静への、あるいは高悟への回帰点なのであり、新たな作品の創出のための真っ新《まっさら》なキャンバスとの対面となるのである。

表現の基軸としての水平な地平に、それぞれの創意を形として描出するための杭を打ちこまねばならない。その杭は、己の言葉、おのれの音でなくてはならず、己の創意の表出にふさわしいものでなくてはならない。創造に携わる人間は常に己の思惟の内に、己の思念を語るにふさわし

い言葉を探し求め続けなければならない。
しかしながら、言うまでもなく、不断の俗的原野を突き抜ける言葉や音を、真に「直撃力」を持つものとして創出するということは至難の業であり、作家魂を必要とする過酷な営みなのである。

水平線とは、無限の運動性を表わす、もっとも簡潔な形態

——とカンディンスキーは言った。
われわれが等しく身を預けている地平は俗的世界である。ありとあらゆる現世現実の様相がカオスとなって渦巻く大平原である。無限の動、すなわち世俗の巨大な凡庸の実態がひしめきあった喧噪の原っぱなのである。その喧噪な地平から一歩身を引き、あらたな動を創出するための一本の水平線を見つけ出さなければならない。それは、まだ何事も起こってはいない無垢《むく》なる白線である。創造を志す人間に問われ、求められるのは、この、何も無い白の基線からすべてを想い起す力（創造）と、その発展や推移の様態をいくたびとなく己の基線上に戻して再考する力（表現）なのである。

（ここまで底稿＝富山市文化事業団機関紙『扇状舞台』1999年5月号）

9　あとがき

いまは、既に公職を退いた身である。

あれから、もう20年近くが経った。この小論を綴《つづ》ったのは在職中のことである。大学卒業と同時に、縁あって勤務を始めた大学は、専門家育成という小規模精鋭の教育理念のもとに、その実践によって多くの優秀な音楽家を輩出し、名門の名にふさわしい活気漲《みなぎ》る教育現場であった。

私はそうした環境の中で、己の創作活動に大きな刺激を受け続け、学生や同僚や先輩教師から、かけがえのない教えをもらいつつ、作品を書くことに勤《いそ》しんできた。

ところが、勤務も終盤に近づき、そうした中で定年を迎えようと言う頃になって、その大学が北陸の富山市に新たに大学院を創設することになったのである。この種の話の常として、多聞に漏れず、構想の経緯は複雑で厄介な問題を引きずっていた。合意形成に至るまでには、現地側の思惑と大学側のそれとの間にさまざまな軋轢《あつれき》が生じていたし、学内にも硬直した賛否の対立があって、その紆余《うよ》曲折の道のりは長期に及び、関わりを余儀なくされた多くの人の間にも、不幸な亀裂が生まれていた。

折も折、文部省（当時）からは国の高等教育機関としての大学の将来像への指針や、設置基準などに新しい観点が示された。機を同じくして、揺れ動く社会的経済基盤や、人口減などによる近未来の就学生の減少見通しなどを背景に、学部増設や大学新設抑制の方向が国策として打ち出され、設置申請に際しても、創設の理念と将来展望、大学経営の見地からの学生数確保策などが厳しく問われることになった。そのような中で、北陸への進出の構想は、当初は一定の規模を持つ芸術系学部の新設を目指すものだったが、検討過程でその構想は大きな変更を余儀なくされ、最終的には、ごく小規模な大学院大学の創設という、当初とは著しく異なったところで決着を見るに至ったのである。

この過程で、関わりを余儀なくされた組織や人間集団、あるいは個々人の間には避けがたい苦悩や断裂、また、小グループの離合集散が繰り返されることになり、当事者全ての日々に重くふさいだ空気が長い間のしかかっていた。定年離職を間近に控えていた私に、まさか設立の準備と開学後の院の運営という重荷が降りかかろうとは全く思いもよらないことであった。それは、大学院設置認可申請書の最終提出締め切り一月ほど前の、土壇場でのことであった。

闇雲《やみくも》に慌ただしい日々を引っ提げて、私は高齢の身で現地に単身赴任の身となった。赴任先から、今度は逆に、月に2、3度は出張を兼ねて東京に出て、本校や関係機関との協議や折衝を行わねばならず、そのたびに自宅で1泊2泊するような日々が続いていたが、なんとか認可が下りて開学への道筋を整えることができた。

難題山積の中、迎えた入学試験の当日、出勤する私の車の直前を「開学反対」を叫ぶ一部市民の街宣車が試験会場まで並走するなど、世俗の人間模様の錯綜《さくそう》の図を目の当たりにして、少なからず自己嫌悪に陥ったことも数知れない。しかるべきプロセスを経て、双方で合意形成されたはずであるにも関わらず、燻《くす》ぶる不満や反対を、あろうことか全国から集まった受験生をターゲットに、かくのごとき直接行動で訴える一部団体の姿には、怒りよりは、みすぼらしさを覚え、それが私の感性の基層で悲哀の質となって沈殿し、固形化していくように感じていた。

そのような悶々たる日常の中で、親友の平吉毅州氏を失ったことは筆舌に尽くせぬ痛手であった。心中穏やかならざる孤独の日々を、一人の闘争的人間という仮面をつけて過ごさねばならなかったが、何にもまして表現者としての自分の創作の源泉が、こうした異様な状況の中で濁りながら遠のき、作品を創出する心の余裕を失ってしまったことは辛《つら》いことであった。


そんな騒ぎの中で大学院が開学して間もなく、富山市芸術文化協会の機関誌『扇状舞台』から、小論の寄稿を求められたことは大きな救いであった。嬉しかった。日夜、行政との折衝や人事、教務事務の遂行、外部関連の書類の作成などに明け暮れ、自分の体内に創作の血が失せてしまったような寂しさを感じていたところだったから、こうした機会に心を鎮《しず》めて自らの思惟を整え、再び本来の創作活動、研究活動に軸足を切り替える機会になればと願いつつ起草したものが、この小論である。ここで書きたかったことは、折れかかった己の創作への心を、再び自らの思索の基線に戻し、立て直すための方法を探ることであったが、読み返してみると、文脈や論旨の乱れや不整が散見して、何とも詮無き想いである。

既にはるかな歳月を経た今日、あの頃の日々が自分にとって稀有な人生体験であり、時を隔てて考えれば、それも貴重な勉強の機会であったのだと、静かな感謝の念が胸中に満ちてくるのである。

このたび、初稿の中身と骨格を残しつつも、表現にかなりの加除修正を行ったが、それにも拘《かか》わらず十分に意を尽くせぬままに終わっているのは否めない。そのことを正直に書きとどめておきたい。

（2016年5月）

ディヴェルティメント

私が日ごろから愛読する詩人、北村太郎氏（1922〜1992年、以下「北村」）に『さわやかな屍臭《ししゅう》』と題するエッセイがある（『北村太郎の仕事③／散文Ⅱ』思潮社）。「パスカル小論」という副題が添えられているが、詩人がゴルフに興じているときに、なぜかパスカル（フランスの哲学者・思想家、1623〜1662年）のことを思い出すことが多くある――ということを告白し、そんなことを巡って書かれた随想風な文章である。だから、決して難解なものではない。

書き出しは1977（昭和52）年の全米オープン、トム・ワトソンとジャック・ニクラウスの一騎打ちが極めて感動的で、その最終ホール、既にニクラウスが99・9％優勝を逃していることが誰の目にも明白であったのにも関わらず、残された針の孔《あな》ほどのほんのわずかな可能性に賭けて果敢に挑むプレイに、深夜、一人でテレビ観戦していた自分が思わず「何と言うことだ！」と驚嘆の声を発してしまった……というように始められている。

私（筆者）自身はゴルフをやらないし、知らないから、試合の細かなかけひきや技術のことは何もわからない。しかし、J・ニクラウスという第一級のゴルファーの、人間としての形質とか、勝負師としての精神的側面を伺い知るのに十分な記述が、そこにはある。

パスカルの『パンセ』は本来、一篇ごとに立ち止まり、時間を止めて瞑想《めいそう》しながら読まなくてはならない書物である。なのに、私は若い頃にパラパラと読み散らかし、ただ表面の文言に上滑りの目を注いだだけで書棚の奥にしまい込み、その後、何回かの引っ越しや書斎の整理やらで、ついに所在が分からなくなってしまった。

仕方がないので最近、また新しいものを買ってきた。読書と言うものは面白いもので、何か別の文章の中に書かれていることがきっかけで「そうだったか、それならもう一度読み返そう」という気になる。ある一つの基になる文章に、別の人間が論評やら考察やらを書く。それに啓発されて、その基を再読するという経験が幾度もある。本好きな友人などとの会話で再読を促されることもあるのはもちろんだ。昔、貧乏学生だった頃は、読みたい本を買う金が無いので、友達などから借りて読むことは日常茶飯事であったが、「本を貸すバカ返すバカ」と言われるように、借りたまま忘れて返さないことも間々あったし、その逆もあって、私自身も所有していたはずのものがついぞ見つからなかったり、他人のものとおぼしき本が書棚にあったりする。

そういうわけで、北村の文章に触発されて新たに買い求めた『パンセ』（前田陽一訳、中公文庫）を久しぶりに読み始めた。924篇の断章や箴言《しんげん》を、今度は1日数篇くらいのペースで、ゆっくりと思索を巡らせながら読むことにした。

北村が『パスカル小論』を書くのには、理由があった。

北村は19歳で東京外国語学校（現・東京外語大）仏文科に入学したが、当時は戦況不穏のどさくさで、在学中の兵役などもあって学業への専念は望むべくも無く、１９４６（昭和21）年、気がつくと本人の知らない間に卒業になっていたという。そこで北村は同年、東大の仏文科に入学し直した。

49年、卒業にあたって書いたのが『パスカル論序説』と題する卒業論文であった。しかし、この論文は《苦しまぎれで、出来はさんざんだった》と北村自身が年譜に書き残している。この未完意識が第一の理由であろう。

もうひとつは、『パンセ１４０』の冒頭の文言、すなわち、

妻と一人息子との死であんなに悲嘆にくれ、重大な争いごとで悩まされているあの男が、悲しいことは少しもなく、すべての辛い心配な思いから免れているようにいま見えるのは、いったいどうしたわけなのだろう。そんなことに驚くことはない。今、彼は球を打ちこまれたところなのだ。（後略）

——というパスカルの記述と寸分と違わない状況に北村自身が遭遇するという、まさかの偶然

の一致があったからである。卒論のテーマに選んだくらいだから、パンセのこの部分の記述を十分に知っていたはずであろうけれど、まさか、この二重写しのような事件は北村をさぞ驚かせたに違いない。このことがあって以後、北村のさまざまな「気晴らし」のなかで、なかんずくゴルフに興ずる際に、トラウマの如《ごと》く思い出してしまうというのは、うなずけることである。

北村は30歳の1952（昭和27）年8月、妻と幼い男児を川崎の浜の海難事故で亡くしている。しばらくの単身生活の後、54（昭和29）年3月に再婚し、56年1月には長女が生まれている。その翌年の3月、私は大学を受験するために郷里松本から上京し、当時、北村が住んでいた川崎市下平間の公団住宅に1ヵ月ほど止宿させてもらった。

北村は本名を松村文雄といい、私の父とは母方の従弟《いとこ》の関係にあった人である。そんなこともあって私は「文雄おじさん」と呼んでいたし、先方からは「のぶちゃん」と呼ばれていた。北村の1歳を過ぎたばかりの長女・融理子が私の周りを終日離れず、受験勉強を邪魔したのを昨日のことのように覚えている。

さて、余計なことで紙面を使ってしまったが、ここに書いて見たいと思ったのは、人間にとって「慰め」とか「気晴らし」とか「気を紛らわす」ということが、いったい何なのか……ということを含めて、北村のこの小論から読みとれるものを追って見たい、ということである。

北村は小論『さわやかな屍臭』で、

> 気晴らし、慰戯、気をまぎらすこと。それがどんなに空しいものであることかを、倦むこと

なく短い文章に書いたパスカルが、頭に浮かぶのだ

——と書いている。

事実、パスカルは「気を紛らわすこと」が人間を楽しませつつ、滅び（死）に至らせる、と書いている。パスカルは、人間は本来「ふしあわせ」なのであって、そのことに気付くとき、限りなく自己の空《むな》しさ、惨めさを痛感せざるを得ないものであるが、その空しさや惨めさに気付かない人間が「しあわせな人間」なのであり、気付くことを妨げ、邪魔するものがさまざまな「気晴らし」、つまり遊びやスポーツや賭けごとなどであり、時には文学や詩までがその種のものであるのだ——と書いている。

また、このことに少しでも気付いている人間もまた、その苦悩から自分を遠ざけるために、つまり、「気を紛らわす」ために「気晴らし」を考え、それに打ち興じるのであるという。misère ——みじめさ、それは人間の一つの根本的な条件であり、現象であるが、それを医《いや》してくれるものは「気晴らし」だけである、とパスカルはいう。なぜなら、それこそ、われわれを滅びに至らせる当のものであるから、と。

こう書いたあと、それに続けて北村はこう書き進めていく。

たぶん、そうだろう。そんなことは分かっている。それでも、わたくしは気晴らしをする。

気晴らしの中に、積極的な意味を、おそらくパスカルの理解しそうもない意味をつけようとする。結局は、パスカルのいうとおりなのだろうが、「天使でも獣でもない」（筆者注―「パンセ」140の最終行）わたくしは、パスカル君、そうきびしいことはいわないでくれ、といいたくなる（傍点筆者）

パスカルは周知の通り天才的な科学者で、若くして「定理」や「原理」などを発見し、物理学上の偉業を果たしたが、同時に哲学者、思想家、数学者、それに厳格なキリスト教神学者でもあった。しかし、39歳で世を去った短命の人物でもあった。

『パンセ』は彼の未完の遺稿集とされているが、もし、さらに生きながらえることが許されたならば、彼の、主にキリスト教思想の集大成としてまとめ上げられた著作となったはずである。晩年、病魔に苦しんだパスカルが20代半ば頃から書きつづったメモや資料、つまり下書きのようなもので、それを自らの手で完成させることなく世を去り、結果として現在のような、他人の手で数々の編集がなされた形となって後世に残されることになった作品である。

一方、北村は1992（平成4）年、69歳で没しているから、時代を問わずに単純に生存年月だけを比べれば、パスカルより30年も長生きしている。気晴らしこそ、人間を滅びに至らせる惨めさそのものだ、と説くパスカルに対して、《パスカル君、そうきびしいことはいわないでくれ、といいたくなる》という北村の言辞は、反論でも異論でもなく、30年という年月を生き延びたことによって得た……というよりは、授かったという方がいいのかもしれないが、生きて過ごした時間の量の差と、その間の知覚と認識を如実に表しているようにも思える。

北村の述懐は、その当否や優劣が問題なのではなく、そこには、ただ彼の真実のみが語られているのである。かたや怜悧《れいり》な頭脳で一瀉千里《いっしゃせんり》に原理を見透す若いパスカルではあるが、彼が、北村同様、あと30年長生きしたとしたら、また、あるいは、もしいま、彼が現存の人間であったなら、さて、どう言うであろうか？　案外、ゴルフ（つまり「気晴らし」）の良さや意味を認めるのではないか……と、北村は書いている。《なぜなら、彼は科学者だったから。物事を細かく、大きな目で見る、本当の科学者だったから》と……。

「たぶん、そうだろう」とか、「結局はパスカルのいうとおりなのだろうが」などと、半ば折れるような自省を吐きながらも、しかし、北村は謙虚に自問を書き続けていく。

17世紀でも20世紀でも「死」は同じだから。人間は、ほとんど進歩していないから。いや、退歩しているといってもよい。狩猟や球打ち以外に、賭博や飲酒以外に、おびただしい「気ばらし」が現代にはあるから。むろん「学問」や「詩」も気ばらしである。テレビも宗教も、そうである。文明が進むにつれて気ばらしがふえる。われわれの大多数は、確実に滅びの道に向かっている、といいたいところだが、悪いことに、滅びさえもしない。ただ、不可解に、永遠にぶら下がっているだけだ……。いまのそんな状況だって、パスカルは見通していたかも知れない。

北村の著作を読んでいて気付くのは、詩にも散文にも、その筆致に劇画風な露出趣味や、好戦的で過激な表現はほとんど見当たらないということである。それが北村の良さであり、味である。情動を、尖《とが》った言語や、使い古され、手垢《てあか》にまみれて精彩を失った「ありふれ語」に置き換えるだけならば、さほどの苦労はなかろう。しかし、それをぐっと抑えて、深みに沈めて発酵させ、再び蘇生させるという仕事となれば、そこには沈黙と思索という忍耐が求められるのである。

北村の、内に沈められた激しさは、そういう静思や忍耐を経て蘇生した言語に変えられていて、それらは一見穏やかで温もりがあり、どこかに「はにかみ」さえ感じ取れるような滋味があり、人懐っこさを漂わせているのだが、彼の深い憂愁を基底とする詩性は、そうした北村言語の紙背からの読み解きが欠かせない――と私は考えている。

当時のわたくしは、妙なことを考えていた。「すべての人が、一日一回、死を考えるような世の中にならなければだめだ」。そうしたら、どんなに世間はよくなるだろう。人びとはより寛大になり、お互いによりやさしく、にこやかになり……。そう考えながら、たくさんの気ばらしをしていたのだった。まもなく、剃刀《かみそり》で裂くような死が、不意に身のまわりに来るなどとは、当然ながら、全然予想できなかった。

「剃刀で裂くような死」とは、前述した妻子の突然の死のことである。卒論にパスカルを取り上げた北村の身の上に、パンセ140の記載とそっくりのことが起こったのである。もう一度、パンセのその部分を引いてみる。

妻と一人息子との死であんなに悲嘆にくれ、重大な争いごとで悩まされているあの男が、悲しいことは少しもなく、すべての辛い心配な思いから免れているようにいま見えるのは、いったいどうしたわけなのだろう。そんなことに驚くことはない。今、彼は球を打ちこまれたところなのだ。(後略)

パスカルのいう「あの男」とは、北村にとっては、まさに「名指しされた自分のこと」と解すること以外には考えられなかったであろう。パスカルと北村には運命的なつながりすら見てとれるようだ。そして、北村は次のように書く。

しかも、そのあと(妻子を失ったあと、という意味＝筆者注)で、わたくしはパスカルがいった、ちょうどそのように、生きていた。女、碁、ゴルフ、パチンコ、流行歌。

そして、さらにパンセ421の全文を筆写している。

すなわち、

わたくしは、人間をほめると決めた人たちも、人間を非難すると決めた人たちも、気を紛らわすと決めた人たちも、みな等しく非難する。私には、呻《うめ》きつつ求める人たちしか是認できない。

北村の内にも、そのような考えに近い感覚があったことは容易に想像できる。なぜなら、現に「すべての人間が一日一回は死を考えるような世の中にならなければだめだ」と書いているし（前述参照）、19歳で外語大に入学した頃を追想して、私は若い頃から今日に至るまで、一日として死を思わない日はなかった……と、自らどこかに書いていたのを読んだこともある。

北村はそうした厳しい自己省察、人間探求肌の人なのである。ただひたすら頑迷一徹な狂信者、求道者ではなかったということだ。それは、パスカルが若き晩年に傾倒を深めつつあった厳格なキリスト者としての志向とは、おのずから性格を異にする立場であった。根源的な矛盾を承知しつつ、迷妄の森を深い憂愁とともに歩むのだが、その歩みから創出される言葉には、迷う人間の血の温もりとでもいうのか、人間的な一条の明るさ、柔和さ、哀笑さえにじみ出るところがあって、それが詩人北村の真骨頂とも言えるのではないか……と、これは筆者の愚見ではある。いみじくも「そんなことは分かっている」とパスカルに投げかけるほど、北村にも通底の思想があったということなのだ。

そして北村は「パンセ」４２１（前出参照）に続けて《この断章は、石原吉郎の「私が理想とする世界とは、すべての人が苦行者のように、重い憂愁と忍苦の表情を浮かべている世界である。

それ以外の世界は、私にはゆるすことができないものである」という、いまからちょうど20年前に書かれた文章を思い出させる。（中略）パスカルも石原も、たいそうきびしい人のように思われる。どう逆立ちしても、わたくしは彼らのようにはなれそうもない。》と書く。

石原吉郎（1915〜1977年）は北村より七つ年上ではあるが、共に戦後詩の代表的な詩人同士だから、何かにつけて交流もあったことであろう。

北村が引用した語句（前掲）について、北村が石原に質《ただ》したとき、石原は「いかに自分が偏狭であるか、いいたかっただけだ」と答えたという。このときも、北村は「わたくしはまだ十分に偏狭ではないのだろう」と受けとめたことを後述している。このような真情の吐露には、情理の間を誠実な態度で彷徨《ほうこう》する北村の研ぎ澄まされた感性の迸《ほとばし》りが読みとれる。次の言葉もまた詩人北村らしい述懐である。

しかし、パスカル、キルケゴール、石原吉郎といった人たちの書くものには、みな、さわやかな屍臭がある。

話題は変わるが——。

今年（2013年）のサイトウ・キネン・フェスティバルで指揮台に復帰した小澤征爾氏は、オペラ『こどもと魔法』（ラヴェル作曲）の幕開きに先だち、今年5月に逝去したヴァイオリニストの潮田益子氏に捧げるとして、モーツァルトの『ディヴェルティメント　K136』の第2

楽章を演奏した。想像を超えたスローテンポ、極端な弱奏部の設定、作意に満ちた演出的な構成、情緒への傾斜を恥じない主情的な解釈――。それらはみな、死者への追悼という想いから発したものであろうことは容易に理解できるとしても、その、あまりにも異形な表出に大いに戸惑いつつ聴いたのは、私だけであろうか。生演奏ではなく、深夜に放映されたテレビではあったが……。

音楽の解釈は百人百様で〝どうあらねばならない〟などということはない。しかしながら、そこには表出者の隠しようのない人格の一端、すなわち、経験とか思想、感性や品性などが現れ出る。そして、それはそのまま聴衆にとっても同様で、聴き手の人格が露出している微妙な先端感覚器官と擦れ合って、さまざまな感想や批評を醸し出すのである。であるから、その演奏が私には異形と映り、かすかな戸惑いを誘うものであったということは、それ自体が私の人格や品性の成せるところだといわれて、文句の出しようもない。

「ディヴェルティメント」は、イタリア語の「ディヴェルティーレ」(divertire ＝楽しませる、面白がらせる）から来ていて、主に楽曲の様態を特定する音楽用語として用いられている。日本語では「嬉遊曲《きゆうきょく》」と表記されるが、語意は、その文字が示すように「遊び、楽しむ」の意味合いが強く、それが楽想にも反映していて、肩の凝らない、明るく親しみやすい気分で統一された多楽章形式の器楽曲を指している。ディヴェルティメントといえば、すぐにその名が思い浮かぶほどモーツァルトにはこの曲趣による名作が多いが、バルトークやストラヴィンスキーなども、この種のジャンルに優れた作品を残している。

モーツァルトは二十数曲のディヴェルティメントのうち、ほとんどをザルツブルク時代に作曲した。大司教や富裕な市民の求めに応じて、彼らの楽しみや慰めや気晴らしなどのために書いた。お抱え作曲家だったとはいえ、素直に奉仕的な気持ちを添えて、愚直に役目を果したモーツァルトだが、どこかで作曲者本人も大いに楽しみながら作曲したに違いないと私は想像し、そう信じている。モーツァルトも気晴らしや慰めを必要とした人間だった……。

さて、パスカルも北村太郎も「気晴らし」というものが人間にとって〝いかようなものか〟ということを真摯《しんし》に考察し、自己の観照につなげている。

モーツァルト父子が仕えた、当時のザルツブルクの大司教や宮廷音楽団の楽長などは「気晴らし」をどう意識したのであろうか。また、何を目的にモーツァルトにこの種の音楽を書かせたのであろうか。

とりわけ厳しかったというカトリックの戒律を背負っての彼らの日々は、恐らく多忙で苦悩に満ちたものであったろうから、時には己の、時には教会の、または市民の座興のために必要な慰めの音楽、気晴らしの音楽が大いに必要であっただろう。そのような環境の中で、音楽の果たす役割がどのようなものであったかは、モーツァルトはよく承知していたはずである。幼少時から宮廷楽士としての父親レオポルドの仕事を目の当たりにしていたのであるから、アマデウスにとっても自分に与えられた天賦の役目と心得ていたはずである。

そして、この天才の力量をもってすれば、果たすべき仕事の中身に十分に応える作品の創出はさほど困難ではなかったのかもしれない。モーツァルトのザルツブルク時代は、やがて自身の創作のあるべき方向をはっきりと自覚し、この町との訣別《けつべつ》を決意するまでの間に残された膨大な機会音楽（教会の礼拝用音楽の作曲を含む）の創作期であったといえよう。モーツァルトは世のため、人民のため、司教のための「慰め」や「楽しみ」や「気晴らし」の音楽の大提供者であったのだ。

世の中には、いつの時代にも慰めや気晴らしを必要とし、それを求める立場と、その反対の、与える側の立場に身を置く人間とがいるようである。そして「慰め」や「気晴らし」を必要とする立場の人間は、それを賦与《ふよ》しようとする立場の人間に比べて、より大きな仕事や苦悩を背負う立場に置かれているように思われがちである。

苦悩の少ない立場の者が苦悩する人間を癒やし慰めるという関係が、より自然で当たり前であると思いがちである。それは果たして本当であろうか。

慰める側の人間に慰めは不要だ、ということにはならないはずだ。人間はもともと不幸せであり、そのことに気付かない人間だけが幸せ者だとパスカルは言う。気付くという能力を持ち合わせない愚者、すなわち「しあわせ者」であったり、気付く能力を持ってはいても、そこから遁《のが》れ遠のくための「気晴らし」をせずにはいられない人間であったり、さらに「気晴らし」の中に身を置くことが、より己の惨めさを知覚することに直結することを知っている賢者（詩人北村のように）であったり……と、世は多様な人間を擁しつつ、時代の衣の着脱を繰り返す。

モーツァルトがディヴェルティメントを作曲するとき、それは「誰のためのもの」というよりは、むしろ「自分自身のための慰め」であり、気晴らしであり、自己省察ではなかったか――と、私は思いたい。K１３６の第2楽章をあのように書きながら、モーツァルトは自分を慰め、極上の気晴らしに浸っていたのだと思いたい。彼が残した膨大な手紙（『モーツァルトの手紙（上・下）』岩波文庫ほか）をひもとくとき、いつも思うことである。

サイトウ・キネンでのモーツァルトの演奏が、指揮者と楽員にとって真に死者を慰め、追悼の思念に基づくところからの着想であったとすれば、モーツァルトが自らの筆でその範（楽譜）を示したように、そのままの姿で、ありのままの姿で、余計な演出を伴わないで、あの第2楽章の、楚々《そそ》として明るく澄みわたる一陣の微風のようなアンダンテが表出されるべきではなかったか。

そう、まさに「あのように」である。モーツァルトの哀しみは明るさの中に在る。哀しみの卑俗な強調は避けるべきであろう。さもなければ「悼み、慰める」という意図は、単に演奏者の側の「気晴らし」に過ぎなくなってしまう。

（２０１３年11月15日）

「書く」と「描く」

ここで試みようとすることは、創作に関わる者が「鍛えられた創意」とでも言おうか、それなりの覚悟をもって取り組む制作過程についての考察である。

万人に等しく与えられた創造への憬《あこが》れや願望を、曲がりなりにも「作品」と言えるような形にして顕在化させることは、それほど簡単なことではない。夢のように浮遊する創意の断片、心の内部に知覚する衝動の初期微動を捉え、作品として表出させようと意図する際に、そのたどるべき道筋は何か。そして、その結実は文字（文学）なのか絵画なのか音楽なのか……。追うごとに苦悩と迷妄の闇に引きずり込まれる創出への自問は、既に半世紀以上にもわたる筆者の貧しい思索と実践を振り返ってみても、未《いま》だそれは茫漠《ぼうばく》たる原野を彷徨《ほうこう》するのみで、己を置くべき位置を見いだせないままである。

歳を重ねた今、時折、何か一つの予感のようなものが見えてきているようにも思える時があるが、それを追う気力と体力の衰えはいかんせん、認めざるを得ない。これまで何回となく繰り返してきた愚問ではあるが、最近経験した一つの体験を契機に、飽きもせず書きつづってみようと、またまた筆を起こすというのである。

「君は音楽家だと思っていたが、絵もやるのか」。この半年ばかり、多くの人たちからこんな風に話しかけられた。中には「道を誤ったんじゃないかい？」などと言うのもあって、作曲を本業とする身としては喜ぶべきか悲しむべきか、そのたびに複雑な心境になった。

幼少の頃からの趣味で「乗り合いバス」――それもひと時代前の、古い薄汚れた木炭（代燃）車を含めたボンネットバスを主役に据えた風景画を描き続けてきた。それがかなりの数になったため、友人の勧めなどもあり、それらの中から120点を選んで文章を添え、画文集として

2012（平成24）年夏、長野県松本市の郷土出版社が本にしてくれた。

ほぼ同時に、その原画を集めた「原画展」開催の話も持ち上がり、描画の舞台である私の郷里、信州安曇野の豊科近代美術館の企画展として、ひと月半という長い会期で展覧会が行われ、多くの方々の目に触れることになった。そんなことから、私が絵も描く人間であるということがバレて、いろいろな批評や感想が耳に飛び込んできたのである。

頂戴した感想の中で、もっとも多かったのは「音楽（作曲）と絵の両方をやる！」ということへの驚嘆めいた言辞であった。画文集だから当然なのだが、さらに加えて「文章も書く」ということへのオマケのような言葉も出たりして、天が一人の人間に二物も三物も与えるのは偏っていて不公平だ、などとおっしゃる。

そうかと思うと「そんなにあちこち手を出さないで、もっと本業に集中する方がいい！」「昨今流行りの『二刀流』ではあるまいし、展覧会などと大げさな振る舞いで、なまじ絵が描けるのを自慢げにひけらかすのは本業のためにもよくない」などと、イミシン（意味深）な忠告をくださる方まで現れた。そう言われると、当の本人としては、お前さんのやっていることは、何だか、みな中途半端だ、と言われているような気がして素直には喜べなくなり、かえって自信喪失の感を覚えるのである。

絵はもともと好きだったし、高校時代は美術部に所属して、それなりに制作に励んだ。現在も時折写生会などに参加して指導や批評を受けているから、まんざら自信が無いわけではないが、なんと言っても自分は孤独無援な厳しい現代音楽創作の世界に身を置く人間なのだ、との自負があるので、絵はあくまで趣味なのである。だから手を抜いていいというわけではないが、関わりの意味や出来栄えの善しあしは、誰よりも本人がもっともわかっているのである。

「器用貧乏」という言葉もある。天から二物も三物も授かったなどという大逸《そ》れた思いなど微塵《みじん》もない。ただ単に好きだ、というだけで八方に手を出すと、その分、中身の薄いものが出来上がるという趣旨の忠告ならば、これはゴモットモと受けとめるべきである。思わぬところでアマチュア画家、日曜画家の作品開示の在り方や態度についての反省的自問と向き合う羽目になった。

さて、表記上、絵は「描く」、文章は「書く」が一般的な使い方だ、と思う。

私の友人知己を含めて、それを生業《なりわい》とする人たちは「物書きは……」とか「絵描きはねぇ……」などと、やや自嘲的、自虐的なトーンで話すことがよくある。中には「屋」の字をくっ付けて「物書き屋」などと言うのもいる。

岩波国語辞典、通称「岩国」の第7版を引くと、《「物書き」とは「小説・評論など文章を書く職業の人。『自称――のはしくれ』。1960年ころからの用法。もとは、記録作り（の役）や代筆（する人）を言った》と出ている。

同じ辞書で「絵描き」を引いてみると「絵かき・絵描き」と表記されている。《①絵をかくのを職業とする人。②『お――』は絵をかくことの幼児語。幼稚園から広まった》とある。「書く」と「描く」は、区別されて使われている。

ついでに「描く・画く」を調べると《①絵や図をかく。『弧を――いて飛ぶ』、②様子を写し出す。表現する。描写する。『情景を——』、『勝利を胸に——』》。さらに「描き出す・画き出す」を調べると《(心の内面にあるものを)言葉や絵であらわし出す》と説明されている。「書く」も「描く」も、ともに「あらわし出す」、つまり「表出する」ということであり、言葉の使い分けについて、それ以上の特段の記述はない。

そこで、この際、一歩突っこんで以下に独断的解釈を試みる。

「文章を書く」に代表されるように、「書く」は一般に「文字」との関わりを想起させる。つまり、「書く」という行為は「言語による表出」ということであり、まずは言語の特性を十分弁《わきま》え、作文に伴うマナーや秩序、慣習という枠組みが付いて回ることを承知の上で「書く」ことになる。書き手の思いは、そうした枠の中で創意工夫がなされなければならず、修辞上の個性や文体そのもののオリジナリティーもその営みの中から生まれるものであろう。つまり「書く」は、言葉を操作する上で、意味や概念の論理的な連なりなど、常に背後に存在する広義の文法的骨組みの呪縛から逃れることのできない、宿命を負った営みなのである。

一つの言葉が持つ意味や概念を基本的に肯定し、言語にもともと付随する伝達や表現のルールを前提とした言語表現は、平たく言えば言語の日常性、実用性の枠内で行われるということである。こうした特性を、先年亡くなられた吉本隆明氏は「指示表出」と定義付けている。意味や概念の共通理解を前提として伝え合う表出であり、既存の文字や語句、品詞が疑われることなく用いられる。こうした表現においては、少なくとも言語破壊や概念破壊、既存秩序の破壊という志向は存在しないと言っていいだろう。

一方で、吉本氏のいう「自己表出」はラディカルな意志を内包する。文章表現が宿命とする言語の意味や概念に「疑いの視線」が注がれる。そこには言語を用いて言語を解体否定しようとする作意が存在する。ツールとしての語句や言語は表出者の個の深淵《しんえん》に取り込まれ、裁断され分割され、あらたな秩序が模索される。

次も、たしか吉本氏の語った言葉だと記憶するが、ここでは私の独断的理解を添えさせてもらって書いておきたい。すなわち、実用言語は、まるで大樹の枝々に濃密に萌えでる葉っぱのようなもので、そこでは日夜、ひらひらと身を震わせながら、饒舌《じょうぜつ》な会話が絶えることなく交わされている。葉っぱの一枚一枚は言語のかけらなのであり、それらが多様につなぎあわされて成語となり、それを用いて交わされる会話は、おおむねその日を恙無《つつがな》く送るための手だてや意思の疎通のための道具である。それは挨拶《あいさつ》のようでもあり、生の共感の確認のようでもあり、秩序や道徳を弁え、社会の掟《おきて》を遵守しつつ、お互いの尊厳を伝え合う場である。

だが、その葉っぱの付け根から一歩一歩幹をさかのぼり、意味や概念への疑問を深めつつ、大樹の幹を駆け下りて、やがて土中の樹根の最先端まで、自己表出にふさわしい言語を追い求めていくと、文字や言語の姿形は土に溶解し、とりとめのない無言の闇に消滅する。無から始めるより仕方がないことを知るのだ、と吉本氏は言うのである。

そうした「実用言語」への懐疑的離脱と思索のプロセスを経る過程に顕在化するひとつの例が

「詩」であり、また、わが国固有の短詩形（俳句、短歌など）であろう。「詩的言語」とは、このような言語再生のための思索回路の洗礼を経て編み出された、緊張感の漂う言語なのであり文脈なのであり、文体であると言ってもいいのではないか。

裁断分割される過程において、削り取られる言語の片鱗《へんりん》は文字から図像に変容していくようにも思われるが、いかがであろうか。つまり「詩」を含む短詩的形態の作品には、言葉が剥ぎ取られた分、そこに図像化が生まれているのではないか。すなわち「描く」への近接があるのではないか。その究極は、例えばたった1個の文字や点であったりする。それは文章（書く）と絵（描く）の両者の中間に位置する空間に、やがて方向づけられる時を待ちながら、ひっそりと呼吸しているように思う。

リルケ（オーストリアの詩人・作家、1875～1926年）は次のように言っている。

ぼくは是が非でもなんとかしなくてはならない。だれであれ、こんな、ひとを落ち着かなくする思想をいだいたものは始めなければならぬ、うっちゃらかされていた仕事の端から手をつけねばならぬ。自分が任意のひとりに過ぎず、けっしてそれにふさわしい人間ではないにしたところで、ほかにこころみる人間はいないのだ。

——生野幸吉訳『マルテの日記』

「ひとを落ち着かなくする思想」と書かれているが、個人の内部でうごめく数々の矛盾や食い違い、つながらないままのフラグメンタル（断片的）なアイデアなどの衝動めいた知覚は、まだ思想などというような脈絡の通った体系的なものではなく、直感とか予感といった、はなはだ掌握しにくい性質のものである。しかし、それが創作の芽として直感されるとき、心はまさに「落ち着き」を失うような初期感情に震えるものであり、（書き）「始めなければ」ならないという思いに襲われるものである。しからば、どう始めるのか……。

言語によって「書く」という表出に対して、「絵を描く」の「描く」という行為には、もともと発想の原点においても、表出の過程においても、「書く」に宿命づけられているような枠組みや前提を何も持たない自由性が存在し、それが保証されているように思う。

ここからは「描く」の方に論を転じようと思うのだが、もう一度「言葉」に触れておかねばならない。

作曲家・武満徹氏（１９３０〜１９９６年）は著書『音、沈黙と測りあえるほどに』（新潮社、１９７１年）で、

はじめに、言葉はなかった。（中略）

言葉それ自体は観念ではない。いまわしい論理の糸が、言葉を観念につむぎあげるのである。そこでは、おびただしい数の言葉たちが観念に殉じている。思想・哲学に至る道は、そのように無駄な犠牲の堆積にすぎないだろうが、その体積の中に、実は、ぼくらの探るべきものがあ

るのではないか。たぶん、そこで、ぼくは死に絶えた言葉の骸《むくろ》どもに出会い、言葉を不信し、観念の存在を疑い、それからやがて、真に思想の重さということを知るはずなのである。

――と書きつけている。さらに、

論理では律することのできない無駄、言い換えれば、人間的訓練を、歴史を生きた人々と同様に体験することになるからだ。

――と述べている。

「いまわしい論理の糸」と言いつつ、「無駄」といいつつ、なお、人間が言葉を追う宿命的呪縛を否定しない「言葉の人・武満」らしい告白である。

なにかもやもやとうごめくもの、姿も形も曖昧模《も》糊《こ》として捉えようのない感情の原初的な衝動のようなもの、武満氏の言葉を借りれば、まだ「言葉のない」段階における初期微動を何とか捕まえて留め置きたいときに、ただ、漠然と鉛筆の先を動かしていると、それは決して「文字に向かおうとしているのではない」ということがわかるが、さりとて、鉛筆の先には何かを示唆する明確な象徴的図像が見えているわけではない。それは、まさしく、まだ文字を知らない幼児が紙の上に丸っこい線を幾重にも殴り書きするような状況に近いようにも思える。

「描く」は常に文字以前の、文字への方向を持たない表出願望を背負う行為ではないか。

『当て字・当て読み漢字表現辞典』（三省堂）によると「描く」は改訂常用漢字表に追加された訓で、音読みの「えがく」は「絵書く」の意であったという。広辞苑《こうじえん》には「描く」の訓読みは載っていない。「描写」は文字通り「写しとる」という意味だから、眼前に存在する物体を、まずはそっくり写し取る様に描くことであろう。画学生に課せられる石膏《せっこう》デッサンなどは、そういう写し取りの技術の基礎勉強である。

しかし、表出されようとしているものは物体とは限らない。限らないどころか、眼前にはまだ「形として捉えられるものは何も無い」のである。それは、写し取ることが困難な「内面のひと揺れ」であったり、「ため息のような感情」であったりする。もちろん、そのような写し取り困難な内面感情を、文字によってその実体を追いつつ顕在化させることもできるわけであるから、そうした追跡の先には「小説」やエッセイなどの「散文」が存在することになる。

しかし、大切なことは、そうした行為は「言葉」を知っている、あるいは奇妙な言い方になるが「言語を信頼した上での関わり」なのである。言葉に流れ、言葉に収斂《しゅうれん》されることを望んではいない、極めて捉えにくい、実体の無い初期衝動のようなものは、その段階では文字に吸引されることは無く、むしろ図像的な表現に向かう特性を持つもののように思える。言葉の枠組みの中で整理されたり、形として生み出されることを方向づけられない、もっとも原初的で「レアな衝動」は、最初から文字へは向かうことなく、文字とは無関係の「線」であり「点」であり「面」であって、それらの量や密度や濃度であり、また対比や組み合わせや合成といった、極めて絵画的な方法で捉えられる特性を有すると考えられる。それは明らかに「点描」である。

線の横暴から逃れようと、印象派の画家たちは直接的な線描を嫌って点に向かった。それらの方法は言語における「忌まわしい論理の糸」から言葉や文字を開放し、点に戻しつつ、新たな線の創出に至ろうとすることと類似しているように思える。接近すれば単なる点の集積にしか見えないが、離れて眺めれば、そこには線や面が現れ、色彩の陰影とか、画面上の運動としての新たな論理の糸が見えてくるという、「点描技法」の模索と獲得であったのだ。

衝動の最初期における図形的知覚の実体をなんとか素早く的確につかまえ、イメージをとどめておきたい――と、とりあえずは勝手なメモを書きとめはするが、さて、それが一体何なのかを追跡しなければそこから一歩も先へ進めない。

その次に行わなければならないのが、文字によって言葉に置き換えることである。その過程を通過しなければならない。思索するということは、そういうことだと認識している。言いかえれば、表現の基となる初期的知覚や衝動は、言語化、すなわち文字に乗せて「書く」という過程を通過しなければ、それが、いかなる方向でいかなる方法で表現されるべきかを知ることが出来ないということである。「言語」という秩序に乗せることで、その先がさらに「言語」（文学）でよいのか、あるいは図形や絵画や音楽として表出されるべきかが見えてくるのだと思う。

ただ、実体掌握のための文字的接近がすぐに意味や概念の形成につながるわけではない。極めて短小な、まだ文字とも図像とも言えないような段階の、あいかわらず〝メモ〟であるだけだ。「うっちゃらかされたままの仕事の端」を少しでも己の側に引き寄せるための「こころみ」（リルケ）なのである。何の衣装もまとわない全裸の衝動は、「いまわしい論理の糸」（武満）などで意味づけられようとはしていない。一滴の雫《しずく》のように、方向づけられているのは引力に従って「落化する」ことだけなのである。

しかし落ちて行く先がいずこなのか、言葉としてなのか、平面なのか、空間なのか、音という時間の座標なのか……。それは、まだその先の話である。

「音楽は言葉を越えているのだから、言葉で語れないものを音で表現する」などと簡単に言い切るが、それが本当に言葉を「越える」ためには言葉との対峙が不可欠で、はじめから言葉と触れあわずに音や音楽が聴こえてくるなんてことはあり得るはずもない。言葉との激しいすり合わせによって、言葉はその輪郭を少しずつ削り取られ、壊されていく。文字の一画一画がもぎ取られて意味や概念があやふやになり、やがて身にまとった全ての記憶を喪失した、その先に初めて音が鳴り始める。

ここまで来た時に、つまりそれが「音楽」によって表現されるべき必然であることを確信したとき、音符に置き換えられ、音楽として記されることになるのである。

作曲における楽譜は「書く」なのか「描く」なのか——。ふと考え込んでしまった。

作曲家仲間で「いま、君は何をかいている？」などと言葉を交わすことがあるが、この時は多分、お互いが暗黙に「書く」という文字を想定しての会話だろうと思う。まさか、「描く」のほうではないはずだ。

しかし、よく考えて見ると、文字でも図像でもない「音符」を用いてする創作は「書く」というのか「描く」というのか、一体どちらなのだろう。アカデミックな作曲においては、他の領域における書法と同様に、音符の操作はかなり厳格な書法に縛られている。さまざまな美学的、思想的背景と、歴史的経緯の中で確立された音楽理論としての「記譜法」である。それは一つの作法であり礼儀でもある。そして、その礼儀作法と対峙しながら生まれた作品には、当然ながら一定の品格が保証されるものである。

作曲家を志す者にとってはまず、この礼儀作法をきっちりと身につけるための勉強が必要となる。主観的な感情や創作意図の赴くままにいたずらに音符を書きつけても、それは支離滅裂な自己満足にすぎない。作曲家の手が、多少なりとも自由に動くようになるまでにははるかな道のりを歩まねばならず、経験を積み重ねてのみ到達できる熟練の境地が目的なのであるが、そう簡単にそのレベルにたどりつけるものではない。書法習得の過程はまさしく修業であり、感情や情緒などとは無縁な自己完結性をもつ体系そのものへの挑戦なのである。

けれども、そうした厳格な書法を背に負って「書く」楽譜も、常に既存の書法の否定や解体への志念を同時的に抱きかかえているものであり、常に過去の否定、既存の作品の凌駕にこそ、新しい作品の価値が認められる厳しい世界に在っては、文学における言語解体、絵画における具象の否定と同質のメンタリティを認めないわけにはいかない。

そうした思惟《しい》にとりつかれた作家の楽譜が、その一般的様態からの離脱を余儀なくされ、図形化に向かうという事実は「図形楽譜」に端的に示されている。

「描く（えがく）」は曖昧多義を内包した、緩く、しなやかな思考過程のように、私には思える。「想い描く」とき、その茫洋《ぼうよう》とした想像の草原を涼風のように思うままに勝手に飛翔《ひしょう》することが許されるのだ。その無重力なレアな飛翔は、創作する者にとってのオアシスであり、いつでもそこに戻ってやり直しが可能なトポス（場）なのである。

だが、いざ「描く」を「かく」と読む時から、「書く」ことの呪縛にのみ込まれる。それは造形原理とか、描出の技法とか、対象とか主題（画題）とか、具象とか抽象とか前衛などといった事象である。武満流にいえば「いまわしい論理の糸」に纏《まつ》わりつかれ、純粋可憐な初期微動は迷妄の闇に引きずり込まれるのだ。

画家の曾宮一念《そみやいちねん》氏（１８９３〜１９９４年）は、

人は、目の前に置かれた一枚の絵を観るが、それが一枚どころか、それまでに同じキャンバス上に描かれては否定され、上塗りされ、消されていった数えきれない過去をもつ最後の一枚であることまでは、観ようとはしないのだ

――と言っている。それは創作する人間だけが負う宿痾《しゅくあ》なのであり、作家の内部での夥《おびただ》しい言語とのやりとりであり、気の遠くなるような会話であり葛藤なのである。

武満に言わせれば、こうした表に現れることのない作家内部の自問自答は、それ自体が作品で

は無いのであり、その意味で「無駄」と言えるかもしれないが、「論理では律することのできない無駄」とのすり合わせによってのみ「歴史を紡いだ人々と同等の人間的訓練」を体験することができるのだという。「無駄」こそが人生であり、無駄を恐れずに繰り返すのが作家の態度と営みなのであり、そうした過程を経てたどりついたものが「作品」なのだと思う。

さて、私は冒頭に「アマチュア画家、日曜画家の作品開示の在り方や態度についての反省的自問と向き合う羽目になった」と書いた。

「趣味」は美的判断力の一つ（カント）だと言うが、専門外の事柄という気安さ、悪く言えば無責任な気分、「遊び」の感覚が付きまとっていて、何を趣味に持ったにせよ、そこには、まず楽しみながら事に当たるという関わりが基本となっている。

「凝る」ということは熱中することであり、無我夢中になる状態を言うのであるが、だからと言って「凝った」結果が即作品となることとは違う。「好き」とか「凝る」ということと、創作とが全く無関係ではないとしても、小説家が小説を書き、画家が絵を描き、作曲家が曲を創る際に、幾たびか通過しなければならない、創出のための「もがき」や「自問」の過程を経ることを必ずしも求められないところに趣味の特性があるように思う。

私の画文集に収められた120枚の絵（原画）や文章の制作では、文字や作画における書法上の、あるいは技法上の難しい理論の呪縛とか、それらへの解体や破壊の作意などはこれっぽっちも無く、まことにハッピーな心境で「描」き、かつ「書いた」結果なのである。まさに趣味であり、慰み事なのである。私の反省的自問とは、こうした何の疑問も苦悩も持たない、いわば幸せいっぱいの気分に酔いながら制作した結果が、果たして他人《ひと》さまにお目にかけることが許される「創作」とか「作品」だと言えるのであろうか、という一点なのである。

ずっと昔、私が創作を生涯の生業としようと決意した頃「苦悩を伴わない制作は作品とは言えない」と、これは何かの本で読んだのか、あるいは誰かから聞いた言葉だったのか、記憶は定かではないが、なぜが忘れることができない語句として、未だにそれが重石《おもし》のように脳裏に焼きついている。

（2013年6月25日）

カフカとシューベルト

『赤目四十八瀧心中未遂《あかめしじゅうやたきしんじゅうみすい》』で第119回直木賞（1998年度上半期）を受賞した作家・車谷長吉《くるまたにちょうきつ》さんは、今年（2015年）5月、食べ物の誤嚥《ごえん》のため自宅で窒息死された。

私はそれを知らずにいて、最近になって偶然耳にし、大変驚いた。有為無常を地で行くが如き転変の幾年《いくとせ》を経て、自らの進むべきは私小説にしかないとの信念に到達、近親をも省みずに人間の性《さが》と業《ごう》を容赦なく暴く、筋金入りの文士魂で書かれた氏の著作は、その中身の壮絶苛烈《かれつ》なこと、軟中硬（「業」とすべきか）を忍ばせた稀有《けう》な文体と相まって、極めて特異な存在であった。愛読者の一人として、まだまだこれからという69歳での死去を惜しまないではいられない。

車谷氏（以下敬称略）の慶應義塾大学文学部独文科の卒業論文は「フランツ・カフカと芸術」と題されたカフカ論で、その全文は『女塚・初期作品集』（文春文庫）に載っている。

この論文で、車谷が論考の対象としているのは、カフカが晩年、１９２１〜22年にかけて書き上げた短編『断食芸人』である。断食を芸術表現として見物《けんぶつ》に晒《さら》そうとする男の、行為者としての内的必然を書きつづった作品である。

同書に掲載されている、もう一つのカフカ論『猿と断食芸人』（慶大独文学演習レポート）の冒頭、車谷は以下のように書いている。

> フランツ・カフカは人間存在の悲惨・愚昧・滑稽とそれに対する絶望を表現しようとした作家であり、人間が「人間であること」に、あるいは「人間として此世《このよ》に生存していること」に対する苛立《いらだ》たしい不安と闘った人間である。彼の文学には希望は無い、カフカの文学にあるのは願望だけである。

こうした記述をみると、若い車谷のカフカを追う視線の中には、文学を見つめ、それと対峙《たいじ》する車谷自身の思想的・心情的共振があったのではないか、との推察が可能になる。

カフカを読み始めると、この世の「日常」という何気ない時間の流れの中から、いつの間にか得体《えたい》の知れない不安や恐怖や幻想が立ち上がって来て、しかも、その実態が解き明かされぬまま、作家の描く神経症的な虚構世界に読み手が置き去りにされてしまうような、まことに不思議な体験をするのである。

カフカにとっては、書くことだけが真実であり、書き始めると、ひたすら己の心的世界にのめり込んで行き、筆の制御が利かなくなる。気が付けば明け方まで、眠りを忘れて筆を走らせる。そして、そのまま彼は勤めに出掛けて行く。カフカの執筆は、保険会社の社員という、もう一つの日常を両立させながら進められたという点で、車谷とは異なるが、天性、もしくは業《ごう》とも言うべき資質の上に、ひたすら書き続けることにおいてしか己の存在を評価し肯定する術《すべ》が無かったという点が、両者に共通する生きざまではなかったか——。私には、そう思える。

カフカの場合、長編の『審判』や『城』を持ち出すまでもなく、短編の『巣穴』『断食芸人』『流刑地にて』『橋』『家父の気がかり』『ある学会報告』などのように、発想そのものの奇抜さと共に、途切れることの無い異様な不安と息苦しさ、猟奇的呪縛といった特異な作家臭が立ち上がり、その虜《とりこ》にされてしまう。

チェコのドイツ系ユダヤ人の家系にぽつんと現れた平凡なサラリーマンが、日々メモのように、日記のように書き付けていた文章が、やがて、彼の死後、世界中のもの書きが看過できない重要な文学遺産となった経緯は、近代文学史にあって特筆に値することではないかと思う。(友人M・ブロートの勇断があったが故でもあるが……)

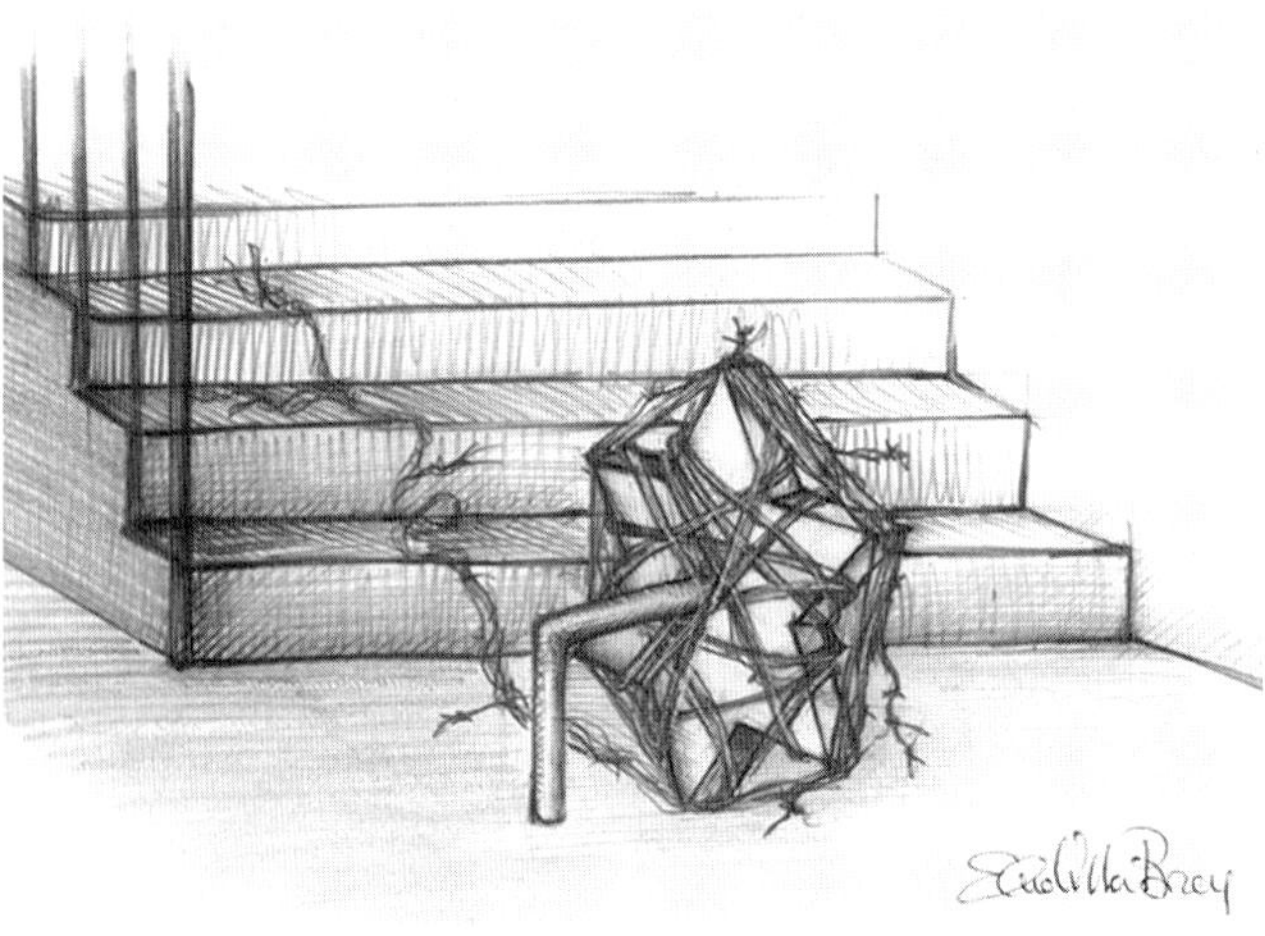

カフカの短編小説『家父の気がかり』に登場する、星形の糸巻きのような架空の生き物「オドラデク（Odradek）」。

（Elena Villa Bray による原画）

自身、強固な自己懐疑に苛《さいな》まれ、何回かの自信喪失に悩み、捨てては舞い戻る己の文学思念との確執を経て、ようやく世に認められるまでに至った車谷にとっては、こうしたカフカの特異な才知に満ちた作品群は大いに気になる存在であったに違いない。

カフカの文体は、例えば瘡蓋《かさぶた》のように、内側に膿汁《のうじゅう》を抱きながらも、表面では、その危うい乾燥状態を、さも平然と保っているかのように淡々としている。車谷の場合は、逆に、膿《うみ》を無理やり絞り出すような凄絶《せいぜつ》な筆法があるので、表出の面からみれば両者は正反対と言えるのかもしれない。私小説にのめり込んだ車谷からすれば、どこか深遠な幽玄世界とか神話的諧謔《かいぎゃく》などを思わせる独特なテーマを作出し、読み手をして出口の無い迷妄に誘い込むようなカフカの魅力にどっぷりと取りつかれていたのではないかと、私には思われる。

前置きはさておき、本稿は、カフカをシューベルトと引き合わせてみようとする試みである。いささか奇異な試みではあるが、それは故あってのことである。

私がシューベルトに心を解放し、興味をもって近づくことができるようになったのは、40代も半ばを過ぎた頃からであった。

それまでは自ら好んで彼の音楽を聴こうという気持ちにはなれなかった。私の周辺にはシューベルト礼賛者が多かったが、そうした仲間との会話では常に沈黙し、距離を置いていた。シューベルトは私に音楽創造の目を開かせ、方向を開示してくれる魅力的、刺激的存在とは考えられなかった。のどかで麗しく、世俗の情感を歌う、素朴で、平和的な音楽としか聴こえなかった。

その楽譜では、人間として誰もが抱く根源的な懐疑や苦悩を思わせる描出に出会うことも無く、冒険や実験も乏しく、創出に対する狂おしいまでの自己探求や創作追及の痕跡を見つけることができず、いつも不満を感じていた。己に一定の柵を巡らせ、常にその内側にナルシストの城を築き、自己耽美《たんび》的な歌を歌っているにすぎないではないか。これほど、その作品に生成転化を見ることのできない作家はいない……。シューベルトの顔に、年齢不相応な老皺をすら思い描く始末であった。

もちろん、聴かず嫌い、触《さわ》らず嫌いという面も大きかったし、とことん、その不満を解き明かそうともしなかった私の態度への誹《そし》りは甘受しなければならないだろうが……。

しかし、時折はその可憐《かれん》で優美な短小フレーズに癒やされることが無かったわけではない。いつの時代でも、耳と心に優しい音楽は愛され、多くの人間に安らぎを与えて来た。シューベルトが自ら主催した夜会サロン「シューベルティアーデ」では、彼を囲む親密な仲間たちがそうした空間を共有し、ある時は精神的に、ある時には経済的に彼の創作を支援し、シューベルト自身にとっても自分の最も得意とする一面を臆《おく》することなく生かし得た場であり、数多《あまた》の愛すべき作品が生まれた場となったことは言うまでもない。

その一生をベートーヴェンという巨木の蔭に覆われて過ごし、自らの才能を示す公の機会にも恵まれたとは言えず、したがって経済的にも社会的にも、ある種の不運に付きまとわれた短い一生ではあった。そうした境遇にあって唯一の慰みは、己に与えられた歌曲的描出に長《た》けた天性の才能を生かして自らの歌を歌うことであった。

しかし、その歌からは、どこか敗者の臭い、敗北のトーンが伝わってくるように、私には感じられた。先鋭を信条に、我武者羅《がむしゃら》に自己の思念を追い求めた若い頃の私にとって、シューベルトは長い間、遠い作家であった。

そんな私がシューベルトに関心を抱くようになったきっかけの一つは、来日したユーリ・バシュメット（Yurii Abramovich Bashmet・1953年～）とリヒテル（Sviatoslav Teofilovich Richter・1915～1997年）の共演で『アルペジオーネ・ソナタ D821』を聴いたことである。

1980年代半ば頃であった。2人の名手による演奏は素晴らしかった。そして『アルペジオーネ』は「いい曲だ！」と率直に感動した。2人は、楽曲のあらゆる部分に潜む陰影を浮き彫りにし、例えば情緒的なものを構造の要素に組み替えるような強《したた》かな解釈で、この作品に新たに凛とした ゆるぎない形姿を与えたようとした。同じ日のプログラムにあったヒンデミットのヴィオラソナタ（作品11-4だったと思う）には、それとは逆の、すなわち、論理の勝ち過ぎで堅苦しくて面白みの少ないこの作品に、みずみずしい叙情を与えるという意図を聴き取ることもできた。その体験は、私がそれまでひそかに毛嫌いし、避けて来た作家（ヒンデミットもその一人であった）や作品に対する浅薄な態度を反省させ、同時に演奏の持つ役割の重要さにあらためて気付かされた、貴重な機会となったのである。いまでも、新宿・厚生年金大ホールでのその時の感慨を忘れない。

〝シューベルト開眼〟のもう一つの理由は、その頃から話題になりつつあった「ピアノソナタ」

への関心であった。しかし、こちらは共感や称賛ではなく、むしろ疑問と懐疑という観点からのもので、いわば研究調査的接近なのであった。

シューベルトのピアノソナタが、ピアニストのレパートリーとして定着し始めたのはそう遠くはない時期で、せいぜい半世紀前くらいからであろうか。それまでは、シューベルトの抒情《じょじょう》的でメロディアスな部分を評価されながらも、構造が曖昧で徒《いたずら》に長いこと、それにベートーヴェンのそれとの比較などから、むしろ「わかりにくい作品」「演奏しにくい作品」というレッテルを貼られて敬遠されていた。

「わかりにくい」とはどういうことなのか。答えは難しいが、ハイドンからベートーヴェンへと進化発展をたどったピアノソナタの歴史が物語るように、堅固な構築性と論理的整合、さらには人間探究の高い思念にまで到達しようとする理念の下に探究され続けたピアノソナタだけに、人々は、その過程で生み出された数々の名作に驚愕し、魅了され、耳を鍛えられて来たのである。そうした耳の肥えた聴衆にとって、シューベルトのそれはあまりにも歪《いびつ》で軟《やわ》なものに聴こえ、どう評価したらよいのか、その戸惑いが「わかりにくい」と言わしめたのではないかと思う。シューベルト自身もそれを知っていたに違いない。

ベートーヴェンの先に存在が可能なピアノソナタとは、どんな姿のものであろうか——。その模索はシューベルトにとって苦悶《くもん》に満ちたものであったに相違ない。この領域におけるシューベルトの仕事には、それまでには無い、全く新しい観点からのアプローチが必要だったのである。その足掻きの中でシューベルトのピアノソナタは、あの晩年の数曲に代表されるような特異な姿形が生み出され、かなりの長い間、陽の目を見ずに眠り続ける運命のもとに置かれたのであった。

ヴァレリー・アファナシエフ（Valery Afanassiev・1947年〜）は著書『音楽と文学の間―ドッペルゲンガーの鏡像』（平野篤司ほか共訳、論創社、2001年）で次のように述べている。

音楽家と文学者の比較を求められれば、私はシューベルトをカフカにかさねあわせてみる。結局、『城』も一つの「冬の旅」なのだ。

さらにはボルヘス（Jorge Luis Borges・1899〜1986年、アルゼンチン出身の作家）の言葉を引用し、

カフカの作品における未完性は、主人公が克服しなければならない無限の障害物を主題にしているからであり、当然ながらその小説は完成し得るはずもない。書き進めても永遠に終わらない。その営みは地獄である。『審判』の主人公ヨゼフ・Kは第一楽章で処刑されている

――と述べるのである。

「処刑されている」とはどういうことか？

この解釈について、アファナシエフの記述を読み進めると、およそ以下のような点が明らかに

されていくのがわかる。

つまり、ヨゼフ・Kはこの小説の中で、今、自分が置かれている立場を全く理解していない。ある朝、出勤前に突然現れた見知らぬ2人の男によって、身に覚えもないまま、そして、その理由を明かされないままに捕縛され、既に当局によって逮捕されている身であることを告げられる。以後、Kは、そんな馬鹿な！何故《なにゆえ》をもって！と、ただただ反抗的な態度を頑《かたく》なに保持し続けながら法廷に出向き、弁護士を訪ね、己が身に降りかかった容疑を払い除《の》け、自由の身になることだけを願って抵抗し、悶《もだ》えるのである。

しかしながら、ことの本質は世俗一般の不義不当や不条理との対決なのではなく、ヨゼフ・Kへの試練が、ある超越的なもの、絶対的存在としての神との対座対決を意味するものであるという点に、主人公は全く気付かない。そして、自らの存在そのものが罪である、ということにも当然ながら気付かない。この点がアファナシエフの重要な観点なのであり、ここからシューベルトのピアノソナタ、とりわけ晩年のそれに通底する問題を導きだそうとするのである。


カフカとシューベルト――。

この二者に共通するのは、彼らの作品に触れる際に必ず襲われる奇妙な不安と恐怖であり、一見、何事もない平時の事柄を描き（歌い）ながらも、不安や恐怖は次第に作品の中で増殖し、出口の無い、重い呪縛の世界に連れ込まれる、ということである。

さらに重要なことは、それらの作品における主題やモチーフなどが、それ自身の向かうべき方向が明示されることのないままで、物語の時間や空間の中でぐるぐると空回りし、進展のない足踏み状態に置かれたり、あるいは分散されたり解体されたりする。ついには、作品は作家自らの手によって全体の構造が破壊されていく、ということに作家自身が気付かない。そういうことをアファナシエフは述べようとしていることがわかるのである。

この視点に立って、私自身の解釈を探りつつ、論考を続けてみたいと思う。

永劫《えいごう》解き明かされることの無い深遠なテーマとはなにか。

それは己の存在そのものに対する自問であり、その果てに立ちはだかるのは絶対者、すなわち神の存在の覚知であり、それとの遭遇である。

『審判』（辻理《ひかる》訳）の第9章は『聖堂で』と題され、ヨゼフ・Kと僧が聖堂内で交わす会話で進められて行く。その中で、カフカが1914年に書いた小品『掟の門』を僧に語らせる場面がある。門が自分一人のために設けられていることを知らぬまま、脇で門番の入門許可を長年待ち続けて、ついにその場で臨終を迎えるまでになった男が、瀕死《ひんし》の息で門番に対して発したのは「この長い間、自分以外の人間が誰一人この門を入ろうと訪れることが無かったというのは、どういうことか」という問いである。それに対して門番は《この門は、もともと、おまえひとりのためのものだった》と答えるのである。男は息を引き取り、番人は、どこへともなく立ち去って行く。

こうした根源的なテーマに主人公ヨゼフ・Kを遭遇させることによって、カフカはこの長編の結末を意図したと思われる。しかし、この小説は閉じられたことになるのであろうか。逮捕されているることを告げられた日からちょうど1年目、またもや2人の刑執行人に連れ出され、石切場で心臓を一突きされ、《犬のようだ》の一言を残して死んでゆくヨゼフ・K。この長大な小説の、最後のページを読み終えた読者は、解き明かされないままの問いを抱いたまま、一層深い闇の中に放り出されてしまう。

シューベルト晩年のピアノソナタの楽譜が、その分野におけるそれまでの歴史と評価に並べ置かれるとき、多くの人々がその前で少なからず戸惑いを覚えるのは、それがあまりにも地上的、世俗的な安らぎ、心地よさを恵んでくれることへの悦《よろこ》びの一方で、そのことが作曲者の造形思念とどう関わっているのか、あるいは、ソナタ形式の構造破壊につながられていはしないか——という不安や疑問をも感知させるからではなかろうか。

音楽における構造とは、時間の内に「開始と終結を明確に示す」ことである。「始まり」には「どう閉じるか」の意図が含まれねばならない。それは気分の赴くままに開始され、終わりたいときに終わる、というようなものではあり得ない。特にソナタ形式や、ソナタという「多楽章による調和的完結」の追及では、部分は常に全体を、全体は部分を、己が身の内部として孕《はら》んでいなければならない。特に古典的な音楽形式論においては、有機的、論理的思考を抜きには考えられず、人間の感情や精神の関わりも、全てそのような造形のための思念形成の内部に懐胎される一要素とされてきたのだと見るべきであろう。そこには人間が追い求める、究極の美的完成への希求があり、音と時間が描き出す揺るぎない造形創出のための営みが営々と続けられてきた。

そうした経緯の中で、ソナタという形式的完成がベートーヴェンによって確立を見たのだが、幸か不幸か、シューベルトはその偉大な完成者と同じ年代を同じ土地（ウィーン）で生きたのである。追従や模倣は許されず、かといって、それ以上の高みへの到達は考えられない――つまり、この分野における宿命的閉塞《へいそく》状況の中に置かれたのが、シューベルトなのであった。


科学の進歩、産業の近代化は人間の行動や思考を大きく揺るがし、芸術・文化の新たな台頭を促した。思想、哲学、文学、美術、建築などにおける思潮も、時代精神の脈動を反映しつつ、相互に影響を及ぼし合いながら、19世紀的所産を累積しつつあった。

音楽作品の創出においても、ロマン主義的な思潮は個性の解放と創意尊重の側に大きく傾斜しつつあった。ベートーヴェンという巨大な存在は、シューベルトにとって息苦しかったが、それでもなお、シューベルトにとって、その息苦しさを切り拓《ひら》き、天与の才の赴くままに創作を可能ならしめた領域が無かったわけではない。音楽史上における「初期ロマン派の旗手」という位置づけには、そうしたシューベルトの天性の抒情的性格、個人的資質との共振、堅苦しさからの解放を求めた大衆との融合という面において、好意的に受け止められていたことを示すものと言えよう。

しかし、一方で、シューマンによって「天国的な長さ」と評されたシンフォニー（交響曲第8番）とか、短小な「歌曲」などを含めて、歌に満ちた、メロディアスな愛すべき作品たちは、ソナタという多楽章形式の造形思念の一角に位置づけられた緩徐楽章の性格の域を出ることはかなわなかった。

ソナタにおける緩徐楽章は、一般的に「歌」の楽章であり、情緒的表出への傾斜が許される楽章なのであるが、シューベルトの音楽は、そのように性格付けされた楽章の領域を出るものではなく、そうした特性の一角に縋《すが》るかの如き姿勢と受け止められたとしても、それは仕方のないことであった。そこには過去を乗り越え、新たな地平を切り開こうという、斬新かつ前向きな進歩的精神の胎動は影を潜めてしまう。


シューベルトのピアノソナタに往々にして見られる「異形の様相」について詳述する紙面は無いが、最後の作品、変ロ長調D960の第1楽章から、その一端だけでも拾い上げてみよう。

この作品はシューベルトの死の直前に書かれたもので、天国的とか瞑想《めいそう》的とか夢幻的、静寂の極致……などの言辞で称賛評価のある半面、その冗長な時間の経過の中に徐々にあらわになっていく崩れや破綻、あるいは生成の不足、そうした疑問を指摘する向きも多い。

アファナシエフの演奏では第1楽章(366小節)だけで28分を超え、全楽章の演奏時間は58分にも及ぶ。そもそも主題からして、それがあまりにも歌謡的で、和声的にも旋律的にも力性の欠けた軟体脆弱《ぜいじゃく》なフレーズであるのに加えて、その語尾に不可思議な低音のトリル、休符やフェルマータ(長い全休止)による中断など置かれて、ぼやかされている。どこか呼吸不全で、息絶え絶えの重症患者のごとき陰鬱《いんうつ》さ、不気味さを感じさせる。そこには終結や成就に至る願望や意志を見ることはできない。意志を喪失した脳裏に、幽《かす》かに浮き沈みする残像を追うが如き寂寞《せきばく》と停滞が冒頭から延々と続く。

時間の経過には、シューベルトの常套《じょうとう》手段とも言える「歌の様式」、つまり右手に旋律、左手に伴奏という大きな括りの中で、転調や終止への独特な癖や好みを加味しながら、まるで徘徊者《はいかい》のような当て所《あど》の無い歌を歌い続けるのである。方向も定かならぬ歌の流出の中で、これもシューベルトの晩年の作品に頻出するパウゼ（中断）は、作曲者自身の迷いのようにも思えるし、何かに怯《おび》えて立ち止まるWanderer（放浪者）のようでもある。分断され、切り刻まれた旋律の奇怪な切れ端、和声の逸脱、短調の和音の暴力的な介入、奇妙な転調、強引な復帰、お仕着せに服従するかのような主要楽句の回帰、亡霊のように浮かんでは消えて行く『さすらい人』（Der Wanderer、D４９３）の一節、迷妄の闇のなかでの長い中断（フェルマータ）――。

楽譜を開き、演奏を聴きながら、この作品と向かい合うとき、その不可思議な諸現象は、少なくとも私にとって快適なものとはならず、焦燥と不安の増大につながるばかりで、ついには少なからず拒否の感情までが湧き上がってくるのを制御できなくなる。バッハは短調に溌剌《はつらつ》とした期待と飛翔を描いたといわれるが、シューベルトの長調は悲しみに通じ、短調は慄《おのの》き、不安、足掻き、絶望を象徴しているかのように思われる。生前のシューベルトの口癖は《ぼくは楽しい音楽など、一つも知らない》であったという。

不安や恐怖の背景がつきまとう……。

それはカフカの文学の特質である。カフカの文体は乾いている。シューベルトの歌の、媚《こ》びた人懐っこさとは対極のものと言えるかもしれない。

しからば、カフカにおける不安と恐怖とはいかなるところから発しているのだろうか。独断を恐れずに言えば、それは常にこの世の外側、すなわち、彼岸に存する超越者の不可視の威力の、その絶対的な支配下で迷い、右顧左眄《うこさべん》を続ける人間のおかしさや切なさから生まれ出るものではないかと思う。

つまり、解決できない問題が尽きることなく目先に立ちはだかり、世俗の道義や倫理を尊びながら、誠実を尽くして己の生に風穴を開けようともがけばもがくほど、解決は遠のき、その先には絶対者の支配が朧《おぼろ》に浮かび上がってくる。舞台はいわば「神」との対峙《たいじ》であり、そこがカフカの創作のトポスである、と考えるのは間違いであろうか。

カフカは、それが当たり前の人の営みであるかのように、生産と流通の近代社会に甘んじて身を置き、会社に勤め、よく働き、近代文明（機械好き）に興味を示し、人並みに恋をしつつ、文学における己の使命に忠実に生きた作家である。その作品の深層には常に根源・始原を探り、そこからの問いかけに耳を欹《そばだ》て、果てるともなく続けられる人間存在への懐疑に全霊を注いで対決し、独自の世界を創出した稀有《けう》な作家であったといえよう。

両者個々への言及はこのくらいにして、そろそろ結論を書かねばならない。

音楽と文学、創作分野の異なる2人の作家に通底している特質とは何か。極めて主観的・独断的ではあるが、私にとって、この2人の手から生み出された作品に向かい合う時、必ず喚起される特定の感情、すなわち、鬼気を孕《はら》んだ茫漠《ぼうばく》たる闇に投げ出されるような「不安」と「恐怖」、その慄きこそが両者に共通する特質ではないか、というのが私の見解なのである。

カフカの『掟の門』の背後に置かれた超越者への近接願望は、あの長大な『遺作ソナタ』での、既に完成を見た形式の呪縛に喘《あえ》ぎつつ、なんとかそれとの整合に至ろうとするシューベルトの足掻きと同じではないか。カフカの名作『巣穴』における微音の恐怖は、歌っては不安に駆られて中断し、幽かな安堵の後に再び歌い始める、その出口の無いシューベルトの円環的作法そのものであるようにも思える。そうした特質を持つ作品を、既成の造形原理や書法の枠をもって推し量ろうとすれば、寛容な感受力を持たない頑固一徹な業《ごう》突《つ》く張《ば》りの愚考と笑われもしよう。

他に類を見ない際立った特質を有する作家や作品の、その未完性、あるいは不透明性のゆえに、此岸《しがん》の掟を背負いつつ、創出に苦悩する作家の存在そのものをも含めて、「わかりづらい」という表皮的・直感的な評価で己の受容域から遠ざけたり葬り去ったりすることは許されない。いま、こうしてカフカという鬼才を傍らに置くことで、これまで忌避し否定して来た奇妙な楽譜（少なくとも、私には現にそう見える部分が多々あるのであるが）が新たな光の下で息づいてくるのを知覚し、ひそかな喜悦を禁じ得ないのである。

『城』を読み終えるための長い忍耐は、遺作のソナタＤ９６０を聴く際のそれと酷似する。作品が内包する時間の中に静かに身を沈めて、その一句一瞬を感受しなければならないのは時に苦痛ではあっても、享受し共感するためには、享受する側も、自らのこれまでの評価基準を捨て、新たな批評の原野に立って応対できる広い度量が求められる。

私のシューベルトへの開眼には、そのことに思いを致すまでの、愚かで怠惰な時間があまりにも長すぎたという、忸怩《じくじ》たる思いがある。そんな思いが昨今、老境に至ってあらためてよみがえるのはどうしてなのか。これもカフカに魅《ひ》かれ、その著作をむさぼり読んだことに起因するのかもしれない。

シューベルトの『四重奏曲ト長調　作品161』を聴いた日のことを思いだす。おもにこの作品の技術的側面に注意を凝らそうと堅く思い決めていたのだが、とりわけ第2および第4楽章で、この音楽はそれ自身の限界を超え、「恐怖」という言葉を聴覚として定義していると感じないではいられなかった。何年も後に私は、ミラノでムンクの絵画と版画の特別展を見て、同じような印象をもった。

アファナシエフは、前掲書でこのように語っている。

（2016年2月10日）

●参考文献について

本文中に表記したもの以外に次の2点を参考にしたことを付記しておく（著者）。

『文学の淵を渡る』古井由吉、大江健三郎（新潮社、2015年）

リサイタル・プログラムノート　伊藤恵（2015年4月29日）

共唱の川、交感の森へ

第51回長野県音楽教育研究大会講演

1　ごあいさつ

こんにちは。ご紹介をいただきました飯沼でございます。

このたびは講演と、それに続く「歌のステージ」をご一緒に――というご依頼をいただきました。お声をかけていただき、こうして先生方とご一緒に勉強させていただく機会を頂戴できましたことを、まずお礼申し上げます。

当県では、先生方をはじめ関係の方々のご努力で斯様《かよう》な全県規模の学会を開催され、日頃の教育活動の公開や討議、情報交換など、意義深く貴重な研修の場をお持ちになられていることに、心からの敬意を申し上げる次第であります。

本日、私が申し上げるお話が多少なりとも先生方のお役に立てれば、こんなうれしいことはないのでありますが、私自身はただただ、これまで「作曲」などという、ごく個人的なわがままをやってきた人間にすぎません。私の仕事の多くは、一人創作の穴ぐらに身を沈めて、無力非才を嘆きながら、黙々と梲《うだつ》の上がらない日々を過ごして来たわけでありますが、一方でその間、桐朋学園大学で教師として教壇に立つことができ、プロの音楽家を目指す大学生と一緒に勉強してきたという一面もございます。大学卒業と同時でしたから、もう、かれこれ40年近くになります。本日はそんな経験なども含めて、私なりにお話のレジュメを作って持っては来たんですが、さて、どんなことになりますか……。

私の話はいつも脱線ばかりですので、いつまでたっても終点の駅に着かないかも知れません（笑）。運転打ち切りになってしまうのでは……と、ハナから心配しているようなわけであります。前半は先生方に私の話をお聴きいただき、その後、ご一緒に歌を歌うということで、お付き合いのほど、お願い申し上げます。

2　起伏

信州というところは、いつ、どの地方に行ってもホッとする……と言いますか、格別の感慨が湧いてきます。

私自身が中信の安曇で生まれ育ったということもあるかと思うのですが、ありのままの自然と向き合い、その懐に抱かれると、ただそれだけで何かジンと来るものがあります。

特に、この南信の伊那から飯田にかけては、起伏に富んだ段丘と、それを貫くひと筋の河川が織りなす景観に独特の風情がある。一日の時の移ろい、四季折々の色相、光と影のグラデーションが微妙に描き出されて、大好きなところです。

私が好んで車を走らせる道は、谷の西側を貫く山の中腹の道ですが、伊那から飯田にかけて、この道から眺める風景は上下にも左右にも、奥にも前にも、すべてが立体的で、起伏に富んだ地形で独特の味わいですね。実に心の和む風景です。

「起伏」というのは実に大事なことですね。人間の気持ちに照らして考えて見ても、日々それぞれの生活の中身に豊かな起伏があるということは、普段の生活で、そんなことにいちいち気がつかないで暮らしていたとしても、その起伏の振幅とか揺れとかが人間の感性を豊かにする、とても大事な要因になっているのではないかと思います。

ノッペラボウで、どうにも仕方のない平坦なところ、平板なところに自分の心を置きたくはないという願望は、誰にとっても同じだと思います。そうした自然環境の豊かな起伏があればこそ、信州人の暮らし方やものの考え方が、これまた豊かに形成されているのは間違いありません。

私自身もそうしたものに囲まれて育てられました。いま、私たちの目の前にいる子供たちにとっても、知らず知らずのうちに自然や人々から齎《もたら》される豊かな起伏から授かるものは、計り知れないものがあるんじゃないか、と思っております。

昔のことですが、東京に出て大学生活を始めたばかりの頃は、松本から中央線の列車に乗って高尾……、当時はまだ浅川という駅名でしたが、その高尾駅の先の八王子、立川と過ぎて行きますと、あの、無味で平坦な関東平野の広がりがたまらなく腹立たしく、着ている衣服をはぎ取られるような惨めな思いに何度晒《さら》されたことかと、そのわびしさを今もって覚えています。日々、山懐《やまふところ》に抱かれ、光と影の移ろうおおらかな自然に抱かれて過ごしていたことのぬくもりを一気に奪われるような切なさを、何度も何度も味わったものです。

3　演題について

時間もありませんので、あまりとりとめのないことをお話ししていてはいけません。そろそろ本題に入りたいと思います。

　きょうは私が今、音楽、とりわけ音楽教育というものをどういう風に考えているか、私なりに感じている事柄を取り混ぜてお話をさせていただきます。

　演題に掲げた文言は、本日、後半で先生方と大勢の子供たちで『信濃まほらま』という、私の新作の合唱曲を歌う場面があるということですので、そんなことへの思いも含めまして、共に歌い、共に感じ合う、伝え合う……、言うならば「交感」ということ、これはもちろん音楽だけのことではないんですけれど、特に音楽においては、この交感ということが本質的な特質として存在するわけです。また、そのことが音楽教育の基底に据えられるべき事柄でもありますので、そこにつながるようなお話ができればと思い、掲げさせていただきました。ちょっと感傷的かなぁとも思いつつ「川」を旋律に、「森」を響きに例えて、音楽の最も音楽的な要素を教育という座標の上に載せて、ご一緒に考察できたら……というのが演題の本音です。


　さて――。

　ご承知のように、昨今の世の中にはまこと何とも言いようのない、陰湿で利己的で個人主義的な局面が見え隠れしております。これが時代の進歩だ、人間の進化だというのなら、あまり誇れる話ではありません。利便性や効率性だけを追いかけて硬直した近代社会、そんな中で自己本位の性向が肥大し、なにか不気味な大きな気流に心身がどっぷり汚されている。

　そして、拙《まず》いことに、それを人間が気付かなくなっている。考えるために立ち止まったり、一歩戻ったりという、つまり良い意味での逡巡《しゅんじゅん》という素直さ、謙虚さを忘れてしまったような……。そんな不安に襲われることがあります。

そのトバッチリが学校という教育の場にも及んで、先生方を困らせている。一例を挙げれば、親子とか家庭とか、時には地域や社会が幼児期の子供に無言のうちに授けなくてはならない基本的な人間感覚や躾《しつけ》、礼節などの面での教育力が欠落し、そういう欠落を、学校が補わなくてはならないような状況に置かれているように思います。昔も今も変わらないもの、変わってはならないもの、万古不変の人間の精神の地平に立ってものを見たり考えたりするというようなことが、なかなか現代人の心の内に捉えられない、非常に殺伐とした時代になっていると思うのです。

まぁ、言ってみれば「負の連鎖」と申しますか、言葉に置き換えるのは大変難しいのですが……。殺伐として潤いを失った環境に置かれている子供たちというものは、もともと柔らかく、しなやかで無垢《むく》な幼い心を、ゆっくりと自ら育む時間、見たり聞いたり考えたりしながら豊かな感受性を育む余裕を奪われているのです。

純粋な一個の子供の……、いや、大人でもそうかもしれませんが、人間の、まるで無防備な内部にどんどん飛び込んでくる雑多な情報を整理できずに、それらに弄《もてあそば》れているような状態となっている。こうした情報過多を「多様な価値観との遭遇だ」などと肯定的に言う人もあるようですが、一見賑《にぎ》わしく豊かに見える現象は実は散乱的で広域的、無境界的で同時的、模倣的、追従的な情報の洪水であり、その道筋が、一斉に便利で娯楽的、あるいは享楽的な方向にのみ流れていくような、そういった様相があるわけです。絡み合う喧噪《けんそう》と混乱、やかましくて、うるさくて、騒然、雑然とした状況を作り出している。ちょっと乱暴な言い方かも知れませんが、その散乱性――つまり、ただ漫然と散らかして放り出しているだけという状況が、今日の世相ではないでしょうか。

4　精神のデフレ

音楽をはじめとして、多くの芸術は人間の心の最も深く静かなところから生まれます。ですから、そこから生まれ出る芸術作品に触れるときにも、同様の〝心の静まり〟が必要です。しかし、残念ながら私たち自身が寄ってたかって作り出している騒々しく落ち着きのない、この現実の時の流れに翻弄《ほんろう》され、心の休まる場所を探しあぐねている――。そうした状況ではないかと思います。

さらに最近は世の中の、やれ「不景気だ」「デフレだ」と声高な論調に連動して、人間の〝精神のデフレ〟のようなことが起こらなければいいが……と恐れるのです。例えば、知を求めたり物を買いたいと思うのは人間の「元気」というものですよね。願望でもありますし、欲でありますす。お金が無くても、何かを買おうと思うのは元気な証拠なんです。私なんか、いつもそうなんです（笑）。

ところが、知的なものを希求する意欲が減退し、購買願望が色褪《あ》せて、あるいは飽きてしまい、気がつくと周囲にはすべてが整っていて、もう、何も欲しくないといった、いわば〝慢性満腹〟のような状態になっている。どれが自分の一番大事なものなのか、見据えるべき展望も持てないままにだんだん元気がなくなり、人間全体が萎《しぼ》んで元気が無くなり〝精神の不況〟が蔓延《まんえん》する……。

先ほど、娯楽性とか散乱性などと申し上げましたが、そうした雑然とした中にあって、広告や宣伝、つまり「売らんかな」の商業主義的な志向だけは不思議と元気だったりするんですね。テレビを筆頭とするマスメディアの仕業です。無防備な視聴者にビンビン響くコマーシャルを流してモノが売られる。商業ベースで、ものの考え方が操作されたり広まったりするという、送り手本位のやり方に、受け手は受け身一辺倒で無意識に従わされているということです。

もちろん、これには便利で、いい点もたくさんあるとは思いますが、とにかくそれが情報化時代の極めて今日的な姿であるわけです。つまり、受け手は自らの思考を停止させられたまま。ただ、ひたすら与えられる情報の中を泳がされている。

散乱――という言い方をしましたが、例えばテレビでドラマや映画を見ながら、とても深い感動に導かれようとしているさなかに、突然けばけばしく騒々しいコマーシャルが始まる。そのような場面で、感動に震えている人間の繊細な感情が、その大事な持続を無残に中断され、ズタズタに切断されてしまう。そういう経験、皆さん、ありませんか？

飢えと病魔に苦しむ貧しい国々の悲惨な現状が生々しく放映されているさなかに、突然割り込んでくるシーンがぜいたくな料理を囲んでビールやワインを楽しむ恵まれた国の若者のカットだったとすれば、多分、やりきれない感情の分断に腹が立つはずです。そんなＣＭのビールなんか買うものか！と思っちゃう（笑）。
少なくとも、その場面で何かを感じ、何かを考えようとするのが人間の本性ではないかと思うのですが、送り手も受け手も、どこか平然と看過している。そのようなシーンの不連続や分断に、大人ならまだしも、これがいたいけな子供だとしたら、どれほど大きな心の痛手を受けるのか、考えただけでも残酷だと思いませんか。

私は、そういう今日的現象を「散乱」と言いたいのです。つながらない感情、ズタズタに切り刻まれた不連続な感情、そうした状況に連れて行かれて、そのまま放置されてしまうような、そういう事象のことを申し上げているのです。人間の精神の所産である全ての芸術作品と対峙《たいじ》するためには、心を鎮《しず》めて、己を一番深いところに据えて、静かな思索的な時間を持続させなくてはならないのですが、そうした、人間の一番プリミティブな精神的な営みが、こうした商業的な波にのみ込まれて、揺らぎ、切断され、重力を失った紙切れのように漂ってしまう。このような状況におかれている子供たちは本当に大丈夫なのだろうか……と、時に無力感に襲われてしまうのです。

5 大衆性《ポピュリズム》の功罪

ちょっと、話の角度が変わりますが……。
私が好んで読む作家の一人、詩人で思想家、評論家でもある吉本隆明さん（１９２４〜

２０１２年）が著書『老いの流儀』（ＮＨＫ出版、２００１年）の中で、こんなことを書いています。対談の記録らしいです。

音楽でいえば、みんなアーティストといっても、つまり大衆音楽ですよね。ロックでも、自分たちはアーティストと称しています。アーティストって芸術家ですよ（笑）。古典時代のイメージだとそうなるわけです。僕らも詩を書いているアイドル歌手が、なんでアーティストなんだと思うんだけど、そう言っているんです（笑）。

コンサートをやると大勢聴きに来るし……、だから、ますます自分たちは主観的にはアーティストなんだと信じて疑わない……、

ご承知の通り、昭和30年代半ばくらいからテレビが普及し、動画という視覚の要素が一気に大きな影響をもたらし始めました。吉本さんの言うように「アイドル」という、それまでにはなかった象徴的なものが生まれ、歌ったり踊ったりして視聴者との距離を狭め、親密なものにし始めました。

全部がそうだとは言いませんが、芸能という世界が特別な世界ではなくなり、誰もが首を突っ込みやすくなったからなのでしょうか、こういう人たちの歌や踊りが、より大衆を近づけ、素人

とそれほど違わないものになってきた。だから、歌唱もしぐさも、作られる詩や歌も決して上手《うま》いといえるようなものばかりではなくなった。視覚的にちょっと見栄えがいいと、歌などは二の次にされてしまう。あれくらいのことなら俺にもできる……という安易な気流が生まれて、次々と同類が出てくる。

彼らは自分で詩を作り、メロディーをつけて、奇妙な声で奇妙な日本語で恥じることなく平気で歌う。それが伝搬して一種の類型化現象となるのです。そこにも商業主義の手が伸びてきて、ギターの調弦も怪しげな昨日の路上ミュージシャンが明日はアイドルとなったりする——。コンサート会場は若いファンでいっぱいになり、騒音とも轟音《ごうおん》ともいうような音響空間で異様な雰囲気に……。

大衆はあくまで大衆であってよいのですが、吉本さんが苦笑するように、こういう場に登場する人々が「アーティスト」となると、さて……一億総アーティスト？（笑）困惑を覚えてしまうというわけです。

この種の大衆音楽の類型は、私の観察するところ、実は小中学生の語感や音感にも多大な影響を与えていて、言葉（詩）も旋律も、あるいは歌唱のスタイルまでもが、新たな「典型」として浸透しているのです。歌の詩とはこのようなもの、メロディーとはこのようなもの、歌い方はこういう感じ……と、あたかもそれが見本のように子供たちの感覚となってしまうのだと考えると、情報のもたらす〝十把ひとからげな波紋〟の恐ろしさを思わずにはおれません。

次も吉本さんの前述著書の中の言葉の紹介なのですが……。

人によっていろんな述語を使いますが、僕の述語を使えば「自己表出」というのが純文学です。一方、ベストセラーになる推理小説などは「指示表出」あるいは「意味表出」が主体になります。「指示表出」とは何を指すとか、感覚的に何かを見たとか、物語の意味はこう展開するというもので、純文学では第二義的なものです。

つまり、「指示表出」や「意味表出」が全面に出てくる書き方をすると、エンターテインメントになるんですね。その方が受け入れられるし、分かりやすいから盛んになる……。

これは、純文学的なものへの関わりが薄れてしまうということ、ひいては「人間の易きに流されやすい志向」への吉本さんの批評だと思うんです。音楽でも文学でも「意味量が多い」「物語性が勝っている」もの——つまり、娯楽小説や流行歌謡のほうが親しみやすいというわけなんです。

これについては「楽しい音楽教育」というところで、後から私なりの言葉を添えたいと思っていますが、そのような人間の心の有りようを吉本さんは指摘されているわけです。

6　視野と焦点《フォーカス》

さらに吉本さんはこんな事も書いておられます。

> 最近テレビを見てたら、文部省《ママ》のカリキュラムで円周率の小数点以下を省いて教えることに反対だという人が意見を述べていました。僕は省いて教えることに賛成なんですよ。（中略）AとBの、どっちが重要かとなると、てんで判断もつかない人間が多い。のっぺらぼうに、ただ精密になっていって、どっちが重要かとなると、まるっきりだめなんです。

いろいろな考え方がありますから、必ずしもそうじゃないんじゃないかという反論も当然あると思います。

吉本さんの意見を、別の言い方に置き換えれば「木をみて森を見ず」といったような事になるのかもしれません。目先や足元のことばかり追いかけて、森全体を見失ってしまう。「鹿を追う者、山を見ず」という言葉もありますが、そういう指摘だと思います。いずれも、私たちの周辺の状況、環境、いろんな場面を見るとその傾向が支配的になり、一種の視野狭窄に陥って複眼的な把握力が衰えたというか、細い小路にどんどん迷い込み、本通り、表通りを見失っては困る――という指摘だと思います。

吉本さんのように「円周率は3と教えるだけでいい、小数点以下なんて教えなくてもいいんだ」という考え方があるわけですが、ここで「細部」ということについてちょっと考えてみたいと思います。

若くして亡くなられた、私の大変敬愛する作曲家の一人に矢代秋雄先生（1929～1976

年）がおられました。この方の言葉を紹介させてもらおうと思います。著書『音楽における郷愁』（音楽之友社）の中の「オンガクについて」というエッセイです。「オンガク」とわざわざカタカナで書いてあります。

子供の遊びで、電報ゴッコというのがある。5、6人が一列に坐《すわ》って、5、6字の言葉をきめて、そのことばを一字ずつ背中に書く。わからなかったら首をふり、何度でもくりかえす。わかったら頷いて、彼は自分の前に坐っている子の背中にそれを書く。こうやって最後の人に通信された言葉は、はじめのオリジナル（？）と一致していることはまずない。時には想像もつかないような奇想天外なデフォルマシオンをされていることもあるし、また成るほどと思うような間違い方をしていることもある。また、どうかすると、中間で間違って伝えられ、最後にまた間違って、それがオリジナルと一致しているなどということもある。さてボクは、音楽の伝達と交流というのは、こんなものではないかと思う。作曲家が最初に心の中に持つアイデアを五線紙の上に書くのは、同一人の中での操作であるのにもかかわらず、どうもすでに隣人の背中に書いているような気がすることがある

続けて――

それが演奏家の手に渡る。演奏は、まず一つ一つの音符をタンネン《マ》に見て、次にそのつなが

りを考えながらフラーズ《ママ》を探し、その意味を求める。全くこれは背中に書かれる一文字一文字を頭の中でつなぎ合わせて音楽にして行く作業である。聴衆にとってはこれまた、背中にかかれる文字である。第一、彼らの大部分は、その言葉が4字か5字ぐらいということは見当がついているが、ひょっとすると6文字かも知れない。この気持ちは初演曲を聴いている気持ちに似ていよう。

7 双方の真実

その次がちょっと面白いところなんですが、

　さて、この遊びの面白さは、皆が一生懸命に正確を期していながら、それでも間違って伝達されてしまうということにある。

つまり「最初から間違ってもいい」なんて前提は、どこにもないわけなんです。みんながその瞬間「正確でありたい」と願って書いている。あるいは書かれている。つまり、最初に背中に文字を書くという発信、それを背中に書かれている人は、一生懸命それを読み取ろうとする。その両者がお互いに正確を期しているという事なんです。真実ということがある。送り手にも受け手にも。

矢代さんは《音楽の交流とはそういうものではないか》と言っています。いつも背中の字が1

字も違わずに伝えられるということが仮にあるならば、この遊びは全く退屈であり、遊びとして成り立たない。つまり、最初から正しいことを正しく伝えるだけならば、何の面白さもない。行為の過程に真実というものがあれば、その結果として間違いが起こったとしても、そこには、いろいろな広がりや奇想天外な発展があって、それだから面白いのだ、ということをおっしゃっています。この文章はまだちょっと先があるのですが、このくらいにしておきます。

先ほどの円周率の話ですが、非常に細かく、小数点2位、3位、4位とかまでちゃんと覚えろ、そういう風に指導しなければならない局面も、時には必要かもしれません。音楽でも、細かい音符一つにまで、まるで針先で重箱の隅をつつくような厳しい追求や分析、これは時によっては必要です。

ただし、それは外側からの一方的な力で、受け手の思考にかかわりなく強圧的に教え込まれたりすべきものではない。もし、そのように一方からの刷り込みのように教え込まれたりするだけであるならば、それは大変危険ではないか。つまり、そこで示される「細部」というものは、どこかの段階から、受け手の側が自分から進んでその「細部」を自分自身の興味として捉え、認識するところまで至らなければ、伝え（教え）るものの真実とか、伝え、教えられる真実などと言っても、つまり、その両者の真実というものの濃度が充実して来ないわけなんですよ。空振りになり、他人事になってしまう。

教育の場にあっては、教師と子供という、教える立場と教わる立場の両者に真実というものが存在するわけです。

では、「教える真実」って何でしょうか。ものを書いたり、喋《しゃべ》ったり、伝えたりする真実――つまり、送り手としての私たち教師の仕事では、まさに「教えるという真実」が問題になるのです。

この問いに、私が答えを申し上げるなんてことはとてもできません。矢代さんの本を紹介させていただいた後で「じゃあ、教える真実ってなんでしょうか」と、この問いを先生方に発するだけにとどめておきたいと思います。世の中も、環境も、他人も自分も、本来、常に動いていて、定位しにくいもの。真実もまたそれぞれの内に在り、固有のものでありますから、そういうことを深く認識した上で、私たちの日々の教育活動がどうあらねばならないかを、不断に自問すべきだと思います。

8　教育界の「文言」

私もにわか勉強で、ろくに勉強もしないでこんなことをお話しするのは、まことに心苦しいのですが……。

ご承知のごとく、この何年か、新しい指導要領の実施に関連して、その用語や文言について、また、その実態についての議論が盛んに行われてきました。こうした中、私自身「危険だなぁ」と思うところも、実はあります。

危険などという乱暴な言い方で誤解があってはいけませんので、ちょっと注釈を申し上げておきますが、それは特に「文言」についてです。本来、それ自体が奥行きを持っている「言葉・言語」について、その概念や意味、内容を的確十分に書き表したり、理解を共有したりすることはたやすいことではありません。それらが、いくら「要領」なのだからと言っても、たった数行、あるいは1~2ページで意を尽くすことなど、とてもできないような文言がずいぶん多く書かれているし、それが教育現場でも頻繁に使われているように思えます。

そんな例をいくつか拾ってみようと思います。

まず「ゆとり」とか「個性」という文言について。

詰め込み教育とか受験対策とか、そうした現況への反動なのでしょうか、最近は「ゆとりある教育」などという文言に盛んに出くわします。人間にとって「ゆとり」とは何か——ということで論文を書いたら、大変なことになるはずです。

先ほど触れさせていただいた吉本隆明さんのような方が、人間にとって「ゆとりって何か」ということを本気で書いたら、それだけで1冊の本になってしまうでしょう。土曜日を休みにする、年間の授業時間数を減らす、教科を再編する……など、どれも確かに「ゆとり」を作出する方策かも知れませんが、そういう外面的な繕いとは違うのではないか。もっと人間的な根源の問題ではないかと思うのですが……、私は。

「個性」という言葉も盛んに出てきます。それはまるで〝教育界の業界用語〟のようにバンバン使われている。

例えば、小学校低学年の子供の個性って、どういうものなのでしょうか。家庭での生活習慣や両親の躾などの差から発しているような、単に「個人差」程度のことならば、なにも個性などとオーバーな言い方をしなくてもよいと思うのです。個体固有の事象——例えば目が大きいとか、痩せているとか太っているとか、個体特有の現象を言うんだったら、それはまさに「個性」ということになるのかもしれませんが……。

しかしながら、学習指導要領や、われわれの議論の中に飛び交う「個性」という言葉はそのようなものではなく、実はもっと見えにくいもの、その子供の人間的特質、つまり、他者には無い「その子のみの固有な生命的な原形質」、あるいは「他者や自然との観照によって日々変化成長を遂げて行く感知力とか知覚力」——そのような意味合いのものを暗黙の前提としていると思う。

そうした心の内側にまで踏み込んで、その子の現在を探り当て、それに照準を合わせた学習の方法を編み、手助けするなどということが果たして可能なのか。指導要領や、それに類する教育学の領域の用語には、そうした本質的な点に触れることなく、どこか既成概念的な記述で淡泊に通り過ぎていると言いたくなるような場面が多く見受けられる。そう感じているのは私だけでしょうか。

「個性」という言葉が本来持っているはずの奥の深さや意味の多層性、広範な思惟性を離れて、まるで机上に置かれた器物のように、疑いようの無い、分かり切った概念として使われているような気がします。考え出すと、実はわからなくなってしまうくらい難しいことだと思う。

しかし、平然と描かれた「紙面上の文言」に、実際は現場の先生方の力で実体が添えられなくてはならず、そうなると、そのことの大切さ、あるいは恐ろしさと言った方がいいのか、教員の仕事の重さをあらためて思わずにはおれません。

「自ら学ぶ姿勢」も、よく出てくる文言です。その他「横断的、総合的な学習」「創造的学習」なんていう言葉も、どこかその辺に散在する平板な既成概念のように身体性を伴わない文言のようで、私は抵抗無しとしません。

本来「学習」とは、全て創造的なものです。しかるに、このような言葉が堂々と出てくるということ自体、これまでの学習や教育が、ちっとも創造的でなかったのだ――ということを白状していることになってしまう。子供たちが主体的に学び、自問自答するような根源的な力、一番根幹になるようなものを培うための教育を行っていかなければならないとする目標は古来不変の目標であり、いつも変わらずに教育の中核に据えられていたはずです。いま、あえてそれに警鐘が打たれているとするならば、私たちの責任はますます重くなるわけですね。

要は、自ら育つ力を内包する子供たちの意欲を喚起し続け、その主題に沿った学習環境を作ってやるということだと思うのです。その一番のお手本は、教員自らの「創造的な生き方」の実践を子供たちの前に示すことだと思います。教員が自分の課題に向かって学び、あるいは研究している姿を子供たちの目の前に見本として示すことだと思います。

大学で教える教員には研究論文を書いたり、執筆や講演などの教育研究活動というものがついて回りますが、それと同様に、義務教育に携わる人間もまた日々、己の教育活動における創意の源泉を汲《く》み上げるための研究が不可欠で、その営みがあるかどうかは、子供の目にはすぐわかるように思います。私の個人的な体験でもそうでした。「あの先生は勉強している！」――そういうことが子供には直感できるのです。

何年かおきに学習指導要領が改訂されると、当該のお役所の担当が講習会などを開いてその解釈や理解を説いて回ります。指導主事、校長、現場の先生方は、それらを受講してその意を汲《く》もうと努力します。

指導要領は準拠すべき指針ではあるが、前述した通り、記載されている文言自体の概念が極めて奥深いものであるわけですから、その解釈や理解も、また教育的実践も多様であってよいし、その多様の中身のほとんどは現場の教師に委ねられているのですから、外側からの一律平板な解釈で、個々の教師の独創性を規定してしまうかのごとき伝達はいかがなものかと思います。

「自ら学ぶ姿勢」は子供に投げかけられた文言であると同時に、まさに、教師に向けられた言葉であると解釈すべきではないでしょうか。指導要領とか教案作成法とか、示された指針やマニュアルが教師の創意の喚起につながらずして、外側にあるカリキュラムに身を委ねる追従型の授業実践者を増やすような方向に働くようなことになったとしたら、元も子もないことになります。

「たのしい音楽活動」――。これにしても「楽しさの実体」をどう見るのか、どう用意するのか……。子供たちの目の前に、何か一過性の興味を誘うようなものを、ただ並べるだけではないはずです。「本当の楽しさ」というものは何か、答えは単純ではありません。その場限りの、ただ表面的な楽しさを繕ったり装ったりするだけのことなら、授業はそんなに難しいことではありません。易きに流れて、努力の後の楽しさや充実感、達成感を知ること無しに時を過ごしてしまったらもったいない話です。その辺りのことを追求して行くと、なかなか難しい。

極め付きは「生きる力」。

これはもう、私は考え込んでしまいます。

「子育て」という言葉がよく使われますが、私はむしろ「子育ち」と言いたいくらいです。つまり、子供には自分で育っていく力がある。

吉本さんの別の著書『詩人・評論家・作家のための言語論』（メタローグ、１９９９年）によりますと、お腹《なか》に赤ちゃんがいるときに、お母さんが口で「エー」と発音をして紙の上にアルファベットの「A」という字をなぞるんですね。そうすると、お腹の中の６ヵ月くらいの赤ちゃんは、その字を覚えるというのです。「A」という字を。本当かどうか（笑）……。

多分、この話は、かなり漠然としたもので、字形を覚えたとか意味がわかったとか、そういうことよりも、要は、それほどに人間でも動物でも、命をつなぎ、子孫を育んでいくという、根源的な力を持っている。そして６ヵ月を過ぎた赤ちゃんは、もう、母親のお腹の中で父親と母親の声をはっきりと聴き分けている。そんな時期に母親がヒステリックになったり、父親が乱暴な言葉で怒鳴ったりすると、お腹の中で赤ちゃんはいちいち反応する。胎児はお母さんのお腹の中でそのように時を過ごすのだ——と、吉本さんは書いているのだと思います。

お母さんが過度にピリピリし、「子育て」に怯《おび》えてノイローゼになったり、自らを痛々しい状況に陥れてしまったりといった報道に接するたびに、私は考え込んでしまいます。家庭でも学校でも、親や先生がその子のために一つでも多く何かしてやろうとする気持ち、奉仕や愛情というものはわかるですが、時にそれは too muchi、与え過ぎになりやすい。それが、もともと備わっているはずの子供の「生きる力」を減じてしまうことにつながらないか、と懸念するのです。

私自身のことをお話しするのは僭越《せんえつ》で心苦しいのですが、私の母親は、しょっちゅう何かを命じたりするような、過保護的な行動をする人ではありませんでした。むしろ、私はほったらかされていた。父も母も自分の事、日々の生活を営むのに精いっぱいだった。だから、私は勝手に自分で楽しいことを工夫したり、遊びを考えたりできたんです。

実に創造的ですよ、これは。ただ「母親」がいつも近くや背後にいて、私を守っていてくれているという、そういう安心感を強く感じておりました。普段の姿、その存在の仕方はむしろ、ひっそりと淡泊で目立たないのに、そのくせ、いざ不在ということになると、その欠落感や喪失感が強烈に襲ってくる。私は、これを「不在の在」と言っているのですが……。

いつも目の前にある、でも、あるにはあっても、なかなかそれが「存在」という重みにならない。子供たちにとって、先生が、あるいは親が、どうしたら「存在」になれるか、子供たちがその姿を見て、よし!と勇気づけられ、それによって生きる力を創出することができるような、どうしたら、そのような存在になれるのか……。

おそらく答えは一つ。多分、次のようなことになるのではないでしょうか。日々子供たちたちの目の前に立つ親や教師が、はつらつと、粛然と生きている姿や、自己探求や研究活動の場面を惜しみなく晒す――、そういうことではないかと思います。

だから、どうだと言うわけではないですが、私に言わせれば「生きる力」は生きとし生けるもの全て等しく与えられているものであり、あらためて「生きる力を養う」などといわれると、むしろ戸惑ってしまいませんか。子供にしたって、多少ズレてるかな？ ちょっと困ったことになったな、などと思った場面でも、結果的に自分で自分を修正し、その場を自分で処理できる力を発揮して乗り切る――つまり「復元力」ともいえる力を基本的に持っているんじゃないかと。それを信じた上で、時々の関わりに対処する子供の姿を見つめ、後押しする選択を、私たち教師はすべきだと思うんですね。

解決に時間がかかる子供があっても、その子が基本的に持っている力を信じ、あまりキリキリ舞いしないというか、もっと大きくおおらかに付き合う――。その距離を保つ教育があるのではないかということなんです。教案を作るにしても、分刻みでプログラムを消化していくような、あまり神経質で細か過ぎるのはどうかと思います。〝時間の切り売り〟になりかねない。子供の実感度を高めることなく、苦痛につながるような細部へのこだわりは労多くして何とやら……です。

これは私自身の自戒でもあるのですが、どういう場でも、どのようにも対応できるという力の蓄積が、教師には必要ということです。準備した教案では手に負えない現実はしょっちゅうです。咄嗟《とっさ》に対応できる自在な対応力を蓄えるために、私たち教師の日常があるべきだと思います。それはまさに教師の「生きる力」そのものから生まれ出るものではないかと考えます。

人間には自分で生きる力、自分で自分を律しつつ成長していく力というものが、生まれながらに授けられている——。このことを、もう故人になられましたが、私の恩師である作曲家・石桁《いしけた》眞礼生《まれお》先生が1982（昭和57）年10月6日、更埴市（現・千曲市）にある戸倉小学校で『音楽・芸術・文化と人間』という演題で講演をされました。その講演録を、今回久しぶりに読み直してきました。面白いことが書かれていました。それは、たぶん芸大の学生と石桁先生ご自身との関係をお話になったのだと思います。

教師が立派で学生が立派だったらその結果は文句なしに立派。教師がダメで学生がダメだったら、当然ながら結果はダメ。

難しいのはその中間なんだ、と言っておられます。

教師がダメで学生が立派だったら、結果は……立派だ。

こう言ってるのです。考えようによっては教師の責任逃れのようにも聞こえますが（笑）、そうではなく、人間というものは自己教育力というものを持っている、あるいは批判力といってもいい。そういう優れた力を天性として持っている。そういうことの、ひとつの比喩ではないかと私は受けとめています。

石桁先生はさらに、音楽教育についても話されています。

　音楽自体の教育というものをいい加減にやっていて、情操的側面に関わるようなことばかり口にするのは、これはゴマカシである

こう明言しています。情操教育というものは、私たちの芸術分野に関わる教科ではよく言われることですが、本当の情操教育というものは、算数や理科にある——と石桁先生は言っています。だから、算数や理科の先生がこの場にいましたら、音楽科と一体となって、子供たちの情操面を育む指導法を考案できるかもしれません。

前述の吉本さんの持論とは、全く別の見解のように受けとめられるるのですが、石桁先生はこんなことも言っておられます。

　自分の持ち場というものをミクロの世界まで分け入っていくと、そこがマクロの世界につながる。そういうのが正しいマクロである。ミクロをそっちのけにしておいて、マクロを振りか

ざしているのは、多分にゴマカシである。

9　細部《ミクロ》と全体《マクロ》

円周率の小数点以下の話をしましたが、小数点を限りなく求め続けていきますと、ミクロの世界になっていきます。そういう点からしますと、石桁先生の表現は「木を見て森を見ず」とは違ってくるように見えますね。やっぱり「木を見なさい」ということなんです。「木」を見尽くしなさい、ということなんです。

そこから思い起こされるのは「一即多」ということ。

一つのものを見つめるということによって全体が見えてくる、と話しています。一つの考えや方法には必ず裏と表があるわけで、裏の真実があるわけです。

吉本さんと石桁先生の両者のどちらが正しいのか、どちらが真実なのか、二者択一で答えを決めてしまうと、選ばれなかった立場は否定され、間違いという烙印《らくいん》を押されてしまう。この両者の見解は、ともに、ものの見方や考え方の理想的な追い求め方を述べているのであり、到達すべき目的は同じであることは、ちょっと考えればすぐに気がつくことです。

「木を見て森を知るべし」ということであり「森を知れば木が見えるはずだ」と言っているのです。

私なんかは、とてもお恥ずかしくて、皆さんの前で偉そうにお話しできる器ではないのですが、自分との対話も、もちろん他者との関わりにおいても、すべての場面において単純で浅薄な答えの出し方を戒め、モノの表裏を見、己の生きる力をもっともっと漲《みなぎ》らせて行かなければならないと、自戒だけはしているつもりです。

このような年齢になりますと、あとどのくらい生きられるのか……なんて焦ってもきます。これもやっていない、こんなものも読んでいない、さあ、どうするんだ！と。

まあ、そういうような自問自答するという力を持っている限りは、辛うじて自己錬磨の土俵上にいる、ということなのかも知れません。

「教育」の狭義の解釈は「他者に働きかけて心身の発達や成長を促す営み」ということだと思います。

つまり、己の側から対象に対する行為で「教育＝教え、育てる」という働きかけを言うわけです。私たちはこの認識に立って、日々子供たちに教育を施す仕事に関わっているわけです。

しかし、教育をもっと深く問い下げて行きますと、己から他者へという〝他動行為〟だけではなく、己から己へという道筋も当然その解釈の中に含まれるべきだということに思い至るはずです。つまり「教育＝教わり、育てられる」という認識です。「教える」ために、まず自分が「教えられる」「自分を磨く」という意識です。

10 感染させる力

再び私事で恐縮ですが、私の両親も教員でしたので、子供の頃から「学校の先生」を身近に見、観察していたことになります。実際、よく勉強……というのか、かなり忙しい日常でしたね。

父は本を買い込んだり、読んだ本を本屋に持ち込んで売ったりしていました。松本のT書店などに、一緒に連れて行かれたことも覚えています。そういう個人の部分と共に、それ以外では、学校関係での会合も頻繁にあったようです。子供の頃からよく耳にしていた先生方の会合の名称は同好会、読書会、教科会、学年会、聖書研究会、哲学会……、それに県の学会や研修会、講習会や講演会など。「今日は○○会だ」などと言いながら、休日を返上して出掛けていました。「名士訪問」などといって遠くまで出向くこともあったように記憶しています。酒席も多かったようです。

長野県の先生方の研究熱心さは、全国的にも知られています。信濃教育会なども教育史上、特筆されるべき存在であることは周知のとおりです。

日本で初めて本格的に「教育学」を論じた本は、本県・高遠町（現・伊那市）の出身で、後に東京高等師範学校長となる伊沢修二（1851～1917年）が書いた『教育学』（1882年）だったそうですが、そんなこともあってか、長野県は全国的に「教育県」としての高い知名度を得てきました。それは、教育を「自分が自分を教育すること」と捉えて、先生方が切磋琢磨《せっさたくま》する風土が出来上がっていたことによるのだと思います。

したがって、私たちが「教育を施す者」として、子供たちの前にその姿を晒すということは、自分で自分を教育し続ける人間の「典型」であることを、身をもって示さなければならないことになる。だから、勉強していない先生っていうのはダメなのですね。

これも自戒として申し上げますが、私も学生の前でいろいろなことを話さなければなりません。しかし、いつも恥ずかしいと思いますね、授業のたびに……。不勉強だという痛みがどこかにある。追いついていけないのですよ。学習することの量の多さに。どこかでそれを適当にし、いい加減にしてきてしまっているのですね。臨機応変、自在で弾力的な授業ができる力があれば、本当にすばらしいのですが……。日々、黙々と研究し勉強し続けている人間、内側に厳しさを持った人間の姿。子供は両親をはじめ、学校の先生を身近な対象として、きっとそれを観察し、批評しているんです。

これまでも度々申し上げて来た話で恐縮ですけれど、私の小学校時代にお二人の忘れられない先生がいました。いずれも授業以外の場で、その先生から強い刺激を得たんです。授業以外の時に寸暇を惜しむように勉強しておられる先生の姿が、私に多くのことを教えてくれたからです。やはり、授業の時間に接する先生と言うのは、授業という枠とか約束があったり、流れがあったり、指導の計画がありますから、なかなか全ては見えません。

お一人は絵の好きな先生でした。やがて画家として認められ、中信美術展や県展にも出品し、個展も何回か開催された先生です。その先生が若い頃に私の小学校の学級担任でした。春浅い1学期の初めの頃だったと思いますが、授業が終わると、まだ寒さの残る学校近くの田んぼの中にイーゼルを据えて、夕映えの安曇野や残雪の美しいアルプスを描いていました。私たちは下校の途中、先生の制作現場で、鬼ごっこみたいなことをしてワイワイ騒いで遊びながら、暗くなるまで、先生がキャンバスに一つ一つ筆を置いていくのを眺め、一つの作品が完成していくのを見ていたのです。ただ、それだけのことなんです。

しかしそれは、その先生に対する私たちの大きな信頼になったのです。「あぁ、この先生は、こういうことをやっている人なのだ」と。翌日、その先生による国語や算数などの授業を、私はより深い敬服の念をもって受けました。

もう一人の先生は音楽専科の先生でした。

授業が終わって、休み時間になっても職員室には戻らないのです。音楽室でピアノを練習していました。やっぱり「実技」の勉強を不断に、寸暇を惜しんで続けていたんですね。授業では口頭で、ああだこうだと説明や細かなことを教えてくれるのですが、その背後に厳しい訓練があるのだという、そういう現場を見てしまったのです。その姿は忘れられません。私たちは次の時間の始まるまで、その先生のピアノ練習を先生の指先と表情を交互に見ながら、ワクワクして聴いていたものです。ご自身の勉強というか、課題というか、仕事に取り組む姿が子供に与えるインパクトの大きさは計り知れないものがあるのだと、私は信じています。

少しでも、自分をそういう時間の中に置きたいですね。

お二人の先生のそうした場面に接することができたことは、私自身の大変貴重な体験となって、いまでも自分の生き方、あるいは「生きる力」の源泉になっています。

11　発見

あまり漠然としたことばかり申し上げていると時間が経ってしまうので、もう一つだけ、大切なことをお話しておきたいと思います。

さっき、石桁先生のお話の中で出しました「音楽自体の教育をいい加減にしてはいけない」ということについて、です。

「音楽自体の教育」とは一体どういうことなのでしょうか。

音楽の教科担当ということになりますと、指導要領でも事細かに書かれているように、音楽の仕組みや約束事や歴史、技術などについて、教えなければならないことがたくさんあります。教える対象が子供なんだから、教師もそんなに複雑で難しいことは身につける必要はないなどと考えるのは大変な間違いで、むしろ、対象が子供であるからこそ、音楽の基本をかみ砕いて、易しくわかりやすく指導して行く力が求められるわけです。それはまさに専門的な研究者の力量に匹敵するくらいの力が必要なのではないかと思います。

難しいことを難しく説くことは易しいのです。簡単明瞭な事柄を難しそうに取り繕って説くのも、実は易しいことです。しかし、難しいことを平易な言葉に下ろして、かみ砕いてその真意を伝え理解させる。理解させるばかりではなく、そこに興味を喚起させる指導は簡単ではありません。そう思われませんか。私はそう思いつつ、日頃の教壇で、そのことを実感し、反省しております。

私たち教師にとって「音楽とは何か」という根源的な問いと対峙しつつ、楽理、楽式、和声などの理論、加えて歴史や文学などへの広がりと深化、そして最も大切な音楽の技術を磨き、表現の向上につなげる不断の練習や研究を欠くことは絶対に許されないと考えます。

教師が深く学ぶことで、教育現場のどのような局面においても、子供たちにわかりやすい言葉、教育的に有効な言葉によって興味を喚起することが可能になり、教師自らも教育現場での自在な表現力、さらなる応用力を身につけることが可能になるのだと思います。それらを生かした指導上のスキルを身につけることができるのだと思います。自信をもって教えるためには、何と言っても教師自らの勉強が前提です。これも言うまでもないことですが、「音楽自体」という言葉は、例えば楽式などの理論の一部を意味しているわけではありません。音楽が抱えるすべての「音楽的なもの」を包摂するという意味です。

例えば、教科で言うならば、音楽は国語も算数も理科も体育も、あるいは社会科や道徳といった科目にまで密接に関わっていると言ってよいでしょう。そのような関わりのなかから、純粋に「音」「形」「量」「関係」をとらえて「造形」の面白さ、その原理の面白さの発見につなげる教育が重要なのです。大切なことは、そのような広がりの中からさまざまな秩序や普遍の造形原理を探り、実際の音楽作品にどう潜んでいるのか、体験させることで子供たちの感性が磨かれ、豊かな感知力を持つ人間として育っていくのです。

例えば、期待とか願望とか祈りなどという人間の基本的な感情が、旋律の上下運動や音価の長短とかに深く関連していることを知れば、子供たちはきっと驚くに違いない。和音や和声、音響の混濁と浄化、閉じたり開いたりする密度の変化が人間の情的側面といかに不可分であるか、といった知覚を、教師による適切な誘導によって子供たちの純粋な感性の褥《しとね》に深く浸透させることができれば、音楽を教える人間にとって大きな喜びとなるはずです。

12　教師の技量《メチエ》

今日は素晴らしい研究授業を見せていただき、本当に感動しました。子供の心の窓を開いて、何とか音楽の楽しさと共に、その根底にある原理に着目させようと奮闘される先生方の情熱――。子供の視野や興味を広げるために、関連する話題や活動を挟みながら、それが音楽自体の教育につなげられていく。こういう相互の関係を見事に実践しておられたことは素晴らしいことだと思いました。

先ほども触れましたが、音楽の授業として最も大切なことは、当初は感情とか情緒の面から入っても、あるいは比喩や譬《たと》え話から入っても、やがて教師個人の主観や独断ではない客観的な、あるいは科学的、論理的な側面に〝連れて行く〟ということだと思います。個人の情域を越えて存在する万古不変の秩序、その厳粛な美しさを少しでも理解できるように導いて行くことです。

本当の情操教育というものは、算数や理科にある、と石桁先生は言っておられます。その意味は算数や理科における多くの法則や原理を学ぶための透徹した論理的思考を通して真理真実に目覚め、そのこと自体に内包される秩序の美しさに気付くことが、本来の情操なのだということを仰っているわけです。

しかし、これは感情や情緒の側面を否定する理論ではありません。そこから入ることはむしろ有益です。ただし「ああ、美しい」とか「楽しい」という感情の共有だけではダメなのであって、「どうして美しいのか」「なぜ楽しいのか」という、次なる課題に踏み込まなければならない。例えば、そこで比例という秩序を発見したり、図形の対置とか投影とか、あるいはリズムにおける一定の数理的関係に気付いてくれることで、「どうして？」という問いについて、一つの答えを子供たちが見つけてくれれば、こんなうれしいことはないのです。

「音楽それ自体の教育」ということは「音楽のなかに潜む無限の原理に気付かせる」ことだと思います。具体的な例を挙げますと、反復とか変化とか、対比・対照とか、バランス、比率、比例関係、エネルギーの濃淡、引く力、放出と着地、反転、反射、鏡に映る音像の逆転像――のようなことです。こう列挙すると、途轍《とてつ》もなく難しいように思えるかもしれませんが、逆に子供たちにとってはとても興味のある事柄で、彼らは目敏《めざと》く、耳敏く、彼らの音楽体験に同化させていく力を持っているはずです。「もっと楽しく歌いましょう」といった抽象的、情緒的な語りかけの方が、子供たちにとってはよほど難しいことではないでしょうか。

このような、音楽に関わるさまざまな事象に気付かせ、それらをわかやすく教えていくことは、更々欠かしてはなりません。情緒的な側面とは違った、時間と音との厳正な秩序であり、運動の姿形であり、造形の原理なのです。音楽を聴いたり演奏したりしながら、同時にそれらを観察し発見するための示唆を与え続けることが大切なのです。

ものの形は、外形はよく見えると思われがちですが、実は、よくよく見なければ見えて来ないものがたくさん潜んでいます。どうして美しいのか、どうして感動するのか――といった問題を解明するために、その原理を探り、それがどのように音楽の表現となっているのかを考える、そうした順路をたどる授業の道筋ができれば、教える側、教えられる側の双方にとって、とても有益なはずです。すなわち「考える授業、創造的な授業」に直結するはずでしょうし、子供の個々の到達度や思考力に沿った学習、つまり「子供の個性にあった学習」の場面をつくることも大いに可能になるでしょう。

見て、聴いて、発見する場面を与えれば、子供たちは喜々として授業に参加してくることでしょう。子供たちの観察や思考の手助けをしてやりたいものです。そのために、いい教材を示し、いい作品に触れさせる。時には現代音楽の作品なども恐れずに示してやる。そういう豊かな体験環境の中で、子供たちが個々に発言し、相互に啓発され、高められていく環境、そういう環境を創出することは教師にとっても決して楽なことではありません。学習指導要領に書かれている内容の展開の仕方など、ハウツー本にあるような、身体性を伴わない授業を提供するだけでは、決して成立しない、もっとも大切な環境づくりだと思います。教師が個々の不断の研究で蓄えられた豊富な中身、つまり技量《メチエ》が問われるのだと思います。本日の研究授業の中でも「あっ、この瞬間に、この言葉！」というような、先生からの素晴らしい助言が子供たちに投げかけられる瞬間があったことを申し添えておきたいと思います。

「音楽自体の教育」という観点においては、当然ながら「技術的な側面」も考えなくてはなりません。音楽のみならず全ての芸術においては「表現」という特別な技術的観点が付いて回ります。音楽においては「声を出す」「楽器を演奏する」「音符を読む」、さらには「記譜力」「聴音力（聴く力）」「音感力」……。こうした技能的な側面にも一定の力を付けさせる教育を伴わせなければなりません。音楽教育の明確な一面なのです。

表現のための教育には、もちろん表現意欲を喚起するためのさまざまな側面があり、単に技術を単体として切り離したような指導は適切ではないのですが、しかし、例えばピアノやフルート、あるいは教室全体で取り組むリコーダーとか鍵盤ハーモニカなどの楽器操作では、純粋に技術的な指導が必要になります。この場面では、子供たちの対応能力にもバラツキが出がちです。歌を歌ったり、楽器を奏したりすることは、本来的に子供の好む事柄なので、上手下手、できるできない、といった過程をより有効に導くための教師の関わり――つまり、それは教師の演奏力量ということになりますが、その力量を発揮して子供たちの学習意欲を盛り立てていかなければなりません。歌が上手な先生は、いつも子供の前で歌う、楽器の演奏が得意な先生はいつも子供たちの前で演奏する。しかも上手に！ですよ（笑）。

これが子供たちの意欲喚起につながるのです。こうした実技の優れた先生というものは、子供たちの注目の的なのです。

さらには「協同的、活動的側面」というものがありますね。学校は集団の場ですから、先生と生徒の一対一の場ではないわけです。10人とかグループ（班）とか、クラスとか、学年とか全校とか……。それぞれの場をどう生かし切れるか、かなりテクニカルな面があると思います。

今日、最初に見せていただいた「音楽集会」では、全校の児童を見事に一つの目標に向かわせていく、素晴らしい展開だと思いました。私だったら、きっとあのようにはいかないだろうなあ……と感心しながら見学させてもらいました。

13　ルール

協同的な活動、つまり、集団的活動においては、遊戯性というかゲーム性というか、そんな関わりがあるわけですね。「遊び」にはルールがなくてはなりません。

《ドビュッシーは破壊主義者だったからルールは要らなかった。ラヴェルは職人で遊び人であったからルールを必要とした》と言ったのは誰でしたっけ？　いま咄嗟には思い出せません。あるいは、これも矢代先生だったかもしれません……。

つまり、遊びのためにはルールが必要、しかも、徹底したルールが。「遊び」というカッコでは括《くく》れないかもしれませんが、音楽や絵画においてさえ、つまり芸術一般において、このルールというものは古典から延々と伝えられてきたのです。あるいは追求され続けてきたのです。「造形の原理」というようなものがそれに該当するといってもいいと思います。万人が共有する美の尺度であり財産であるといえるのではないでしょうか。

そうそう、思い出しました。《ドビュッシーは偉大な破壊者だった》というのは、矢代先生のあの有名な『ラヴェル考』（矢代秋雄著『オルフェオの死』深夜叢書社、１９７７年）という小論の中の文章です。これは、先生がラヴェルとドビュッシーを比較しながら論じる際の比喩だと受けとめればいいと思うんです。ドビュッシーだって、ルールや語法の全てを壊してしまったわけではありませんから。

「ルールと、その破壊」ということの一つの例を紹介します。

新聞に「折々のうた」という、大岡信《まこと》さんの連載コラムがあります。ここに、かつて掲載された藤木倶子さんという方の俳句なのですが、こういうのが載っていました（朝日新聞2001年4月7日付朝刊）。

逢わぬ日の春浅き波頭かな

これは、誰が見ても俳句、つまり「五七五」ですね。そのことの面白さについて大岡さんが触れておられました。

私たちは「五七五」という形式、それは文字数でありリズムであるわけですが、それを知っていて、しかも、そこにそれらを逸脱しているものを発見する。

この句を定型によって堅苦しく詠めば、《あわぬひの／はるあさきなみ／がしらかな》となるわけですが、それでは意味にならないことにすぐに気付き、《あわぬひの／はるあさき／なみがしらかな》と詠むべきと直感します。つまり「五五七」ですね。ここにルールからの逸脱、大げさに言うとルールの破壊があるわけです。

俳句ではよくある事例で、これを「句割れ」とか「句跨《また》ぎ」というのだそうです。そうなると「句割れ」が新たなルールとなるということなのです。破壊することは、それでオシマイとなるわけではなく、新しいルールの創始ともなるわけです。「句割れ」の句といわれる、このような場面に遭遇したとき、何か不思議な、新鮮な感覚に襲われるものです。リズムやフレーズが一瞬「おやっ、何かが違う」と。そのことを楽しんでいるんですね。でも、楽しんだままで、そこで止まってしまうことが多いのではないでしょうか。なぜヘンなのか、なぜ、これが面白いのか、見極めようとすることが大事なのです。

作者が原理や基本をわきまえながら、なおかつ、それをどう崩しているかということ、また、そのことによってその作品がどういう表現を獲得しているのか、それを考えて行くことの楽しさは格別です。

とにかく、そういう原理を内包し、それらと闘い、それぞれの表現に立ち向かった先人たちの、偉大な精神遺産として数多くの名作がある。こういうものに謙虚に耳を傾け、心を預け、深い感動を得ることのできる人間を育てたいですね。そのためにもまず、教師自身が感動体験を持たなければ話になりませんが……。

音楽の授業における「鑑賞」の領域はとても重要なものであることは言うまでもありません。とは申せ、私自身もまだ聴いたこともない作品がいっぱいあり、こういうことを申し上げるのはいささか気が引けるのですが。多くの作品を聴く機会がないままに自分の一生を閉じることになるんじゃないか、という危機感を思いながら過ごす最近であります。

一定不変なもの、不易なものがあり、その認識と知覚によって、それらの変形（デフォルメ）

をも享受できるわけです。人間の持つ痛覚や知覚する能力、あるいは予感する力、眠れる記憶を覚醒する力、これらが「感性」といわれるものではないでしょうか。そのような力を育て、敏感な心を育てたいですね。感じ取れる力です。その振幅とか起伏が大きければ大きいほど、感性が豊だということなのです。

私自身もここまで歳を重ねましたが、この先も大いに自分の感性を研ぎ澄ませたいと思っています。

「感性を育てる」などという文言も教育現場で日常的に使われるのですが、お題目のように看過されている面も多いと思います。ちょっと本気で考えれば、このことがいかに難しいことであるか、わかるはずです。

先ほども述べましたが、知覚とか感覚とかと言うものが精神の「静かなところ」から立ち上がって来るように思えます。そして、その精神の静けさが「ゆとり」というものではないか……と。「ゆとり」の中で、時に曖昧に、漠然と考え、次に仮説を立て、その検証へと向かう、詰めて行く。その過程で、創意や感動に必ず出会う。思索にとって最も大切な場所、それは一種の瞑《めい》想《そう》の場、自己を深く沈めて静思させなければ見つけることができないような場所のことだと思います。そういう場に自分を沈めるということは、孤独で忍耐を必要とすることです。

今の子供たちには忍耐力が不足していると、よく言われます。みんなで集まってワッと遊戯的な場所で楽しくやる、そういう場とは表裏一体の静けさ、内省的な「個」の場所に戻してやることと、この二つの場のバランスが大切だと考えます。どちらかを欠き、どちらかに偏った教育現場だとすれば、感性教育もまたバランスを欠いてしまうでしょう。

14 提案

結論ということには、なかなかならないのですが……。

授業の実践には「指導要領」のような共通の目的やマニュアルが必要ではあります。しかし、そのような外側にある要素、石桁先生はよく「外在律」という言葉を使われましたが、そういったものは、必ず授業担当者の「個」のレベルに落とされ、その者の「内在律」として再構築されなければなりません。私なら私、先生方なら先生方のそれぞれの「個」の中で、「ゆとり」やら「弾力化」やら「個を重視する教育」などといった言葉に体温を与えて蘇生させ、教師の自己表出として実体化させなければならないと考えます。

具体的な提案を申し上げてみようと思います。と申しますのは、学校というものが子供たちにとって実に楽しく、魅力あるところにするために、私は先生方が、算数の先生も理科の先生も家庭科の先生も、体育の先生もみんな集まって、先生方のコーラス、合唱団を作ってもらいたいと思っているんです。

下手とか上手とか、そういうことは問題じゃないですよ。先生方が子供たちの前で歌うんです。先生たちが集まって大きな声で合唱している！――そういう場面を子供たちはどこからか目を輝かせて見ているに違いないのです。子供たちにとって、こんなワクワクドキドキする光景はめったにないですからね。学校が息づき、脈動すること間違いなしだと思うんですが……。

お互いに忙しい毎日だと思うのですが、授業そのものが終わったということで、それだけでは一日は終わらない。

私の場合は、現在の年齢を思うと焦ってしまうのですが。幸いにして最近では5時間くらい寝ると、なんとか一日持つものですから、朝起きて何かものを書くとか、そんなことが少しずつできるようになってきました。教師という仕事を誇りと思うことが度々あります。

しかし、最近教師をとりまく環境は、教師が本来の研究に当てるべき時間を容赦なく奪い取るような状況になってきています。社会も家庭も学校も、それぞれが次代を担う子供たちを育てる〝大切な教育機関〟なのですが、その役割をともすれば全部学校や教師に押し付けてくるような状況があるのではないでしょうか。大変です、いまの先生方は……。

親には、家庭ですべき躾や習慣など、成長期の子供への幅広い、家庭ならではの教育の役目があるはずですが、そうした関わりが不十分なためか、本来、家庭で行うべき教育の欠落部分を学校に押しつけ、責任転嫁しようとしている。これではいけません。「ゆとり教育」は、皮肉にも先生方のゆとりをつぶしてしまっている。教師にはもっと静かに自己を沈潜させて勉強に費やす時間を与えなければ、将来大変なことになると思っています。


きょうは、音楽に関する事も後半で申し上げましたが、私自身が音楽に関わる人間として、自分が見たり考えたりしているものは、必ずしも音楽だけではなく、むしろ音楽のことを考えることの方が少ないのかもしれません。音楽ばかりに近視眼的に触れていると、逆に音楽が、音楽自体がわからなくなってしまうということがあるものですから。

これは「森を見る」という心境ですかね。しかし、それでいて、なおかつ「一本の木」のこともすごく大事に見よう、と。森、つまり総体ばかりを漠然と見ていると、今度は音楽の実像がはっきりしなくなる。ぼやけてしまう。森の中に溶けて消えて見えなくなってしまう危険性もあるわけです。複眼的な視野と単眼的な視野。学校における子供たちの観察には、この両者が一体となった、あるいは表裏を成した視座が大事ではないかと考えております。


このくらいで、私のお話を終わりにさせていただきたいと思います。

お手元に8小節くらいの楽譜を差し上げてあるかと思います。お話の間でご一緒に歌って見ようかとも思いましたが、このあとのステージで使ってみるかもしれません。そのまま、お持ちください。

大変まとまらない、散らかったお話でございましたけれども、お許しいただいて、これで終わらせていただきます。

ありがとうございました。


（2002年11月15日、飯田市文化会館大ホール）

なにかしなければ、消えてしまう…　中学生のための講演

皆さん、おはようございます。

ただいまご紹介をいただきました飯沼と申します。

私はこの学校の51年前の卒業生です。当時は「組合立豊穂中学校」という校名でしたが……。

きょうは、皆さんの豊科北中学校が創立20周年ということで、記念の講演と、皆さんと一緒に私の作曲した曲を歌うという機会をいただきました。心からのお祝いと、お礼を申し上げます。

さて、20年ということですから、人間でいうと「20歳（はたち）！」。青春真っただ中の、この豊科北中学校。いろいろなことが、この校舎の壁や廊下、あらゆるところに皆さんの先輩たちや教壇に立たれた先生方の足跡が残されていると思います。

しかし、私たちには常に先に向かって進むという大きな希望と力があります。いま、20年目からの新しいスタートを切ったこの学校で、日々、一生懸命に勉強して、この安曇の澄んだ空気と美しい自然によって磨かれた心をもって世の中に出て行ってくれることを心から期待しています。漲《みなぎ》る活力、勇敢な試み、それから、己を鍛えていく力……。「克己心」と言いますよね。その気持ちに満ち溢《あふ》れた自我の形成ということを、私は切にお願いしたいと思っています。

1　草むしりする校長先生

私の中学校時代の話を、ちょっとさせてください。先ほど校長室でお茶をいただきましたが、その部屋の壁に、歴代の校長先生の写真とお名前が掲げられていました。

その一番右端、初代の校長先生の三沢巌《みさわいわお》先生……、私たちは「ガン先生」といっていましたがね。私はそのガン先生の時の卒業生です。町の合併や学校の分離などで、校名も豊穂中学校、豊科中学校、そして現在の豊科北中学校と変わりましたが、最初の豊穂中学というのは3年間くらいで名前が変わったように覚えています。

ちょうど今日《こんにち》の状況と同じ様に、市町村の合併が盛んな頃で、校舎も新しくなり、友達も増えました。校舎の周りの樹木も植えられたばかりで、大きな木は1本も無かったです。グラウンドは石ころだらけ。ですから、毎日校庭に出て石を拾い、モッコ（畚）を担いで整備に汗を流したものです。木も植えました。新しい友達もつくりました。毎日がすごーく楽しくて、学校へ行きたくて行きたくてしょうがなかった。本当に活力に満ちた中学生時代でした。

あるとき、私は間違えてしまったんですが、ご近所の農家のおじいさんが、今でいうボランティアで学校に来ていたのかと思いました。大きな鍔《つば》の麦わら帽子、腰にぶらっと手拭いを垂らし、地下足袋を履いてね。教室の窓の下に屈《かが》みこんで草むしりをしている人がいるんです。ところが、それが三沢校長先生だったんです。

校長先生は教室の窓の下で草取りをしながら、いろいろな先生の授業の様子を観察し、授業を受ける私たち生徒のことをそっと見ていたんですね。そういう先生でした。なんというか、とてもすばらしい校長先生でした。そんなことを先ほど、校長室で写真を見ながら、懐かしく思い出しておりました。

2 不安の中の決断

私の中学生の頃と今とを比べますと、いろいろと変わったことがたくさんありますが、この安曇野の田や畑の風景、山、空……、こういうのは変わりませんね。区画整理で田畑の風景は当時とは少し変わったようですが、そういう自然そのものから、中学生だった私は「不思議なこと」「神秘的なこと」をウンと感じ取りました。「不思議だなあ……」と思うことがいっぱいあったんですよ。

それから、人間の生活する姿、暮らしぶりというものを、いつも見ていました。それは両親や学校の先生であり、そして朝早くから夜まで、それこそ暗くなるまで田んぼや畑で働く、安曇の人たちの姿でした。たくさんの働く大人というものを見ました。毎日見ました。とても言葉では言えないのですけれど、人間の一番基本となるべき「労働」ということ、働くということを、見たり、聞いたり、考えたりしながら中学時代を過ごしたのです。

しかし、私には不安がありました。大きな不安がありました。それは高校に入ってさらに深刻なものになりました。

友達はみんな、それぞれの志望大学への進学を決めて頑張って勉強しているときに、私はなぜか「音楽」をやりたいと言い出したんです。今では、皆さん好んで楽器を弾いたり歌ったりしていますが、その当時は、この辺りで音楽家なんかを目指す人間は一人もいなかった。だから、変人に見られたんです。

私の父は「歌舞音曲、男子一生の仕事に非《あら》ず」といって猛反対しました。「歌舞」というのは歌ったり踊ったりすることです。そういうことをやるのは男子の一生の仕事ではない……と言うんです。

でね、私は父の意見に反抗しましたが、でも不安がありました。本当は自信なんてちっとも無かったんです。音楽なんかやって、本当に大丈夫なんだろうか、生きていけるのだろうか、という不安です。

音楽家ってのはね、さっきお話したような、工場や田畑で汗を流して働く、肉体を使って汗を流して働くといった、世のため人のためになることを目的に毎日を働くという人間の尊い労働の姿があまり見えなくて。何だか、弱々しい人間が、毎日毎日をただ楽しみながら音を奏で、歌をうたって過ごしていくような、そんな存在じゃないのか、そんなんでいいのか。……という迷いが私にはあったのです。でも、一度言い出したことは後には退けませんからね。それで意地にも頑張ろうと決心しました。

そのためには、今お話した自分の内部に沸き起こっている不安や疑問に、自分で答えを出さなくてはいけない。そこで、私は自分に納得がいく答えを探して、次のように考えをまとめたのです。

――音楽は人の心にとって大事なものだ。音楽によって人は勇気付けられ、また慰められ、時には深い思索の森に導かれていくこともあるであろう。考えたり、描《えが》いたりしたものを、秤《はかり》で量《はか》ったりすることはできないが、それは必ず人間の精神に宿り、人間でなくては創り出すことのできないものに向かって自分を高めることにつながっていくはずだ……と。

だから、一生をかけて取り組む価値があるのだ、と自分に言い聞かせたのです。

3 苦しくて当然

みなさん、音楽ってのは「音」。人間の声も含めて「音」なんです。この音を出し続けていくためには、すごーく努力が必要です。エネルギーが要るんです。だって、「音」は出たとしても、そのままにしておけば消えちゃうでしょ。放っておけば消滅しちゃうんです。

それが消えないようにするためには、そこに何か、例えば作曲家とか演奏家とかが元々消えていってしまうようなものを「消えないようにする」ための仕事をしなければいけない。

そして、ただ音を鳴らし続けるだけでは何にもならないから、それが人に伝わって、そのことで人の感情がゆれ動いて、心が揺さぶられて、つまり、感動を呼び覚ますような、確かな形質をもった存在、秩序をもった音の形、つまり「作品」という高みにまで創り上げげないといけないんです。

この作業はとても苦しいことです。いや、むしろ苦しくなくてはいけないんじゃないか……と、私は高校生の頃から今日に至るまで、思い続けています。

結果的に音楽は楽しいものになるかもしれませんが、過程はむしろその逆で、ただ楽しいだけでは作品は出来上がらない。そのことに気がついて、それで私は勇気が出たんです。楽しいことだけをやるのであれば、みんな誰でもがやろうとするし、誰がやっても苦労なしにできるわけです、私がやるまでもなく――。そうじゃなくて、私にしかできない苦労を通して、私にしか書けないものを書くという、その誇りのような気持ちが私に作曲家を目指す決心をさせたのだと思います。

そうそう、中学校の体操の授業で先生に連れられて学校の裏手を流れる矢原堰《やばらせぎ》で水泳をしました。いまもありますね、そこの矢原堰。でも今は川岸がコンクリートで固められてしまって、昔のような草木の茂った堤防は無くなってしまいました。水も汚れてしまったようです。

学校にプールなんか無かった時代です。矢原堰の橋の上から、みんなで川に飛び込んで、下流に向かって泳いだんですよ。水の流れに乗っかって……。それはそれは気持ちよく、スイスイと泳げました。

そしたら先生から「こら！　どうしておまえたちは水の流れる方に泳ぐんだ！　逆に向かって泳げ！」と怒鳴られて、上流に向かって泳がされた。いくら抜き手を切っても足をバタつかせても、川岸の草や木の景色が一向に後ろの方に動いて行かない。ちっとも前に進まないばかりか、ちょっと気を抜くと後ろに流されているんです。それは、いまから思えば、風上《かざかみ》に向かって走るとか、上流に向かって泳ぐとか、そういう苦労を身をもって体験する、すばらしい授業だったのです。

音楽においても「音を選び、それをつなげていく」ということにも、そのような一面があるんです。放っておけば音は消えてしまいますからね。もちろん「消えていくこと」の美しさ、「切なく悲しい美しさ」といったものも、もちろんあります。これはまた別の意味で難しいことなのですが、そのような「消える」「無に至る」という意味をも一方で考えながら、作品というものの姿を創り出すためには「反抗」、つまり「逆らう」、あるいは「対抗する」ということが欠かせないということに気がついて、そこで音楽と向き合うとき「汗が流せるな」と思いました。

そんなことがあって、私は音楽の道に進んで、この歳までその道で仕事をやってきましたが、今、とても幸せです。そして、私に音楽への気持ちを培ってくれた、この安曇の自然とか、人々とか、とりわけ学校で教わった先生や、決心してからの私を応援し励ましてくれた両親に深く感謝しています。

4 詩を読む

3年前に『信濃まほらま』という曲を作曲しました。

いま皆さんが手にしている楽譜です。その楽譜の扉にも書きましたが『信濃まほらま』に、私は次のような願いを込めたつもりです。

その第一。音楽は、いろいろな音を材料にしますが、「人間の声」というものは、その中でも〝王様中の王様〟だと私は思っています。楽器を演奏することも素晴らしいことで、そのためには技術を磨く勉強を欠かせません。「声」だって本当はそうなんだけども、しかし「声」というものは音楽をする、その最も原点にあるものです。

ですから、声を合わせて歌う、合唱するということは、私には特別な思いがあります。それで、この『信濃まほらま』という曲では、小学校の子供たち、中学校の生徒、それに大人、あるいは学校の先生方が、同じ楽曲を声を合わせて一緒に歌う、そういう特別な形を持った3群の形態を含んだ「9声部からなる大規模な混声合唱」にしたのです。子供だけの合唱、あるいは大人だけの……といった限定を取り払って、年齢で声を分けないで、生きている人間がみんなで一緒に声を合わせる……という発想です。きょうは、その中の「中学生のための混声三部合唱」だけで歌えるように創られている部分を歌ってもらうわけです。

二番目の願いですが、この詩の中には私たちの周囲のことを歌った言葉や、人間にとって深い関わりをもち、考えを巡らすべき大事な対象となる言葉がたくさん出てきます。

第1節では「水」。

私たちの身のまわりに、手の届くところにいつでもある水。これは命の源です。特に安曇の水は冷たくて、澄んでいて、とても清らかな水、デイダラボッチが頬《ほほ》を寄せたおいしい水です。「清冽《せいれつ》に滔々《とうとう》と」という言葉が第1節の歌詞の中にあるでしょう。川の始まりは一滴のしたたりですが、沢や谷をくだり、やがて川となって林野を潤し、大河となって海に注ぐ。そういう、はるかな道のり、それは歴史と言ってもよいのですが、そのような万物の生成の源となる水がテーマになっている詩を歌い上げたいと願いました。

第2節では「光」がテーマになっています。

朝、光がだんだん増して、そして一日中、光が満ち、やがて暗黒の夜に入っていくという、光の発生から消滅までが「精妙に悠然と」という言葉が添えられて書かれているのです。

「精妙に」っていうのは、時というものが少しの狂いもなく生まれ、進んで行くということを言っています。つまり、これは、天体、宇宙、地球……そういう掴《つか》みようのない大きなものが、しかし、一定の秩序の下に、ぶつかったり壊れたり乱れたりしないで、それぞれの時、永遠の時を刻んでいるのだ、ということを言っているのだと思います。

そこに光というものが存在し、その「光」のことを思うことで「時」というものを知覚する。その知覚は、やがて自分たちが「生きていること」を考えることにつながっていくのだと思います。

デイダラボッチは、ここでは、夕映えのあまりにも美しく神秘な光をみて思わず立ち上がり「茜《あかね》、茜!」と叫ぶのです。こういう詩の言葉がぴったりするような楽想で作曲をしなければいけない……と思い続けました。皆さんにも、ぜひそのようなことを心に思い描きながら歌っていただきたいと思います。

常念岳や燕岳《つばくろ》が、朝、真っ赤に染まって、夜明けの新しい光を受けて、山の襞《ひだ》の一本一本までくっきりと見えるような、そういう光景を皆さんは見て知っていると思います。

また、夕方、5時とか6時とか、夏だと7時くらいになると、もう山の襞なんか全然見えなくなって、ただ真っ黒けの山が、暮れていく空を背にドーンと屏風《びょうぶ》のように浮かんでいる様子も知ってるでしょう。皆さんは朝と夜、どっちの風景が好きですか。私はどっちも好きですが、強いていえば「闇に入っていく瞬間」が好きですねぇ。「慄《おのの》き」がありますからね。あるいは「畏れ」と言ってもいいかもしれない。私たちは、このような神秘的で不思議を思わずにはいられなくなる光景を見ることのできる、素晴らしいふるさとに住んでいるのです。

5 カッコいい人間とは…

曲名の『まほらま』というのは「優れた」という意味です。「まほ」とは「真秀」「真ん中」「中心」ということです。

作詞された高橋忠治先生は「おおいなるものに包まれた信濃への感謝と礼賛」とおっしゃっておられます。デイダラボッチは、山を枕に昼寝をするくらいの伝説上の巨人ですが、自然や宇宙の不思議に感動する優しい、従順な心を持っていたのですね。このような想いに満ち溢れている詩に私は非常に心を動かされて作曲に努めました。練習では難しい部分もあったかもしれませんが、きょう、このあと、一緒に精いっぱい歌いましょう。

さて、いただいた時間も無くなってきました。

あと1分になりましたので、最後に皆さんにお伝えしたいことを喋《しゃべ》らせてください。

最近は悲しくて愚かしい事件が大変多いです。ガマンということができずに、すぐキレちゃったり、暴れたり、いじめたり……。そういう人間は私は一番弱虫だと思っています。

一番強い人間、カッコいい人間ってのは、あんまり大騒ぎしたり、しゃべりまくったりしないで、自分のことをしっかりと見つめるための、心静かに瞑想《めいそう》する場所を持っていて、いつもそこに立ち戻って生きている人、前から見ても後ろから見ても、こういう人は魅力的です。

どうか皆さん、おどおどしないで、自分を悲劇の主人公になんかしないで、そして、人のせいにしないで、コツコツと粘り強く前進する人間を目指して頑張ってください。上流に向かって泳いでください。風上に向かって走ってください。そして、小さな瞬間、一回一回のチャンスに精いっぱいの心を傾けてください。イチロー選手のようにね。大きな成果は初めからあるものではない、積み重ねの上にしか無い、とイチロー選手は言っていました。

ちょうど時間がきました。これでおしまいにします。

（2005年10月15日、長野県安曇野市立豊科北中学校）

音と人間　中学生のための講演

1　はじめに

2年ぶりに、ここ新野《にいの》（長野県下伊那郡阿南町《あなんちょう》）にお邪魔しました。それなのに、もう、何回も訪れたような気持ちになります。私自身も、ちょうど皆さんとおなじ中学生の頃に、乗鞍山麓の山奥の中学校（当時の長野県南安曇郡安曇村大野川中学校＝現・松本市）に通ったことがありますので、そのことが一層親しみを感じさせるのだろうと思います。

きょうは「音と人間」というテーマで、これから約1時間ばかりお話をします。ご父兄や地域の皆さまにもご一緒に聴いていただくわけですが、お話の焦点は生徒の皆さんに絞って進めさせていただきますので、どうかご了承ください。

「音」は私たちの身の回りに無限に存在しています。そして、それは「空気」や「光」や「水」のように、人間にとって、いや、命をもって生きる全て生きものの生の営みにおいて、無くてはならないものなのです。

私たちは、お母さんの体内にいる胎児のときから音を聴いているといわれています。そして、この世に誕生したということは、さらに「無限の音の世界に生まれ出てきた」といっても過言ではありません。

音について考える前に、「風景」のことに触れておきたいと思います。なぜなら風景もまた「人間の生きる大切なステージ」だからです。中でも「自然」が恵んでくれる風景は、例えば都市や公園などの人工の風景……。この、人の手が創り出した人工の風景を「景観」と呼ぶそうですが……、それらの人工の風景とは違って、自然が恵んでくれる風景は真に人間の「ふるさと」として生涯の友、第二の両親ともいえるほど優しく温かな存在だといえるのではないでしょうか。山川草木《さんせんそうもく》や、そこに暮らす人々と共に、実は「音」もまた、ふるさとの風景を創り出している大切な要素の一つなのです。

皆さんの故郷は、ごらんの通りの自然の恵みを満身に受けた、素晴らしい風景のなかにあります。このような環境に生まれ育つことがどんなに恵まれたことなのか、これこそ「恩寵《おんちょう》」（神の恵み、無償の賜物《たまもの》、恩恵）と言うにふさわしいことだと思います。

曾宮一念《そみやいちねん》（1893〜1994年）という画家がいらっしゃいました。この方は画家でありながら、1971（昭和46）年、78歳のときに眼病のために両目を失明し、画家を廃業しなければならない事態となりましたが、強靱《きょうじん》な生命力・精神力の持ち主であったために、自身の身に降りかかった過酷な運命を乗り越え、以後23年間、101歳で亡くなるまで随筆や短歌、書などにいそしみ「大悟の人」と呼ばれた、立派な方です。その曾宮一念さんの画業は「風景画」が中心でした。そして「風景」について次のように語っています。

要約して述べますと――

「風景」という字は「風《ふう》」という字と「景《けい》」という二つの文字でできている。「風」というのは、まさに風《かぜ》のように一時《いっとき》として同じ状態、同じ形、同じ姿でとらえることのできないもののことである。「雲」「光」「空気」「時間」「季節」「天候」「気温」などは、同じ場所で絵を描いていても一定であった試しはなく、常に移り変わり、変化していることがわかる。

一方の「景」というのは常に不変の姿でそこに存在しているもの――例えば「山」であったり「岩」であったり「大地」であったり……。そのような「万古の時を貫いて動かぬ姿で存在しているもの」のことをいう。

「風景」は、それを眺めたり思ったりするときに、いつも、そのような「二つのもの」、別の――ちょっと難しい表現で申しますと「対《つい》」の概念によって創り出されているということを教えてくれる。(この「二つのもの」は、今日のお話の大変重要な点にしたいと思っていますので、皆さんも注意していてください)。したがって、その両者を一枚のキャンバス上に描きだすことが出来なければ「風景画」にはならない――。

曾宮一念さんはこのように言っているのです。

2　音の風景

さて、実は「音」にも「音の風景＝サウンド・スケープ」(soundscape)という言葉があるのです。音つまり「サウンド」と、「……の眺め」「……の景色」を表すスケープという言葉を重ねて作られて言葉です。

1960年代の終わり頃に、カナダ出身の現代音楽の作曲家・音楽教育家のレイモンド・マリー・シェーファー（Raymond Murray Schafer・1933年〜）が提唱し、日本にも広く伝えられて、環境音楽とか騒音行政などの音の環境を考える際の基本的な学問的よりどころとなっています。つまり、人間をとりまく音について、人間との関係を「自然科学・社会科学・人文科学など、あらゆる側面にわたって総合的に見据える概念」（日本サウンド・スケープ協会のホームページより）とされているのです。

きょうは、ここに最近出版された1冊の本を持ってきました。シェーファーと今田匡彦《まさひこ》氏（1964年〜）との共著『音さがしの本』という本です。私たちの身の回りの音を観察し、音が人間とどのように関わっているのかを考えるのにとても参考になります。学校の図書館にもあると思います。興味のある人はどうぞ読んでみてください。

3　音の観察

難しい話はこれくらいにして……。

「自然」を含めて、私たちの生きて暮らす環境にはさまざまな「音」が存在していますね。

音は空気を震わせる振動数（音波）によって伝わり、感知されます。音の実体を計測する際、「強さ」はデシベル（decibel）、「大きさ」はフォン（phon）、「高さ」はヘルツ（hertz）またはサイクル（cycle）＝1秒間の周波数という単位を用います。

「強さ」と「大きさ」は同じと考えてよいと思います。したがってデシベルとフォンは、どちらも同じ意味として用いられるのが一般的です。
いくつか例を挙げてみますと――。

近距離の雷鳴＝120デシベル
オーケストラの最強音＝110デシベル
列車通過時のガード下＝100デシベル
圧搾空気によるドリル音＝80デシベル
オーケストラ全員による最弱奏＝40デシベル
そよかぜにそよぐ木の葉＝10デシベル
無音の感知＝0デシベル
人間の耳の耐えられる最大値＝130デシベル
（『音楽の基礎』芥川也寸志著、岩波新書より）

音は空気中を「振動する波」の細かさや揺れの大小を伴って伝わり、人間の耳はその波をキャッチして音を認識します。「低い音」は緩やかな間隔（1秒間に16回くらいの振動）で、高い音は2万回も振動するのです。
しかし、人間の耳には「可聴範囲」といって、聴くことの可能な範囲（音の高さ・強さなど）があります。

このうち「音の高さ」に関しては、個人や年齢や民族によって、その範囲が異なるとされていますが、およそ16～1万6000ヘルツが人間の平均的な可聴範囲だとされています。

しかし、アフリカの自然の中で暮らす民族は、2万ヘルツ以上の高い音を容易に聴くことができるといいます。きっと、危険を予感したり、自然界の数々の不思議な音を常に察知しながら生活しなければならないからでしょうね。便利な環境に生活するわれわれよりは、ずっと「耳がいい」のです。

このような例からもわかるように、可聴範囲は生活環境や習慣によっても大きく変わるといえます。さらに、同じ一人の人間が同じ「高さ」「強さ」「音色」の音を聴いても、その日の体調や気分、身体の所作、午前と午後、朝と夜、天候や気象条件などによって微妙に異なるともいわれていますから、人間と音との関わりは極めて複雑にして微妙、かつ魅力的だと言えます。

環境の中で発せられる音（実際の音）のうちの、人間の耳が捉えることのできる音以外に、地球上にはおそらく無限の音が存在しているはずです。身近な経験として、例えば、動物たちが人間にはわからない音に反応して行動するという場面を見ることがよくありますね。

皆さんの「日常で聴く音」はどんな音？

その中で、特にどんな「音」が好きですか？

日頃「音」と、どんな付き合い、触れ合いをしていますか？

そんな中で、特に忘れられない音の体験をお持ちですか？

「音」は目でとらえることはできないもの。その姿をとらえることは大変難しい。にもかかわらず、私たちはいろいろな音を感じ取り、音と触れ合って生きているのです。生活の音、話声、歌声、鳴き声、囀《さえずり》りの音、自然の音、人工音、楽器の音、作為をもって創られた音、光の音、宇宙の音、風の音、心臓の鼓動、呼吸の音、耳鳴り、時間が過ぎて行く音、澄んだ音、濁った音、優しい音、温かい音、冷たい音、恐怖の音、悲しい音、寂しい音、不思議な音、想像の音……。拾い上げればキリがありません。

「音」はまず、そのままの姿――つまり「物理的な特性」そのままの姿で人間の耳に到達します。ところが、人間の心は音に感応する優れた力を持っています。つまり、外部環境で発せられた音（実音）をマイクロホンのようにただ機械的に受けとめるのではなく、いったん受け止めた耳の奥で、つまり人間の心や精神によって意味や感情を付加する力を持っているのです。さらには、外部環境に存在しない音までも、心の中で創り、それを聴くことさえできるのです。つまり、人間は「音を考える力」「創り出す力」を持っているということ。

モーツァルトは4歳か5歳のとき、姉（ナンネル）の練習するピアノの音や和音に「一喜一泣」したといいます。そのように「音」は人間の耳から奥の方で人間の心に届き、そこから人間の感性を呼び覚ますのです。さらには、その感知した音を言葉や音楽や文学、絵画などを通じて芸術的に表出することができるのです。つまり、自分の中にとらえた音に自分の心を添えて、実音とは異なった姿で他人に伝えることもできるのです。

皆さんは、どんなときに音を身近に感じますか？

どんな時に音と向かい合い、音と対話しますか？

音がよく聞こえる、音をよく捉えることができる日の自分はどんな状態ですか？

4　文学として描かれた「音」

小説や詩など、文学作品の中にはさまざまな「音」が出ていますね。それが大事なテーマになる事さえあります。きょうはそんな中から二つの例を拾い出してみます。

まず第一の例。川端康成（1899〜1972年）著、『山の音』の書き出し部分にこんな記述があります。


八月の十日前だが、虫がないている。木の葉から木の葉へ夜露の落ちるらしい音も聞こえる。

そうして、ふと信吾に山の音が聞こえた。（中略）遠い風の音に似ているが、地鳴りとでもいう深い底力があった。自分の頭のなかに聞こえるようでもあるので、信吾は耳鳴りかと思って、頭を振ってみた。音はやんだ。音がやんだ後で、信吾ははじめて恐怖におそわれた。死期を告知されたのではないかと寒けがした。風の音か、海の音か、耳鳴りかと、信吾は冷静に考えたつもりだったが、そんな音などしなかったのではないかと思われた。しかし確かに山の音は聞こえていた。魔が通りかかって山を鳴らして行ったかのようであった。


二つ目の例。開高健（1930〜1989年）著、『破れた繭・耳の物語』。

著者56歳（亡くなられる3年前）の作品です。記憶の一番先端から51歳の頃までの自分を、耳の追憶でつづった自伝。その「前書き」からの抜粋です。

耳から過去をとりだしてみようと思いたった。洗い忘れやすい、垢《あか》のつまった一つの耳から一つの半生を取り出してみようと思う。

次に「第一段」（作者8歳のころの思い出を探るところ）の要約。

これまで生きてきた時間の中で、ときどき、突然に、不意を衝《つ》いて、「その光景」（つまり記憶の中のシーン）に出合うことがあった。

（その）光景は肉眼視できながら音楽なのだ。しかし、その音楽をついにペンでとらえることはできなかった。それは聞く光景であり見る音楽でもあったわけだが、一度として（文字で）書くことができなかった。それは小説家が文盲になるという経験であった。

（カッコ内は筆者の加筆）

「川干し」の思い出が書かれているところ。

毎日、毎日、学校が終わると従弟《いとこ》を誘ってバケツをかついで川へいく。半日かかって川を日干しにすると、夕方頃になって泥と水のまざりあったねろねろのなかに右に左に、大きいのや、小さいのや、背ビレをたてたのや、細長くぬらぬらしたのやらが、いっせいにしるしを描いて走りだすのである。叫んだり、罵《ののし》ったり、ぶつかったり、ころんだりして、それを追いまわす愉《たの》しみとくると、至酔的であった。

日光のなかには泥の呟《つぶ》やき、草の呼吸、木の吐息、魚の嘆息、虫の羽音、聞きとれるのや、とれないのや、甘っぽいのや、じめじめといやらしいのやら、じつにおびただしい音がこめられていた。これらの音を全身に吸収して家にもどると、泥の甘い匂いは風呂場で水を浴びたら消えるけれど、音たちは寝床に入ってもハチの羽音のように唸《うな》りつづけて消えることがなかった。学校へいっても先生の声が聞こえなくなり、茫然《ぼうぜん》としていると、眼と教科書の間をコイやナマズが悠々と泳いでいくのが、肉眼に見えるのだった。

このように、音は今という瞬間に実際に耳で聴きとれる以外にも、人間の記憶や追憶のあらゆる場面にぴったりと寄り添っていて、折に触れてその記憶や追憶のシーンとともに蘇《よみがえ》ってくるものだということを教えてくれる例だと思います。

5 「聞く」と「聴く」とはどう違うのだろうか

「きく」という字には「聞く」「聴く」「訊く」「効く」「利く」など、いろいろありますね。広辞苑には「聞く」と「聴く」について次のように書かれています。

《広く一般には「聞」を使い、注意深く耳を傾ける場合には「聴」を使う》

「音」や「音楽」のあらゆる「さま」（様態）を言葉で書き表すことは《小説家を文盲にさせる》（前出の開高健氏の言葉）ほど難しいことなのですが、しかし、人間は「音」を時に意識的に、時には無意識のままで、生まれた時から死ぬまで片時も離れることなく付き合っているのですから、考えてみると、その関わりは実に大きなものであることに驚きます。辞書が言っているように、常に「聴く」という状態で音と向き合って暮らしているわけではなく、時によっては「聞き流す」という、つまり音を思考の回路に載せることなく、無意識のままで放置したり、やり過ごしたりしているわけですね。

また、人間にとって「音」は心身に安らぎや希望や勇気を与えるとともに、一方では不安や慄《おのの》き、恐怖感をもたらし、神経を痛める存在でもあるのです。

いま、私はここでは「聞く」と「聴く」の違いを受動的に聞く（聞かされる）という状態と、積極的、つまり能動的に「聴く」「聴こうとする」という状態というふうに説明してみたいと思います。

わかりやすい例を一つお話ししておきましょう。

「うるさい！」と感ずる「音」の中にいたとしましょう。そんな時、その人の内心ではその反対の「静かな音」が想像できているのです。「汚い」音をききながら「美しい音」を思い描き、無意識に比較しているのです。このような場合は、前者は受動的で、後者は能動的・創造的な精神が生み出す音なのです。

「対」の概念が自然に働いていると言えます。つまり「聞く」「聞こえる」は、ごく自然に、あまり心を動かされることなく音を捉えている状態、聴覚機能的に聞こえる状態にあるということ。それに対し、「聴く」「聴きとる」というのは、耳でとらえたものを、より奥で反芻《はんすう》し思考すること。例えば、鳴っていない音は「聞こえない」が「聴きとる」ことができる……という、人間の能力があって、これは当然「聴く」のほうのことがらになる――というわけです。

もう少し例を挙げながら考えてみましょう。

例えば、皆さんはテレビでドラマやお料理、天気予報やコマーシャルやら、さまざまな番組に音や音楽が付随しているのを聞かされています。

私は日頃から、これらの音や音楽（とはいっても楽句の破片のような半端なものが多い）について、「うるさいなあ」「邪魔だなあ」と思うことがあって、でも、仕方なく、嫌々ながら受け入れるのです。特にコマーシャルなどでは、使われる音が雑多で、しかも急に大きな音になる、似たようなものが飽きもせずに繰り返し、繰り返し出てくる、などなど。視聴者に目立たせたいがために行儀の悪い音が乱暴に発せられ、消えていく……。

よいドラマを感動しながら見ている最中に、そのドラマの余韻が残っているのにもかかわらず、いきなり、土足で畳の上に踏み込むようなありさまで、音や叫びや笑いなどが襲いかかってくるので、その場で生まれている大切な人間の感情がズタズタに切り刻まれてしまうのです。

これは、視聴する人間に向かって、テレビの側が強引に無理やりに送り届けようとしているわけなので、その場の気分とかドラマの展開など全く関係なく、それらを中断し分裂を生じせしめる以外の何物でもありません。求めていないときに無理やり届けられる音というものは実に苦痛なはずですが、どうも、最近は、私たちはそのことに無抵抗になり、平気で許してしまっているのではないでしょうか。感性の麻痺《まひ》、感覚の劣化だといってもいいでしょう。そして、なお悪いことに、それが「普通」「当たり前」だと思い込み、自分の大切な感情の生成や持続を自身で気がつかないうちに劣化させられてしまう……。そういう体質に作り変えられてしまっているのです。

今日《こんにち》の社会は、文明や科学が高度に発達して利便性が向上し、一つの情報が瞬時に世界に拡散し、全ての人間の共有物になってしまうのですが、ちょっと考えてみると、恐ろしいことですね。人間が、申し合わせたように誰も彼もが同じような感覚や趣味を身につけ、本来、個別であるべき大切な感性や感覚機能を失っていく……。同化作用の渦に汚染されているように感じるのです。つまり画一的にされていく。ある一つの「音」について、その全てを感じ取り、その音にその時の固有の感情を添えるためには、世の喧騒《けんそう》から身を引いて、静かでゆったりとした時間のなかに自らの心を置くことが必要なのです。

「静寂」という状態をちょっと想像してみましょう。

皆さんが住むこの新野というところは海抜800メートル。周囲を山に囲まれ、四季折々の自然の豊かさを満喫できる、うらやましいばかりの環境です。きっと皆さんは、私の知ることのできないさまざまな自然の音を知っていることでしょう。満月が夜空をゆっくりと移動する音を知っているかもしれないし、星の瞬《またた》く音、雪の積もる音、あるいは夜の妖怪の音、もっともっと不思議な数々の音を聴いたり想像することがあるかもしれない。自分の内側から聴こえてくる音や響き、自分の心が生み出す音、そういう創造性こそが人間にとって真に貴重なものではないか、と私はつくづく思うのです。

人間が共に暮らすことのできる音環境は、音が大きすぎても小さすぎてもダメだとされています。強すぎる音の中にとどまることが難しいのは容易に想像できますが、まったくの「無音」（ゼロデシベル）の中でも暮らすことはできません。完全な防音室（例えば放送局のスタジオ内など）に長時間いると、心が落ち着かなくなり、ある種の恐怖感さえ出てきます。このような物理的な無音は決して「静寂」とはいえないのです。

先ほど私は「宇宙の音」という言葉を使いましたが、考えてみると空気の無い空間では音波は伝わらないから、音は聞こえないかもしれませんね。もし、そうだとすれば、いつか人間が宇宙で生活するようなことになったら、音楽とか会話とかが成立するためのなにがしかの装置を考え出さなければならないでしょう。人間が生活するためには空気が欠かせないから、空気を一緒に連れて宇宙に出れば音は存在する……など、皆さんもちょっと考えてたり、研究したりしてみてください。

話を戻して……。

例えば、皆さんがこの新野の自然の中で日々体験する「夜の静寂」は、よく観察するとごくわずかな音の存在によって作り出されていることがわかると思います。なにかの音、例えば、ふくろうの啼《な》く声とか、小川の瀬音とか、虫の鳴き声、風の渡る音などが、しんと静まり返った中にかすかに聞こえているとか……。

そう、「しーん」と静まり返った中に……と申し上げましたが、その「しーん」という音が静寂のなかには基層音として存在しているのです。人間は声を立てなくても、ただ、そこに存在しているだけで音を発しているのです。そうです。それは「生きる音」といってもいいでしょう。静寂な環境に身を置くことができるということは、人間が己の心を見つめ、研ぎ澄ますことができるという意味で本当にすばらしいことなのです。「静けさ」は人間の持って生まれた潜在的な思考能力を引き出してくれるからです。

ですから「静寂もまた一つの音である」と私は思っています。人間はまた自分の力で自分の心の中に「静寂」を創り出すこともできるのです。「心頭滅却すれば騒もまた静なり」で、人間は精神の力で自分自身を「静寂の域」に誘うことができるのです。静けさは人間の持って生まれた潜在的な思考能力を引き出してくれる……。

したがって、私は一日のうちで少なくとも一回は、それは、夜の寝る前とか、自分の勉強に没頭する時でも、読書をする時などでよいのですが、そのような「静寂」に身を沈めるべきだと思って、そう努力しています。そのような時、人間の体は全身が「耳」なのです。

ここからは少し自分のことを混ぜてお話しします。

私は1938（昭和13）年、安曇野市豊科、当時は南安曇郡南穂高村というところに生まれました。

45（昭和20）年、終戦の年に小学校（当時は国民学校といいました）に入学しました。戦争で国力が失われ、食べ物もなく、質素で貧しい時代でしたが、そんな中での「村のお祭り」は特段の「ハレ」の日で、お囃子《はやし》の笛に焦がれて、買ってもらえなかった横笛を、裏山の竹を切ってきて焼け火箸で穴を開けて自分で作って吹いて楽しんだりしました。父親が学校の教員だったので、中学を卒業するまでに五つの学校に転校しました。

そんな中、最も思い出深いのは、このお話の最初で言いましたが、当時の安曇村の大野川中学校。この阿南二中のような山奥の自然の中の学校でした。しかし、その山の中の小さな学校での2年間は自分の感性を育むことができた、とても大切な時期でした。そこで私は初めて「寥《りょう》」ということを知覚したのです。「寥」とは単に周囲が「にぎやかでない」ということではありません。それは、もっと根源的な知覚なのです。

高校時代をどう過ごしたかといいますと……。専門大学への進学に対する遅疑逡巡《ちぎしゅんじゅん》の3年間でした。しかし、実学（実科）を推奨する、両親をはじめとする周囲の反対をバネとして自分の生き方、つまり「音楽の道に進むこと」の決断をしたのは高校3年生のときでした。

周囲はなぜ音楽の道に進むことを反対したのかといいますと、当時はまだ「歌舞音曲」の類いを芸事の代表のごとく位置づけ、「芸人」「芸者」「遊び人の仕事」「河原」「乞食《こじき》の芸」「芸が身を助けるほどの不幸せ」などの言葉を連想して、卑視《ひし》する人々が多かったのです。

古来、日本にはそのような風潮があったのですね。そのためとは申しませんが、これほどまでに近代文明の洗礼を受けた現在でも、わが国の文化の捉え方や保護育成のための施策は世界に比べて恥ずかしいほど、実に貧弱なのです。日本人の特性については作曲家・小倉朗《おぐらろう》（1916〜1990年）著『日本の耳』（岩波新書、1977年）に大いに興味を誘う文章がつづられていますので、ぜひ読んでみてください。

1年間浪人生活をしましたが、なんとか希望の大学に入学し、晩学の身に鞭《むち》打って猛烈に努力を続け、ここまで頑張って生きてきました。

何回か大きな悩みに遭遇しましたが、そのたびに焦らず、気持ちを落ち着かせながらそれらを克服するための考えを巡らせてきました。そんなとき、自分が最も必要としたのは、思いを深め凝縮し、自分の内部に克己心を呼び戻すための「静かな時間」でした。思索を深めるための静かな環境を自ら創り出し、そこに身を沈めることでした。人間はどんな仕事につき、どんな生活を営んでいても、時にこのような深い思索の森に自らの意志で入り込み、内省的な時間に身を沈めることが大切なことだと思います。聴こえるのは自分の心臓の鼓動だけ……というような、そんな時間を自分に与えるべきだと思います。

「音楽」は、創作にも演奏にも鑑賞にも「静寂な環境」を必要とします。

私の場合、つまり創作（作曲）に当たって、まずは「音」という材料がなくては始めることができません。ですから、外部に常に自分の創作にふさわしい「音」を探し、また、内部には「創造の音」を探し求めています。

「音」を音楽にするということは、その作り手、つまり作曲家が音を通して、あるいは音をよりどころにして、どれだけ自分を見つめることができるか、また、造形のあらたな秩序を構築できるか——ということを問われているということなのです。

少し難しい内容に触れますが、ドイツのノーベル賞作家トーマス・マン（1875〜1955年）の小説『ファウストゥス博士』の中に登場する音楽教師クレッチュマルの言葉に次のようなものがあります。

音楽は「耳に訴える」とはよく言われることですが、それは、条件つきでのこと、すなわち、聴覚は他の諸感覚と同じく精神的なものに対する補充的な中間的器官、受容器官であるという限定の中でのみ言えることに過ぎない。

音楽のもっとも深い願望は「聴かれず」、「見られず」、「感じられず」、出来ることなら感性の、そして情念の彼岸（生死の海を渡って到達する終局・理想・悟りの世界）で、純粋に精神的な領域で理解され観照されることである。

中学生のみなさんには少し難しすぎるかもしれませんが、音や音楽というものが、いかに人間にとって奥の深いものであるかをトーマス・マンはクレッチュマルという主人公に語らせているのです。

わたしも、自分の生き方の一番奥深いところでは、音楽というものを人間の精神作用の根源を探るための大切な方法、言い換えれば「人間探究の一方法」と考えていますので、これからも静かに深く、この課題と関わり、掘り下げて行きたいと思っています。

6　結論

さて、皆さんの「耳」をはじめとする感覚器官は、いま最も過敏で鋭い状態です。自分の内に「音との親密な交感」が可能な時期です。人間は移ろいやすく不安定なもの。だから真理（不変のもの）の追求は欠かせない。話が「音」から広がって「考える」ということに移ってきました。「人間は考える葦《あし》である」と言ったのはパスカルという人でしたね。葦のごとく、か弱いのが人間だが、考えるという力を持っていることで最も偉大な存在なのだ……と言うのです。今日の私のお話も「音」に対して人間はどんなことを考えて来たか、そういうことがテーマだったわけです。「音楽」はその最も頂点となった考えの一つであるということ。

ここで再び先ほどの画家・曾宮一念さんの「風景」の話、つまり「風」と「景」という二つのこと（対の概念）を見たり考えたりすることの意味について、もう一度思い起こしていただきたい。

「あるひとつの性格（強いとか、弱いとか、澄んでいる、とか濁っているなど）をもった音、あるいは感情（優しいとか、恐ろしいとか、楽しいとか、悲しいなど）を湧き起こす音」に接するとき、それと「反対の性格の音」を想起するという人間の耳と心もそうですね。「耳の音と心の音」と言っておきましょうか。

また、「変わるもの」と「変わらないもの」ということを言うとき、思い浮かぶのは松尾芭蕉の言葉「不易流行」という言葉です。「不易」と「流行」は、また次のように広げて解釈することが可能です。つまり「演奏」における「演」と「奏」、また「芸術」における「芸」と「術」、「夢と現実」「主感と客観」など……。

さらに、興味深いことには、日本の偉大な文学者で評論家の小林秀雄（１９０２〜１９８３年）が次のようなことを書いているのです。

「考える」ということは、感ずるところを他者（自己の内部に在る他者もふくめて）と交わわせること、照らし合わせて深めることである。

しかし、いくら頭の中で考えたとしても、ただそれだけでは何もなりません。つまり、考えたことはなにがしかの形、つまり文章・論考・文学として、音楽として、絵や彫刻、戯曲や演劇、建築などとして残してこそ、考えた証拠として衆目の認めるところとなるのです。

言い換えますと、この世に残された、そうした作品の全ては人間の考えたことの結果の表現であるということです。

よく「作曲って、ある瞬間にふとすてきなメロディーが浮かんできて、そういう霊感が湧いて出来上がるんですか?」などと聞かれることがあります。とんでもない。考えに考えての上の産物なのですから、それを演奏したり聴いたりすることも当然「考える」という行為につながらなければなりません。もう一度思い出してください。「人間は考える葦である」とはパスカルの有名な箴言《しんげん》でしたね。

さて、この学校を卒業された、皆さんの先輩・熊谷菜摘さんの詩による合唱曲『ふたつのおと』の詩には、

わたしの悩み、わたしの悲しみは、それぞれ、せせらぎの音、そよかぜの音になって、遠く、真っ青な空に立ち登って響きあい、未来にむかって舞い上がる

――と書かれています。心の中の辛《つら》さや悲しみが、川の流れや、風にそよぐ花を見ているうちに、いつのまにか「音」になって遠く広がりながら、希望と勇気を与えてくれる青空の音になって自分に返ってくる……という内容がつづられています。今日のお話の内容と、どこかでつながっているように思います。

それではこの後、みなさんで『ふたつのおと』を合唱しましょう。お話はこれでおしまいにいたします。

(2009年2月26日、長野県阿南町立阿南第二中学校)

あとがき

とりとめもなく、また、作為などめぐらすこともなく、淡々とその日その時の自分の心情を書き綴っただけの小文なのだが、こうして一冊の本として出来上がったものを目の前に置くと、また、あらたな感慨が湧く思いがする。つまり、文字で表現する嬉《うれ》しさ、愉《たの》しさというものが、よりわがものとして実感できるのである。

『ロッホの訓戒』（本書収載）に、敬愛するロッホ（故・小倉朗）先生から「60過ぎたらキミ、作曲など止《よ》したまえ」と言われたことを書いたが、それは、作曲から完全に手を退けということではなく、人間の常として、歳を重ねるごとに自己表現の幅や手段というものが広がってくるものであり、それらをも自らの手の中に収めながら、柔軟に、おおらかに、さらなる表現を求めなさい、という意味の忠告であることに気づくのである。

今回は紙面の制約もあり、書き溜めたものの中から選択して掲載させていただいたが、残されたものの中にもいくつか気に入ったものもあるので、この先また、なにかの企《たくら》みを考えることになるのかもしれない。

それにしても、今回は信濃毎日新聞社出版部の内山郁夫様、伊藤隆様には私の大量の原稿に目を通していただき、掲載原稿の候補を選んでいただき、同時に貴重なご見解ご示唆を多々頂戴するなど、ひとかたならぬご厚情とご指導をいただいた。ここに深甚なる感謝を申し上げる。

また、出版を後押ししてくれた友人や家族、とりわけ妻・淑子には日々、身近なところからの励ましを受けつづけた。そのほか、特にお名前は記さないが、多くの方々の温かいご支援に心からお礼を申し上げ、「あとがき」とさせていただく。ありがとうございました。

２０１９（令和元）年９月吉日

国立市の自宅書斎にて　飯沼信義

『ふるさと・赤とんぼ』 合唱による日本の歌50曲選 (飯沼信義・平吉毅州共著)	2000	[委]東芝EMI 浅井敬壹(指揮)　藤沢篤子(Pf) 合唱団「京都エコー」(収録)	楽譜 カワイ出版 CD(2枚組) 東芝EMI
女声・同声合唱曲集 『童謡・唱歌こころの歌』 (全10曲)	2007	[委]教育芸術社 横山琢也(指揮)　浅井道子(Pf) 東京アルカディア・コール	楽譜・CD 教育芸術社
ベートーヴェン 『ピアノ協奏曲第3番Op.37』 (室内楽版)	2011	[委]田中良茂 カルテット・エクセルシオ 赤池光治(Cb) 田中良茂(Pf) 2011-7-13　フィリアホール(収録)	CD 楽譜 ヤマハ・メディア・コーポレーション
女声合唱のための 『カンツォーネ・アルバム』 1　禁じられた歌 2　マリュウ、愛の言葉を 3　ママ、何が知りたいの 4　勿忘草 5　マレキアーレ	2012	[委]女声合唱団「コーロ・ヴィータ」 村上綜(指揮)　赤塚伸子(Pf) 2012-4-8　浜離宮朝日ホール	(未出版)

『未来と古代が響きあう』 (ふるさと斐川のうた)	2000	[委]島根県斐川町(斉唱・混声3部) 斐川町合併45周年 2000-11-3　斐川町公民館ホール	
安曇野市歌 『水と緑と光の郷』 〈保岡直樹〉	2015	[委]長野県安曇野市歌制定委員会 太田直樹(Bar)　中島加恵(Pf) 飯沼信義(指揮) キングFKオーケストラ(収録)	楽譜・CD 安曇野市

■編曲 (多数につき主要作品のみ)

ワルトトイフェル 『スケーターズワルツ』	1970	[委]教育出版(教科書鑑賞レコード) H.ベッカー(指揮) ベルリン交響楽団	LP グラモフォン
『血まみれの鳩』 『満員の木』 『大阪弁』	1973	西岡たかしリサイタル 新宿厚生年館ホール 石丸寛(指揮) 日本フィルハーモニー交響楽団	ビクター LP
『童謡パーフェクト40』 (いぬのおまわりさん・歌の町・走れ超特急、ほか)	1973	[委]ポリドール・レコード 宍倉正信・齋藤昌子ほか(歌) 飯沼信義(指揮)　ポリドール・オケ	ポリドール LP
『わらべうた12曲』 (歌唱用ピアノ伴奏付与)	1973	[委]芸術教育研究所 (「わらべうたⅠ・Ⅱ」収載)	楽譜 全音楽譜
『グリーンスリーブス』 『ドナドナ』 『マンマ』ほか	1974	[委]NHK学校放送ラジオ制作部 「高校講座—オーケストラの楽しみ」 飯沼信義(指揮)　N響メンバー(収録)	[放]NHK
管弦楽との共演で楽しむ 『バイエル・ブルグミュラー』 『ピアノ小品名曲集』	1983	[委]学研「リトル・コンチェルト」 イエノー・ヤンドー(Pf) フォルカー・レニッケ(指揮) ポリドール第一スタジオ(収録)	楽譜・CD ポリドール
プーランク 『迷子の犬』『小さな病気の子』	1992	[委]桐朋音教岡谷教室 無伴奏同声3部合唱への編曲	(未出版)
サン＝サーンス 『動物の謝肉祭』(全曲)	1994	特殊編成室内楽のための編曲 飯沼信義(指揮)　桐朋学園大学生有志 下諏訪総合文化センターホール	
『ピアノ三重奏のためのアンコールピース集』 『五月の夜』 『永遠の愛』 『子守歌』(以上ブラームス) 『アヴェマリア』 (シューベルト) 『浜辺の歌』(成田為三) ほか	1998～	初演・日時・演奏者・場所など不詳 (楽譜は作曲者保管)	(未出版)

『大人になるととび去っていく鳥のうた』〈おうち・やすゆき〉	1976	同上	同上
『おめでとう 先生』〈こわせ・たまみ〉	1978	同上	音楽之友社 LPビクター
『赤い砂のボレロ』〈いずみ・さやか〉	1976	同上	音楽之友社
『ぼくはパトカー』〈いずみ・さやか〉	1976	同上	LP コロムビア
『ペンギンさん』〈芙蓉明子〉	1984	[委]教育芸術社	楽譜 KG
『いちごともも』〈橋爪文〉	1987	[委]教育芸術社	楽譜 KG
『耳を澄ますと』〈飯沼信義〉	1987	同上	楽譜 KG
『おちば』〈長井理佳〉	2003	同上	楽譜 KG

■ポピュラー／歌謡曲

『夢のあと—石田三成』〈千家和也〉	1973	[委]ビクター・レコード 昭和48年度芸術祭参加 LP「戦国の武将」 三田明(歌)　飯沼信義(指揮) ビクター・オーケストラ	LP ビクター
『美少年—森蘭丸』〈千家和也〉	1973	同上 三善英史(歌)	同上
『山茶花』〈八島義郎〉	1978	[委]ポリドール・レコード 斉藤昌子(歌)　飯沼信義(指揮) ポリドール・オーケストラ	LP ポリドール

■校歌／町民歌／市歌など

校歌	1968～	長野県＝福祉大学校・田川高校・松本蟻ヶ崎高校、明科高校・大町岳陽高校・篠ノ井西中学校・小谷中学校・豊科南小学校・泰阜小学校ほか 東京都＝十条富士見ヶ丘中学校ほか 新潟県＝中之島中学校 三重県＝桜島小学校 愛知県＝井郷中学校 など	
『深志百年』〈小林俊樹〉	1976 (2006改訂)	[委]松本深志高等学校 創立100周年記念歌 2006オーケストラ版初演	
『大いなる波田』〈阪田寛夫〉	1981	[委]長野県波田町(現松本市) 佐藤光政(歌)　飯沼信義(指揮) ビクター・オーケストラ(収録)	LPビクター

『おやつのミルク』 〈まど・みちお〉	1971	同上	同上
『うしのあかちゃん』 〈まど・みちお〉	1971	同上	同上
『てんとうむし』 〈まど・みちお〉	1971	[委]芸術教育研究所 (こどもの歌曲集「大きい木」収載)	ドレミ楽譜
『それからまたね』 〈まど・みちお〉	1971	同上	同上
『うみとそら』〈まど・みちお〉	1971	同上	同上
『き』〈谷川俊太郎〉	1971	同上	同上
『なぜ?なぜ?』 〈おうち・やすゆき〉	1975	[委]ヤマハ振興財団 (「たのしい歌と楽器あそび」収載)	音楽之友社
『おこらないで』 〈いずみ・さやか〉	1975	同上	同上
『時計はいきている』 〈いずみ・さやか〉	1975	同上	同上
『走れ救急車』 〈いずみ・さやか〉	1975	同上	音楽の友社 LPビクター
『空とぶにわとり』 〈いずみ・さやか〉	1975	同上	音楽之友社
『青と白のボレロ』 〈いずみ・さやか〉	1976	同上	同上 LPビクター
『きみの声ひびけば』 〈いずみ・さやか〉	1976	同上	音楽之友社
『お星さまとチャルメラのワルツ』 〈いずみ・さやか〉	1976	同上	音楽之友社 LPビクター
『ひとり西部を』 〈こわせ・たまみ〉	1976	同上	音楽之友社
『星がふる』〈いずみ・さやか〉	1976	同上	同上
走れ!SL〈いずみ・さやか〉	1976	同上	同上
『反省ロック』〈いずみ・さやか〉	1976	同上	同上
『タンタカ・マーチ』 〈おうち・やすゆき〉	1976	同上	同上
『別れのロック』 〈いずみ・さやか〉	1976	同上	同上
『希望のボレロ』 〈いずみ・さやか〉	1976	同上	同上
『そよ風のワルツ』 〈いずみ・さやか〉	1976	同上	同上
『あかちゃん』〈いずみ・さやか〉	1976	同上	同上

『ゆきがふる』〈まど・みちお〉	1970	同上	同上
『ひなまつり』〈立原えりか〉	1970	同上	同上
『スワン』〈まど・みちお〉	1970	同上	同上
『いらないや』〈まど・みちお〉	1970	同上	同上
『おでこのこぶ』〈まど・みちお〉	1970	同上	同上
『だあれがつくった』〈まど・みちお〉	1970	同上	同上
『みえないだれかが』〈まど・みちお〉	1970	同上	同上
『め、め、め』〈まど・みちお〉	1971	（「ぱぴぷぺぽっつん」収載）	同上
『ちいさなたね』〈まど・みちお〉	1971	同上	同上
『さくらのうた』〈まど・みちお〉	1971	同上	同上
『さいた さいた』〈まど・みちお〉	1971	同上	同上
『ちょうちょうさん』〈まど・みちお〉	1971	同上	同上
『おかあさん』〈立原えりか〉	1971	同上	同上
『ぱぴぷぺぽっつん』〈まど・みちお〉	1971	同上	同上
『うちのとけい』〈まど・みちお〉	1971	同上	同上
『あめのこ』〈まど・みちお〉	1971	同上	同上
『あめ』〈まど・みちお〉	1971	同上	同上
『ハイキング』〈まど・みちお〉	1971	同上	同上
『こぶたのブブがラッパ吹く』〈まど・みちお〉	1971	同上	同上
『なにやろうか』〈まど・みちお〉	1971	同上	同上
『とんぼのはねは』〈まど・みちお〉	1971	同上	同上
『かまきりさん』〈まど・みちお〉	1971	同上	同上
『なんきんまめ』〈まど・みちお〉	1971	同上	同上
『すずむしとほしのこ』〈まど・みちお〉	1971	同上	同上
『うちのおじいさん おばあさん』〈まど・みちお〉	1971	同上	同上
『てんからふるゆき』〈まど・みちお〉	1971	同上	同上
『かに』〈まど・みちお〉	1971	同上	同上
『からす』〈まど・みちお〉	1971	同上	同上

『白雪姫』(六景) マリオネットと人物の組み合わせによるファンタジー	1965	[委]芸術教育研究所 久保清志(脚本)　劇団「新児童」 1965-1　新宿厚生年金会館ホール	(未出版)
オペラ『機略』(『裁き』改題)(オムニバス・オペラ『小判狂言』第三話)	1972	[委]日本創作オペラ協会 太宰治(原作)　中村栄(台本) 観世栄夫(演出) 佐藤美子・平野忠彦・三林輝夫ほか 小林研一郎(指揮) 1972-2-29　日本都市センターホール	1977再演
バレエ『青い鳥』	1978	[委]千葉バレエアカデミー 千葉バレエアカデミー第2回公演 森孝一(台本)　林世紀子(振付) 大友直人(指揮) 坪井香織・吉岡孝悦ほか 1978-1-7　千葉県文化会館	
『この指とまれ』 —斐川ドリーム'99— (挿入歌全12曲)	1999	[委]島根県斐川中部小学校 開校30周年「創作音楽劇」特別公演 東龍男(台本・制作)　原豊(指揮) 1999-11-7　斐川中部小学校講堂	
市民ミュージカル 『がんばれポッチー物語』	2003	[委]松戸市・松戸市教育委員会 市制施行60周年記念 東龍男(制作・台本・演出) ラッキィ池田(振付) 小畑秀樹・平野啓子ほか市民多数 岩村力(指揮) フェスティバル・オーケストラ 2003-11-24　森のホール21	
語り劇『女たちの松沢求策』	2016	[委]松沢求策顕彰会実行委員会 中島博昭(台本・制作) 久保真知子(脚本・演出) 河崎義祐(総合監督) 矢下美里(歌)　中島加恵(演奏) 2016-11-5　安曇野市「みらい」ホール	

■童謡・幼児の歌

『きょうからともだち』 〈まど・みちお〉	1970	[委]音楽春秋 (「ぽろんぽろんの春」収載)	楽譜 音楽春秋
『ぽろんぽろんの春』 〈まど・みちお〉	1970	同上	同上
『たなばた』〈立原えりか〉	1970	同上	同上
『ほうせんかのたね』 〈まど・みちお〉	1970	同上	同上
『ちいさなゆき』〈まど・みちお〉	1970	同上	同上

『ふたつのおと』 〈熊谷菜摘〉	2007	[委]全日本合唱教育研究会 (混声4部)	楽譜 KG
藤富保男の詩による童声とピアノのための『5つの小景』	2008	[委]教育芸術社(同声3部)	楽譜 KG
『ひかりの海』〈征矢泰子〉	2008	[委]教育芸術社(女声3部)	楽譜 KG
『心の中の一本の線』 〈高木あきこ〉	2009	(混声2部)	(未出版)
『丘のケヤキ』〈高木あきこ〉	2009	(混声2部)	(未出版)
『いのちの四季』〈里みちこ〉	2009	(児童と教師のための2部合唱)	(未出版)
『やさしい あづみの』 〈ふるやはるか〉	2009	[委]早春賦愛唱会(同声2部) 2009-5-4 あづみの公園多目的ホール	(未出版)
『ふるさとさん』〈保岡直樹〉	2009	同上	(未出版)
『みてごらん』〈飯沼信義〉	2009	(同声2部)	楽譜 KG
『元気でいちゃんさい』〈不詳〉	2010	(混声2部)	(未出版)
『撫仏』〈岡崎純〉	2010	[委]教育芸術社(無伴奏混声6部) 福井コールアカデミー 松村勇(指揮) 笹本祥子(Pf) 福井県立音楽堂小ホール	(未出版)
『月が』〈田中眞由美〉	2011	[委]信州大学附属松本中学校 (混声4部)	楽譜 KG
『塩の道の春』〈林亮輔〉	2011	[委]北アルプス第九を歌う会 (同声2部)	(未出版)
『バラのごとき君なりき』 〈小塩節/ローゼン・コール〉	2012	[委]合唱団ローゼン・コール (女声3部)	(未出版)
無伴奏女声合唱のための『グリーン』〈北村太郎〉	2016	[委]教育芸術社(女声3部)	楽譜 KG
無伴奏女声合唱のための『はにわ三態』〈中勘助〉	2016	[委]教育芸術社(女声3部)	楽譜 KG
女声合唱組曲『桔梗』 〈金沢智恵子〉 1 梅 2 さくらふぶき 3 鎌倉・四季の花ごよみ 4 竹林 5 桔梗	2017	[委]女声合唱団「藍の会」演奏会 浅野深雪(指揮) 永井博子(Pf) 2018-2-4 鎌倉芸術館大ホール	楽譜 KG

■オペラ/ミュージカル/バレエ/シアター作品

『リズム・リズム・リズム』	1965	[委]芸術教育研究所 久保清志・多田信作(台本・構成・演出) 1965-8-28 新宿厚生年金会館	楽譜(部分) 全音楽譜

『雲雀』 〈三木露風〉	2001	[委]ユニヴァーサル・ミュージック (同声2部) カノラ少年少女合唱団 佐原玲子(指揮)　横川洋子(Pf) 2002-8-7　岡谷市カノラホール(収録)	楽譜 ユニヴァーサル・ミュージック
『ともだちだから』 〈東龍男〉	2001	同上	同上
『一本の道』〈東龍男〉	2001	同上	同上
『桔梗が原の悪ぎつね』 〈島崎光正〉	2001	[委]ユニヴァーサル・ミュージック (同声2部) 合唱団コール・ブリランテ 高山雪(指揮)　沓掛恵子(Pf) 2002-8-2　松本市音文ホール(収録)	同上
『松本ぼんぼん・青山さま』 〈伝承歌、島崎光正構成〉	2001	同上	同上
『ウソ』〈川崎洋〉	2002	[委]教育芸術社(混声3部)	楽譜　KG
混声合唱と打楽器のための 『泥・土』〈西世紀〉	2003	[委]教育芸術社 (混声3部と任意の3種打楽器)	(未出版)
『出会いのときも別れの時も』 〈金沢智恵子〉	2003	[委]教育芸術社(混声4部)	楽譜　KG
混声合唱のための 『3つの幻景』 1　はあ とう とう〈有馬敲〉 2　山鬼〈片岡文雄〉 3　たね〈谷川俊太郎〉	2003	[委]三友合唱団(混声4部＋石臼) 三友合唱団第42回定期演奏会 長野力哉(指揮)　更江真生子(Pf) 2003-10-11　浜離宮朝日ホール	楽譜 三友合唱団
『教えてください、どこにいればいいのか』 〈新川和江〉	2003	[委]島根県斐川西中学校 (混声4部)	楽譜・CD 音楽之友社
『伝説-淵-』〈与田準一〉	2004	[委]教育芸術社(同声3部)	楽譜　KG
『あの風も、あの雲も』 〈飯沼信義〉	2004	[委]立川市合唱連盟(混声4部) 立川市合唱連盟合唱団 山下晋平(指揮)　林良子(Pf) 2004-10-31　立川市民会館大ホール	(未出版)
『つばさ』〈東龍男〉	2004	(同声3部)	(未出版)
『螢』〈高野喜久雄〉	2005	[委]教育芸術社(女声3部)	楽譜　KG
『春のために』〈大岡信〉	2006	[委]教育芸術社(混声4部)	楽譜　KG
混声合唱組曲『海・幻想』 〈金沢智恵子〉 1　神々の約束のように 2　海坊主 3　帰郷 4　なっちゃんに見せたい 5　あお	2006	[委]東村山市民合唱団(混声4部) 東村山市民合唱団第30回演奏会 下田正幸(指揮)　八谷恵子(Pf) 2006-11 東村山市中央公民館ホール	(未出版)

征矢泰子の詩による女声合唱曲集 『六月のかたつむり』 1　白いシクラメン 2　なみだ 3　六月のかたつむり	1994～ 1995	[委]合唱団「こーろ・えれがんつぁ」(女声3部) 「こーろ・えれがんつぁ」演奏会 片野秀俊(指揮)　森永理恵子(Pf) 1995-4-23　東京文化会館小ホール	楽譜 音楽之友社
『手紙』〈石雅彦〉	1995	(女声3部)	楽譜 KG
『雪がふる』 〈まど・みちお〉	1996	[委]教育芸術社 (女声または同声3部)	楽譜 KG
『教えてください どこにいればいいのか』 〈新川和江〉	1996	[委]教育芸術社(混声3部) (→女声3部版2003)	楽譜 KG
『よるのにおい』 〈工藤直子〉	1997	[委]BMGビクター(同声3部) 鶴岡放送児童合唱団 関屋晋(指揮)　渕上千里(Pf) 1997-8-14　鶴岡市文化会館(収録)	楽譜・CD BMGジャパン
『夏がくるよ』 〈新川和江〉	1997 改訂版	鶴岡放送児童合唱団(同声3部) 柿崎泰裕(指揮)　渕上千里(Pf) 1997-8-14　鶴岡市文化会館(収録)	〃
『たんじょうび』〈工藤直子〉	1997	(同声3部)	(未出版)
『一粒の種から』 〈平野祐香里〉	1997	[委]大垣市立江並中学校(混声4部) 江並中学校30周年記念愛唱歌 1997-10-24　同校講堂で初演	楽譜 KG (版制作)
『Little Boy Blue』 〈マザー・グース、谷川俊太郎訳〉	1998	[委]教育芸術社(無伴奏女声3部)	楽譜 KG
『あの日のままで』 〈飯沼信義〉	1998	(女声3部)	楽譜 音楽之友社
まど・みちおの詩による 『15のうた』 (ぽろんぽろんのはる・うしのあかちゃん・スワン うちのおじいさんおばあさん、ほか)全15曲	2001～ 2002	[委]ユニヴァーサル・ミュージック(同声2部) NHK児童合唱団 古橋富士雄(指揮)　斉木ユリ(Pf) 2003-1-26　渋谷文化村スタジオ(収録)	楽譜・CD ユニバーサル・ミュージック
『信濃まほらま』 〈高橋忠治〉	2001	[委]長野県音楽教育学会(混声9部) 長野県音楽教育学会50周年記念 特別教員合唱団ほか 飯沼信義(指揮) 2001-11-17　長野市民会館	楽譜 長野県音楽教育学会
無伴奏2部合唱のための 『3つのポリフォニックエチュード』 1　カノンの嘆き 2　シャープさんフラットさん 3　フーガはいかが?	2001	(混声あるいは同声2部)	(未出版)

信濃によせる合唱組曲 『おいで、光のこどもたち』 〈島崎光正〉 1　早春 2　ものがたり 3　おいで、光のこどもたち 4　山へ登ろう 5　松本ぼんぼん青山さま 6　散歩 7　招夜 8　讃歌	1986	［委］長野県音楽教育学会 長野県音楽教育大会松本大会 （混声4部・混声3部・同声2部） 教員・生徒・児童特別合唱団 飯沼信義（指揮） 1986-10-25　松本市音楽文化ホール	楽譜 KG カワイ出版 （部分出版）
『二つの無伴奏混声合唱曲』 1　わたしの庭の… 〈新川和江〉 2　いやな唄〈岩田宏〉	1987	［委］全日本合唱教育研究会 （混声4部）	楽譜 KG BMGジャパン
『貝殻の旅』〈笠原三津子〉	1987	［委］教育芸術社（女声3部）	楽譜 KG
『たしざん ひきざん』 〈中村栄〉	1987	（同声2部）	楽譜 KG
『風にしたためて』 〈川崎洋〉	1988	［委］全日本合唱教育研究会 （女声3部）	楽譜 KG
『Let's go with the Wind』 〈中村栄〉	1989	（混声2部）	楽譜 KG
『大きな木』〈高木あきこ〉	1990	［委］教育芸術社（混声3部）	楽譜 KG
『気球よ ぼくらの夢のせて』 〈平井多美子〉	1990	（同声2部）	楽譜 KG
『朝のバス』〈俵万智〉	1990	［委］NHK（混声3部・女声3部） 1990Nコン中学校課題曲	楽譜 NHK出版
『桔梗』〈金沢智恵子〉	1991	［委］教育芸術社（混声4部） （→女声3部版）	楽譜 KG
『ひまわり伝説』〈佐藤雅子〉	1991	［委］教育芸術社（同声3部）	楽譜 KG
『明るい空の下で』 〈新川和江〉	1993	［委］教育芸術社（同声2部）	楽譜 KG
『うみのきりん』 〈谷川俊太郎〉	1994	［委］教育芸術社（女声3部）	楽譜 KG
『風の招待状』〈高木あきこ〉	1994	［委］教育芸術社（同声2部）	楽譜 KG
『くぬぎの木』〈名村宏〉	1994	［委］教育芸術社（同声2部）	楽譜 KG
『六年生の夏』〈関根榮一〉	1995	［委］NHK（同声3部） 1995Nコン小学校課題曲	楽譜 NHK出版
『春のたより』〈土肥武〉	1995	［委］教育芸術社（混声2部）	楽譜 KG
『ハンカチの空』 〈高木あきこ〉	1995	［委］教育芸術社（混声3部）	楽譜 KG

混声合唱組曲『武蔵野』 〈島崎光正〉 1　春の章 2　夏の章 3　秋の章 4　冬の章 5　終章	1979	［委］東村山市民合唱団(混声4部) 東村山市民合唱団第3回定期演奏会 下田正幸(指揮)　浅田泰子(Pf) 1979-12-1　田無市民会館 (現西東京市)	楽譜 音楽之友社
『水の系譜』〈島崎光正〉	1980	［委］全日本合唱教育研究会(女声3部)	楽譜 KG
合唱のためのエチュード 『美しい自然』〈土肥武〉	1981	［委］教育芸術社(混声3部) 小林雅彦(指揮) 清内路中学校全校合唱	楽譜 KG
『蝶』〈島崎光正〉	1981	［委］全日本合唱教育研究会 (混声4部) (女声3部版 教育芸術社)	楽譜 KG
『パラソルの子守歌』 〈さとう・よしみ〉	1981	(混声4部―原曲は独唱曲)	(未出版)
『うつくしい鐘が…』 〈新川和江〉	1981	［委］NHK (混声3部)(女声3部) 1981年度NHK学校音楽コンクール 中学校課題曲	NHK出版 ［放］NHK
まど・みちおの詩による 『3つの混声合唱組曲』 1　クジャク 2　貝の笛 3　ふんすい	1982～ 1984	(混声4部) (「飯沼信義混声合唱曲集」収載)	楽譜 KG
『春のわかれ』〈宮沢章二〉	1982	［委］教育芸術社 (混声3部)	楽譜 KG
『夢の宇宙船』〈土肥武〉	1982	(同声2部)	楽譜 KG
『鼓動』〈保坂登志子〉	1985	［委］全日本合唱教育研究会 (混声4部)	楽譜 KG
『名づけられた葉』 〈新川和江〉	1986	［委］全日本合唱教育研究会 (混声3部→混声4部版)	楽譜 KG
『ブルゥ ブルゥ ブルゥ』 〈新川和江〉	1986	［委］全日本合唱教育研究会 (同声3部)	楽譜 KG
『招夜』〈島崎光正〉	1986	(女声3部)	カワイ出版

アルト独唱とピアノのための 『A.アフマートワの三つの詩』 〈工藤正廣 短歌訳〉	2017	（未公開）	

■合唱曲

『月夜の家』〈北原白秋〉	1959	松本深志高校女声合唱団（女声3部）	
『かおがみたい』 〈まど・みちお〉	1966 （1984 改訂）	（同声2部）	楽譜 カワイ出版
『麦藁帽子』〈立原道造〉	1971	［委］教育芸術社 （混声3部→混声4部・女声3部） （※→原曲からの編曲版）	楽譜 教育芸術社 （以下KG）
『花のランプ』〈大木惇夫〉	1971	［委］教育芸術社（混声3部）	楽譜 KG
『白い馬』〈高田敏子〉	1974	［委］教育芸術社（混声3部）	楽譜 KG
同声3部合唱組曲 『すばらしい明日へ』 〈まど・みちお〉 1　ちきゅうのはた 2　いま こども 3　美しいと思うこころ 4　すばらしい明日へ	1974	［委］多摩少年少女合唱団 第4回定期演奏会 佐藤永子（指揮）　佐藤禎介（Pf） 1975-1-19　立川市民会館大ホール	CD BMGビクター
『三つの混声合唱曲』 1　麦藁帽子〈立原道造〉 2　砂の花〈伊東静雄〉 3　法隆寺〈大木惇夫〉	1971～ 1987	（混声4部） 「飯沼信義混声合唱曲集」収載	楽譜 KG
『法隆寺』〈大木惇夫〉	1975	［委］教育芸術社（混声4部）	楽譜 KG
『空の牧場』〈新川和江〉	1975	［委］全日本合唱教育研究会 （同声3部）	楽譜 KG
『笛吹き女』〈深尾須磨子〉	1977	［委］三友合唱団（混声4部） 萩谷納（指揮）　蒔田道子（Pf） 1978-7-6　浜離宮朝日ホール （「飯沼信義混声合唱曲集」収載）	楽譜 KG
『白い蝶の海』〈吉田瑞穂〉	1978	［委］教育芸術社（混声3部） 下田正幸（指揮）　浅田泰子（Pf） 合唱団コールフロイント	楽譜 KG
伊東静雄の詩による 『三つの女声合唱曲』 1　春の雪 2　疾駆 3　小曲	1979	桐朋学園大学女声合唱団（女声3部） 村上綜（指揮）　篠崎みどり（Pf） （混声4部版→1992 音楽之友社） 萩谷納（指揮）　三友合唱団 浜離宮朝日ホール	楽譜 音楽之友社
『若葉よ 来年は海へゆこう』 〈金子光晴〉	1979	［委］全日本合唱教育研究会 （混声3部→混声4部版2011）	楽譜 KG

『別離』〈中原中也〉	1966	瀬山詠子(Sop)第5回リサイタル 三浦洋一(Pf) 1967-1-19　東京文化会館小ホール	[放]NHK
『鬼の児の唄』〈金子光晴〉	1968	桐生郁子(Ms)リサイタル 三浦洋一(Pf) 1968-10　イイノホール	
『こどものための歌曲集Ⅱ』 〈まど・みちお、北原白秋、さとう・よしみ〉 1　ぽろんぽろんのはる 2　こいぬのちびちゃん 3　パラソルの子守歌 4　ぱぴぷぺぽっつん 5　こぶたのブブがラッパをふく 6　うみとそら 7　うちのおじいさん おばあさん 8　たんぽぽヘリコプター 9　月夜の家 10　サボテンのうた	1962～ (1995改訂)	桐朋学園大学作曲科学生試演会 後藤寿子(Sop) 木村俊光(Bar) 玉置善己(Pf) 1971-6　桐朋学園大402教室 【改訂版初演】 吉野恵美子(Sop) 太田直樹(Bar) 渡辺かおり(Pf) 豊科北中学校講堂(日時不詳)	
『明日のこども』〈佐藤雅子〉	2001	[委]国立市「大学通りを考える会」 山田芳子(Sop)　村上弦一郎(Pf) 2005-5-31　くにたち市民芸術小ホール	
『ふるさとさん』〈保岡直樹〉 『やさしいあづみの』 〈古谷はるか〉	2006	[委]早春賦愛唱会政策委員会 2006-5-4 国営あづみの公園多目的ホール	
『いまは秋、日本の秋』 〈田中欣一〉	2013	「飯沼信義原画展コンサート」 太田直樹(Bar)　臼井文代(Pf) 2013-5-11　安曇野市「きぼう」ホール	
島崎光正の詩による 『四つの歌曲』 1　早春 2　散歩 3　水の系譜 4　招夜	2014	北アルプスに響け！合唱とオーケストラによる「ふるさとの歌」 『飯沼信義作品集』 たぐちたみ(Ms)　太田直樹(Bar) 中島加恵(Pf) 2014-10-5　大町市文化会館	
浅原鏡村の詩による 『三つの歌曲』 1　霧 2　ながい首 3　雨の葬送曲	2015	[委]書肆「風信子」 浅原六朗記念館特別企画演奏会 たぐちたみ(Ms)　斉藤留津(Pf) 2015-10-27 長野県池田町公民館ホール	
『2つの独唱曲』 1　夏は過ぎて〈岩沢千早〉 2　ハンカチの空 〈高木あきこ〉	2016	豊科女声10周年記念コンサート 山本紘子(Sop)　長崎淑子(Pf) 2016-11-27 安曇野市豊科公民館ホール	

ピアノのための 『3つの小練習曲』 1　小鳥のたいそう 2　葬列 3　風の中で	1972 (1981 改訂)	作曲家の会「環」公開試演会 斉木ユリ(Pf)(改訂版初演) 1981-9-26　日仏会館ホール	
ピアノのための『3つの小品』	1975	作曲家の会「環」第10回演奏会 土屋律子(Pf) 1975-5-24　東京労音会館ホール	
『花より雨に…』 ピアノ独奏のための	1982 (2002 改訂)	JFC「日本の作曲家2003」展 高野糸子(Pf)(改訂版初演) 2003-2-13　サントリー小ホール	楽譜 JFC0201
『主題と変奏』 フルート・ソロのための	1990	現代日本フルート作品連続演奏会 小泉浩(Fl) 1990-3-28　尚美学園バリオホール	
『ダンツァ』 フルート・ソロのための	1990	[委]桐朋学園大学管楽器部会 (フルート専攻生年次試験課題曲) 1990-7-9　桐朋学園大学402教室	
こどものためのピアノ曲 『ダンツァ・ミステリカ』	1992	JFC「こどもたちへ1992」 飯沼信義(Pf) 1992-11-23　オーチャードホール	楽譜 カワイ出版
こどものためのピアノ曲 『フェスタ・ロカーレ』	1993	JFC「こどもたちへ1993」 飯沼信義(Pf) 1993-11-14　オーチャードホール	楽譜 カワイ出版

■独唱曲

歌曲集『四つの歌』 〈山村暮鳥、壷井繁治、萩原朔太郎ほか〉	1959	芸大作曲科作品試演会 加藤順子(Sop)　宮川道子(Pf) 1959-11　芸大奏楽堂	
白秋による『四つの歌曲』 (もくせい・なわすれぐさ・あはれすみれの花よ ほか)	1960	「志音会」演奏会 加藤順子(Sop)　飯沼信義(Pf) 1960-8-13　松本深志高校講堂	
『萩原朔太郎の三つの詩』 1　悲しい月夜 2　死 3　ありあけ	1961	芸大「第14回学内演奏会」 吉江忠男(Bar)　木村かをり(Pf) 1961-10-16　芸大奏楽堂	
白秋による『5つの童謡』 (南の風の・雪のふる晩・JOAK・てんと虫・月夜)	1962～ 1965	芸大「石桁クラス作品試演会」 加藤順子(Sop)　栗谷宏子(Pf) 1962-11-30　芸大奏楽堂	
『こどものための二つのうた』 1　パラソルのこもりうた 〈さとう・よしみ〉 2　おこうこのうた	1966	NHK「みんなのうた」 水谷玲子・中川順子(歌) 外山準(Pf) 1966-5-21　NHKスタジオ(収録)	[放]NHK

『三重奏のためのガヴォット・メヌエット・マーチ』	1992	[委]東京アイ・エム・シー 演奏者不詳 1998　ワルシャワ(収録)	楽譜・CD 東京IMC
『イル・ドローレ』 ソプラノと室内楽のための3つの詩 〈G.ウンガレッティ・須賀敦子訳〉 1　夕暮れ 2　来る日もまた 3　きみは砕けた	2001	[委]岩崎淑主宰「ミュージック・イン・スタイル」 横山恵子(Sop)　岩崎淑(Pf) 漆原啓子・伊藤亮太郎(Vl) 馬渕昌子(Va)　山本裕康(Vc) 2001-11-20　紀尾井ホール	CD AUCD25001
『こきりこ幻想』 ヴァイオリン、チェロとピアノのための	2002	高田愛子(Vl)　茂木明人(Vc) 横井玲子(Pf) 2002-2-8 桐朋学園大学院大学310教室	
『こきりこ幻想』 クラリネット・ヴァイオリン・ピアノのための	2004	デイヴィッド・ギルハム(Vl) ミン・ホー(Cl)　飯沼千温(Pf) 2004-9 米国コンウェエイ中央大学ホール	
ヴァイオリンとピアノのための『ニンナ・ナンナ』	2006	作曲家の会「環」第30回演奏会 デイヴィッド・ギルハム(Vl) 飯沼千温(Pf) 2006-12-27　東京文化会館小ホール	
フルート、チェロ、ピアノによる三重奏曲『穂高の四季』	2008	[委]安曇野市高橋節郎記念美術館 平山恵(Fl)　祢原哲雄(Vc) 小沢さち(Pf) 2008-7-18　記念美術館ロビー	楽譜・CD 記念美術館
ソプラノ、囃子方と3奏者のための 『梁塵秘抄5歌』	2008	[委]花柳茺可輔 吉野恵美子(Sop、日舞) 志音会有志(囃子方) 西川浩平(笛)　高橋明邦(打ち物) 田中梢(Pf)　飯沼信義(指揮) 吉野恵美子アニヴァーサル・コンサート 2008-10-18　まつもと市民芸術館主ホール	
『リトロスペクション』 ヴァイオリンとピアノのための	2008	「室内楽OTO」第1回演奏会 三瀬俊吾(Vl)　菊池裕介(Pf) 2009-1-9　東京オペラシティ・リサイタルホール	

■独奏曲

『こどものためのピアノ組曲』 1　プレリュード 2　マーチ 3　カノン風なカンティレーナ 4　インテルメッツォ 5　ロンド	1967	[委]全音楽譜出版社	(未出版)

『僧侶』〈吉岡実〉 4人の歌い手と室内オーケストラのための	1968	作曲家の会「環」第2回演奏会 瀬山詠子(Sop)　平野忠彦(Bar) 中村義春(Bar)　野口龍(Fl) 植木三郎(Vl)　永迫万里(Hp)ほか 山岡重信(指揮) 1968-12-17　東京文化会館小ホール	
2台のピアノ、マリンバとヴィブラフォンのための『インダクション』	1969	作曲家の会「環」第3回演奏会 高橋アキ・隈本浩明(Pf) 安倍圭子(Mar)　田村拓男(Vib) 1969-12-9　東京文化会館小ホール	
『パース』 トランペット・トロンボーンとチューバのための	1971	作曲家の会「環」公開試演会 桐朋学園大学管楽器専攻学生 飯沼信義(指揮) 1971-11　労音会館ホール	
『遠景Ⅰ』 5奏者のための	1972	[委]箏合奏団「波の会」 横山勝也(尺八)　谷珠美(琴)ほか 小林研一郎(指揮) 1972-10-25　日経ホール	
『ディレクション』 3つの声とギターのための	1977	作曲家の会「環」第10回演奏会 瀬山詠子(Sop)　村田健司(Bar) 築地利三郎(Bass)　西垣正信(Guit) 1977-12-6　日本教育会館ホール	
『田園風な2つの小品』 (TVアニメ「百姓の夢」付帯音楽)	1978～1979	[委]TBS東京放送 東京五重奏団 1979-6-1　荒川区公民館(収録)	[放]TBS-TV LPコロムビア
『遠景Ⅱ』 4奏者のための	1980	[委]邦楽四人の会 北原篁山(尺八)　後藤すみ子(琴) 高畑美登子(琴)　高田育子(17弦) 1980-3-10　イイノホール 1980-11-23　NHK-FM「現代の音楽」	[放]NHK
『詩曲』 4面の箏と弦楽四重奏のための	1981	[委]琴合奏団「絹の会」 川上弓子・小暮玲子(琴) 杉本真理(Vl)　高橋忠男(Vc)ほか 林紀夫(指揮) 1981-11-10　朝日生命ホール	
こどものためのピアノ連弾組曲『さあ、ドのまわりにあつまって』	1985	[委]草楽社 角野裕・角野怜子(Pf) 1985-9-18　東芝EMIスタジオ(収録)	楽譜 全音楽譜 CD 東芝EMI
ヴィオラとピアノのための『トレ・モメンティ』	1990	[委]店村眞積 店村眞積(Va)　飯沼千温(Pf) 1990-11-28　東京文化会館小ホール	
『フルートとピアノのための3つの小品』(改訂版)	1991	JFC「日本の作曲家'98」展 中條秀記(Fl)　斉木ユリ(Pf) 1991-1-20　サントリー小ホール	楽譜 JFC-9805

『人間乱舞』 人声とオーケストラによる協奏的八章—〈中勘助〉 （交響絵巻「憶光年の響き」第三部）	2001	［委］富山市文化のまちづくり実行委員会 金川睦美（Sop）　安念千恵子（Ms） 澤武紀行（Ten）　森野信生（Bar） ヴォイセス・とやま・新国立劇場合唱団 酒井麻矢子・飯沼信義（演出） 新星日本交響楽団 十東尚宏（指揮） 2001-3-17/18　富山市オーバードホール	
合唱とオーケストラのための『われ山に向かいて』 〈島崎光正〉 1　大空の中、太陽は躍り 2　木崎の湖に 3　山へ登ろう 4　汗はしたたる 5　山、億々年の昔から 6　白鳥はことしもまた 7　あの日、世界の友は 8　ふたたび仰ぐ、麗らの季節に	2005	［委］北アルプス第九を歌う会 北アルプス第九を歌う会ほか（合唱） 松本室内合奏団（管弦楽） 中村雅夫（指揮） 斉藤留津（Pf） 2005-3-6　長野県大町市文化会館	楽譜・CD 音楽之友社 （P版抜粋）
合唱とオーケストラによる『日本の叙情』（編作曲） 1　序奏—朧月夜 2　茶摘 3　富士山見たら 4　箱根八里 5　浜辺の歌 6　出船 7　紅葉 8　雪 9　故郷	2018	［委］長野県松本深志高校志音会 志音会合唱団（合唱） 志音会オーケストラ（管弦楽） 飯沼信義（指揮） 2019-3-31　まつもと市民芸術館主ホール	楽譜 志音会

■室内楽曲

『9奏者のための二楽章』	1962	東京芸大作曲科卒業作品演奏会 小島庸子（Ob）　山口保宣（Perc）ほか 八村義夫（指揮） 1962-3-29　芸大奏楽堂	［放］ラジオ関東
『フルートのための16の練習曲』	1963	［委］東京教育学院 野口龍・青木明・小出信也（Fl） 本荘玲子（Pf）	楽譜 東京教育学院
『クラリネット・ホルン・ピアノのための三重奏曲』	1965	芸大作曲科作品試演会 宮島基栄（Cl）　黒沢勝義（Hr） 橋本正暢（Pf） 1965-12-1　東京芸大奏楽堂	

飯沼信義 作品一覧（2019年5月現在）

■管弦楽曲（合唱を伴う作品を含む）

作品名 〈　〉は作詩・作詞者	作曲年	初演者・初演日・初演場所等 ［委］＝委嘱者	出版・放送等 ［放］＝放送
管弦楽のための 『パースペクティヴ』	1963	東京フィルハーモニー交響楽団 外山雄三（指揮） 1963-6-19　東京・神田共立講堂	［放］NHK
『交響的楽章』	1964	東京芸大オーケストラ第124回定期 渡辺暁雄（指揮） 1963-6-19　東京文化会館	
『交響的楽章』（改訂版）	1970	日本フィルハーモニー交響楽団 山岡重信（指揮） 1971-2-1　東京・日比谷公会堂	［放］NHK
やまびこ国体行進曲 『日本の屋根に手をつなぐ』	1977	［委］長野県体育連盟 長野国体ブラスオーケストラ 1978-10-15　松本運動公園（開会式）	
『弦楽のためのソネット』	1978	［委］桐朋学園「子供のための音楽教室」 桐朋学園音教弦楽オーケストラ 黒岩重臣（指揮） 1978-11　桐朋学園大学333教室	
合唱とオーケストラのための 『信濃讃歌』（編作曲） 1　序奏—夕やけ こやけ 2　紅葉 3　信濃の国 4　故郷	1981	［委］長野県音楽教育学会 長野市柳町中学校3年生（合唱） 同校オーケストラ（管弦楽） 内田満（指揮） 1981-10-17　長野市民会館	楽譜 信濃教育会
『コンサートマーチ'87』	1987	［委］全日本吹奏楽連盟（'87課題曲） 青山学院大学吹奏楽部 斉藤行（指揮） （'86 ～ 89課題曲集CD収録）	楽譜 日吹連 CDソニー
ピアノとオーケストラのための 『アン・エピソード』	1992	［委］東京アイ・エム・シー スピグニェフ・ラウボ（Pf） シンフォニア・ヴァルノヴィア（管弦楽） F.S.ゲルテンバッハ（指揮） 1998　ワルシャワ（収録）	楽譜・CD 東京IMC
合唱組曲『賛歌』〈新川和江〉 （和洋九段女子中・高校校歌） 1　わたしたちの学舎 2　ベルが鳴る 3　ほかならぬわたしの花を 4　海のかなたへ	1996	［委］和洋九段女子中高等学校 中高生合唱部（合唱） 東京都交響楽団 沼尻竜典（指揮） 1997-11-24　東京国際フォーラムC	

1991	52	4月、日本作曲家協議会（JFC）会員。翌92年3月、同協議会代表団の一員としてモスクワ、サンクトペテルブルグ、カザン等を訪問、現地で自作『トレ・モメンティ』（ヴァイオリンとピアノ）を現地演奏家により発表
1995	56	4月、桐朋学園大学音楽学部長に就任。富山市に開学予定の大学院大学の設置に尽力
1996	57	9月、松本深志高校創立120周年特別演奏会でベートーヴェン「第九」交響曲全楽章を指揮（志音会オーケストラ・同合唱団、長野県松本文化会館大ホール）
1999	60	4月、桐朋学園大学院大学教授、初代研究科長就任。作品分析、論文指導などを担当
2001	62	3月、富山市委嘱による大作『交響絵巻「人間乱舞・人声と管弦楽のための協奏的八章」』を十東尚宏指揮、新星日本交響楽団、新国立劇場合唱団ほかにより初演（オーバードホール）
2007	68	3月、桐朋学園大学院大学を定年退職。桐朋学園大学名誉教授称号を贈られる。退職後も意欲的に創作活動を継続。東京多摩地区の弦楽合奏団「リベラトュール」の客員指揮者として数年にわたり定期演奏会に出演。以来、指揮活動にも力を注ぐ
2010	71	8月、信濃木崎夏期大学講師に招かれ『音を紡ぐ・音で紡ぐ』のテーマで講義。以後3年間継続
2012	73	2月、絵画グループ「アトリエDOUZE展」（日比谷画廊）に水彩画2点を出展。以後、開催ごとに出展。郷土出版社（松本市）より画文集『懐かしの松本電鉄思い出バス120景』出版。翌年、豊科近代美術館の企画展として『画文集原画展』『講演会と記念演奏会』を開催
2013	74	7月、タイ・バンコク日本人学校中学部で『音と人間』と題して講演
2014	75	8月、全日本合唱教育研究会第2代会長就任（初代会長は畑中良輔氏）
2015	76	10月、安曇野市の委嘱で作曲した『安曇野市歌—水と緑と光の郷』（保岡直樹作詞）を、同市誕生10周年記念式典で指揮披露
2016	77	11月、音楽制作を担当した語り劇『女たちの松沢求策』（中島博昭台本）を公演（安曇野市穂高みらいホール）
2017	78	3月、伊那谷文化芸術祭30周年イメージソングとしての委嘱作品『だから一緒に、このふるさとで』（朝倉修作詞）オーケストラ版を飯田下伊那合唱連盟による合唱、飯田交響楽団により指揮初演（飯田市文化会館）
2019	80	3月、母校・松本深志高校志音会の委嘱作品『合唱とオーケストラによる「日本の叙情」』全9曲を指揮初演（まつもと市民芸術館主ホール）。9月、満80歳を機に長年の公的活動（特に教育関連の講習会など）からの引退を表明

飯沼信義 略年譜

1938 1歳 9月20日、長野県安曇野市(旧・南安曇郡豊科町南穂高)に生まれる

1954 15 4月、松本深志高校入学。「アカシヤ会」(美術部)に入部。2年時からは音楽部にも所属。3年時よりピアノを安藤仁一郎氏に師事。独学で作曲を始める。同校体育研究室の依頼で「深志体操」の音楽を作曲

1957 18 3月、東京芸術大学音楽学部作曲科を受験するも不合格。作曲を芸大助教授の石桁眞礼生氏に師事。東京に出て本格的な勉強に取り組む

1958 19 4月、芸大作曲科入学。同期入学18名の中にあって基礎力の不足を痛感し、遅れ挽回のため日々勉強に明け暮れる

1960 21 女声合唱作品『月夜の家』(北原白秋詩)が音楽之友社の合唱作品募集で佳作入選

1961 22 10月、NHK・毎日新聞社共催の第32回音楽コンクール(現・日本音楽コンクール)作曲部門管弦楽曲の部で初めてのオーケストラ作品『管弦楽のためのパースペクティヴ』が入選。外山雄三指揮、東京フィルハーモニー管弦楽団により演奏される

1962 23 3月、芸大卒業。卒業作品『9奏者のための2楽章』が優秀作品と認められ、卒業演奏会で八村義夫指揮により演奏(芸大奏楽堂)。ラジオ関東でも放送初演。4月、芸大専攻科(現・大学院)入学。同月より私立成蹊学園中高非常勤講師として3年間勤務

1964 25 3月、芸大専攻科修了。修了作品『交響的楽章』が専攻科最優秀作品と認められ、同年5月、芸大オーケストラ定期演奏会で渡辺暁雄指揮により初演(東京文化会館)。4月、恩師・石桁眞礼生氏の推挙により桐朋学園大学非常勤講師、同女子高等学校音楽科専任教諭となる。同校で松本深志高校先輩の西洋美術史家・仁科惇氏を知る

1966 27 芸大石桁門下有志と作曲家の会「環」の創設に参加。以来30回の定期演奏会をもって同会が解散するまで活動を続け、数多くの新作を発表し続ける

1970 31 4月、日本現代音楽協会正会員

1981 42 4月、桐朋学園大学音楽学部助教授。この頃より作曲活動に加えて小論、エッセイなどの執筆、新聞・雑誌等への寄稿、講演、各種コンクールの審査、教育教材の制作などにも精力的に関わる。また、同大の美術部顧問として先輩作曲家・小倉朗氏らと絵画制作に取り組むなど、多方面での創作活動を展開

1984 45 桐朋学園大学音楽学部教授

1989 50 第1回『安曇野大賞』受賞

飯沼信義（いいぬま・のぶよし）

作曲家。1938（昭和13）年、長野県安曇野市生まれ。東京芸術大学作曲科卒、同大専攻科（現・大学院）修了。1962年、第32回日本音楽コンクール作曲部門（管弦楽曲の部）入選。1987年、第1回安曇野大賞受賞。管弦楽曲、室内楽曲、独奏曲、歌曲、オペラ、合唱曲など作品多数。日本現代音楽協会、日本作曲家協議会、作曲家の会「環」各会員。桐朋学園大学名誉教授。東京都国立市在住。

ブックデザイン　酒井隆志

日本音楽著作権協会（出）許諾第1908856-901号

ロッホの訓戒
飯沼信義――随想・論攷選集

2019年11月30日　初版発行

著　者　飯沼信義
発行所　信濃毎日新聞社
〒380-8546　長野市南県町657番地
電話026-236-3377
ファクス026-236-3096
https://shop.shinmai.co.jp/books/
印刷製本　大日本法令印刷株式会社

ISBN978-4-8-7840-7357-3 C0095